大哥說

莫言

管謨賢 著

2012年諾貝爾文學獎得主莫言的長兄
首次全面披露

莫言小說背後的人和事
莫言與家人、家鄉的故事，莫言年譜和家譜

目錄

一、莫言和他的小說

二、莫言與故鄉

三、莫言年譜

作者與父親、弟弟謨欣、莫言、兒子和大孫子

《莫言研究書系》編委會

《莫言研究書系》總序

張　華

　　我們策劃編輯出版《莫言研究書系》可謂由來已久。

　　早在1986年，在我們創刊《青年思想家》雜誌的時候，就開始注意到了當時的青年先鋒作家莫言。1988年由《青年思想家》雜誌牽頭，在莫言的故鄉山東高密召開了全國首次莫言文學創作研討會。會後，我們編輯出版了全國第一部《莫言研究資料》（山東大學出版社出版）。同時，莫言成了《青年思想家》的棟樑作者，他寫故鄉的許多短篇作品集中發表在《青年思想家》上。2000年後，莫言被聘為山東大學教授和研究生導師，更成了我們重要的教學科研的合作導師……與莫言交往二十多年，我們持續關注著他，可謂知根知底，友情篤厚。我們一直想編輯出版一套莫言研究系列叢書。

　　近三十年來，海內外研究莫言的論文和專著眾多。從表層到深層，從宏觀到微觀，從文學領域延伸至邊緣學科，研究的視角不斷拓展，研究的水準也不斷提高。這些研究成果對莫言小說的創作主體、審美意識、主題內涵、藝術風格、人物形象與意象、語言特色等都有廣泛的探索，在影響研究、比較研究、敘事學研究等領域也提出了諸多有價值、令人耳目一新的見解和觀點。莫言是從山東高密走進他的文學世界的，他筆下的「高密東北鄉」是一個「文學的幻境」，也是一個「中國的縮影」。他說：「我努力地要使那裏的痛苦和歡樂，與全人類的痛苦和歡樂保持一致，我努力地要使我的高密東北鄉的故事能夠打動各個國家的讀者。這將是我終生的奮鬥目標。」（莫言《小說的氣味》）因此，莫言是山東的，是中國的，也是世界的。莫言獲得諾貝爾文學獎之後，國內外一股「莫言熱」正在持

續升溫。無論是大眾讀者還是研究者，都在以更大的熱情和更新的眼光去欣賞、解讀、探索莫言的文學世界。特別是研究者，將在已有研究的基礎上，出現更多更新的理論、方法、範疇和觀點。無論是什麼，有一點是可以肯定的，那就是以一種更加宏闊的「世界眼光」去審視、解讀莫言的文學世界。

正是基於以上想法，我們現在推出這套《莫言研究書系》。這個書系的作者群，既邀請了莫言的家人和莫言的學生們加入，還有國內外重要的研究學者。這無疑拓寬了莫言研究的視界，豐富了第一手研究資料。我們希望面向大眾讀者和研究者兩個群體，提供他們各自或共同感興趣的作家生活點滴和作品闡釋。我們努力在本套書系的可讀性和學術性之間找到某種恰當的結合點。

《莫言研究書系》是一個包容國內外研究莫言成果的集中地。首先推出第一批書是《大哥說莫言》（臺灣大地出版社出版）、《師從莫言》、《好友鄉親說莫言》、《莫言研究三十年》、《莫言研究碩博論文選編》、《國外莫言研究》等六種，敬請方家指正。

本書系是個開放的文庫，今後還將陸續推出莫言研究的其他成果，歡迎國內外學者加盟支持！

2013年元月10日

（總序作者張華，係中共山東社會科學院黨委書記，教授、博導，山東大學原副校長，原《青年思想家》雜誌第一任社長）

莫言文學創作背後的人

── 莫言的長兄學者管謨賢先生（代序言）

賀立華

他是莫言文學上路的重要啟蒙者，他中學時的作文和課本是少年莫言的開蒙讀物；他曾是青年莫言早年選擇走文學道路的反對者，又是後來莫言文學創作的堅定支持者；他是莫言早期作品的第一個讀者，又是莫言小說最嚴厲、最權威的批評家……他就是莫言的長兄—管謨賢先生。

莫言兄弟姊妹四人，大哥謨賢和排行老四的小弟莫言，正好差12歲，

1988年莫言與大哥

都屬羊。四個孩子讀書天分都很高，但在極左的階級論盛行的年代，四個讀書的孩子都背上了「出身中農和社會關係中有人在臺灣」的包袱。1963年，20歲的莫言大哥謨賢高中畢業，以優異的成績考入上海華東師範大學中文系。儘管當時也有極個別人以「他不是貧下中農子弟，不是無產階級接班人」、「不能進高校深造」為由從中阻撓，但是大哥謨賢還是幸運地進入了高校。那年，莫言8歲，正讀小學。大哥考上大學這件事，對莫言影響極大，成了他最值得自豪驕傲的事情，他立志要做大哥那樣的人。他知道大哥的作文很好，常被老師拿去作範文念給學生聽，所以大哥留在家裏的幾本高初中時的作文，自然成了小學生莫言最喜愛的讀物。莫言上小學時的作文不僅模仿大哥的語言風格，而且對他喜歡的大哥寫的毛筆字，也模仿得有模有樣。這也許就是至今兄弟倆書法形神相似，難分伯仲的原因吧。

滿懷讀書熱望，渴望像大哥那樣上大學的莫言，命途多舛。1966年，疾風暴雨式的「無產階級文化大革命」，同樣席捲了莫言的家鄉，也粉碎了莫言讀大學的夢想。在不講學習成績只論階級出身的「文革」中，莫言連被推薦讀中學的機會也沒有，唯讀到小學五年級，便輟學了。12歲的莫言成了地地道道的農民。

正當小弟莫言在東北鄉草地上孤獨寂寞地放牧牛羊仰天悲歎的時候，1968年在上海讀書的大哥謨賢也離開了「大學教授搖籃」華東師大，到湖南三線廠「接受工人階級再教育」去了。在那個「知識越多越反動」的極左年代裏，讀過大學的大哥謨賢，比起農民兄弟莫言來更多了一重精神的枷鎖：他成了反動階級序列裏僅次於「地、富、反、壞、右、叛徒、特務、走資派」之後 而排在第九個等級的「臭老九」（知識份子）。這九類人群，亦稱「黑九類」，必須乖乖地「接受工人階級貧下中農再教育」。

勞動「改造」很好的謨賢，後來參與創辦子弟中學，當了教師。而兄弟莫言還是在高密東北鄉放牛。大哥謨賢十分欣賞小弟莫言的創作才華，情不自禁地把小莫言寫給他的家信讀給中學生們聽，讀給同事們聽，讓大

家分享莫言的文采。大家一致誇讚寫得好，但誰都不相信這是一個小學五年級肄業生寫的。

1976年，21歲的莫言，費盡千辛萬苦，趕上了「末班車」，僥倖應徵入伍。可以吃飽飯，可以有書念了！莫言欣喜若狂。入伍不久，當莫言寫信告訴大哥自己要走文學創作這條路的時候，一向欣賞弟弟才華的大哥謨賢卻猶豫了。「文革」的煙雲還沒有散去，昨天的故事歷歷在目。他曾目睹了「文革」中上海作家們挨批挨鬥的慘狀。大哥說起收到弟弟來信的心情，談起老師錢谷融先生在華東師大的經歷，十分動情：正直善良的錢先生僅僅因為寫了《論文學是人學》一文，就遭到了全國報刊的圍攻批判；1966年「文化大革命」開始，錢先生被再次翻出舊賬，戴上了「老牌修正主義者、反動學術權威和漏網右派」三頂帽子，像牛馬那樣被牽著遊街示眾、挨批挨鬥，住「牛棚」，掃大街、刷廁所……文學，這個本是充滿鳥語花香、播種愛的領域，卻帶給了善良的作家們數不盡的牢獄之災和死亡……這些歷史教訓深深刺痛了大哥謨賢的心，對於未來文學的路，難免心有餘悸。他視文學為「危途」。所以，大哥謨賢面對小弟的文學選擇，心裏非常矛盾，千叮嚀萬囑咐弟弟莫言：世上的路千萬條，最好別走文學這一條！

但此時莫言已經瘋狂地迷戀上文學創作。激情澎湃的莫言急需尋找一個突破口，宣洩自己二十多年來滿腹的孤獨、苦悶和憂憤。他堅持不懈，寫作、投寄、退稿、再寫作、再投寄……一向最崇拜大哥、最聽大哥話的莫言，這時開始不聽大哥的話了，他奮不顧身地寫下去……

大哥謨賢深深感受到了弟弟內心的想法，看到並無多言的弟弟才二十幾歲的人，黑髮就開始大把大把地脫落，熬夜勞累引起的腸炎胃疾也在折磨著他……稿件一篇篇寄出，油印退稿信似雪片般飛回來。這對莫言的精神打擊比身體傷害還要大。大哥十分心疼弟弟，談起自己那時的矛盾糾結，大哥說：「莫言只有寫作才快樂，不讓他寫，他比死都難受。」「我如果再強行按住莫言不讓他搞文學，就等於殺了他。」「我只能給他鼓勁加油了。」

1988年莫言與山東大學賀立華教授

　　此時大哥謨賢也欣喜地看到，1970年代末，中國的天空開始「放晴」，時代在變化。莫言拿筆習作的時代，是「文革」結束後的頭幾年，這是個控訴聲討「四人幫」專制罪惡的時代，是「黑五類」、「黑九類」和眾多「可以教育好的子女」告別殘酷的現代「種姓」制度、獲得平等做人權利、可以考大學、可以入黨、可以參軍、可以提幹、不再受歧視的時代，是一個廢止「推薦工農兵上大學」、恢復「高考」、平等競爭的時代，是「一大二公」的人民公社解體、千百萬農民打破束縛、恢復「男耕女織」個體勞動自由的時代。此時曾被看作「臭老九」的謨賢先生已開始被器重而提拔成了中學校長。他的心情，也開始同這個國家的天空一道「放晴」。一直關心弟弟創作的謨賢先生還欣喜地看到：取消「以階級鬥爭為綱」、呼喚「思想解放」的春潮激蕩，文壇「解凍」，百花怒放，萬木競榮，這些都讓謨賢大哥思想深處視文學為「危途」的堅冰開始消融。而這些也都是大哥轉而支持莫言、為弟弟創作加油鼓勁的重要因素。

　　莫言最信任自己的大哥，創作早期出手的作品總是先寄給大哥看過，才能放心發出。大哥不僅是弟弟作品的第一個熱心讀者，也是嚴厲的批評家，他的許多意見既尖銳又中肯。在保定山溝裏當兵開始模仿寫小說的莫言，收到過大哥這樣的信：「創作要注意形成自己的風格，要想成為名作家，必須具有自己獨特的風格，跟在別人（不管是中國人還是外國人）後面走老路，是不會有出息的。」這些看似文學常識的話語，對一個只有小學五年級文化而又夢想成為作家的青年莫言來說，是何等重要，只有莫言自己知道。由此我們似乎可以理解後來的莫言為什麼要「逃避兩座灼熱的高爐」（指福克納和馬爾克斯），為什麼三十五歲時初讀《潘達雷昂上尉與勞軍女郎》即成為馬里奧·巴爾加斯·略薩先生「粉絲」的莫言，在中國社科院真正見到略薩的時候，卻又是「唯有趕緊走避之」（引自莫言尚未發表的打油詩電子稿）。莫言擔心因崇拜偶像「走火入魔」而失去了自己獨特的風格。形成獨特風格，是莫言起步時得到的來自大哥的諄諄告誡。這幾乎成了莫言幾十年來學習中外文化知識的一個基本態度：始終不忘創造獨特的自己。

　　1985年之後，莫言《透明的紅蘿蔔》等一系列作品發表，尤其是《紅高粱》小說問世，《紅高粱》電影榮獲柏林國際「金熊」大獎，30歲的莫言獲得了文學創作的巨大成功，全國轟動。國人因莫言而知高密，紅高粱大地成了萬眾矚目的神奇的土地。

　　1988年，在莫言的故鄉召開了全國首次莫言創作研討會，全國百餘名著名學者、記者風雲際會於高密城。大家皆為莫言而來。在鮮花與掌聲中，當年貧窮的放牛娃載譽而歸，當年受欺負遭凌辱的「黑孩兒」成了高密人家的座上賓……在熱鬧的大會上，已經從湖南歸來任高密一中教師的謨賢先生同弟弟一樣，默默無語，靜靜地聽大家發言。這位在會上始終作為普通聽眾的大哥之不同凡響，是會後在他的家裏我才覺察到的。在樸素的客廳裏，議起大會發言，大哥謨賢這樣對謙虛如學生般的莫言說：「表揚你的話，可以不聽。批評你的聲音，倒不妨好好聽聽，看是否真有道理。」大哥還這樣告誡弟弟：「我支持你探索創新，形成你獨特的風格，

但也要注意不要探索得連我這樣的人也看不懂了。」深諳文學三昧的大哥指導弟弟既要「創造獨特的莫言」，又要擁有更多的讀者。

25年前謨賢先生在《紅高粱》獲得巨大成功後說的這番談話，使我想起了莫言後來創作風格的轉型，那就是以《檀香刑》為標誌的莫言的「大踏步撤退」……

如果說《紅高粱》是青年莫言天馬行空的產物，那麼《檀香刑》則是莫言以平民姿態在大地行走、邊走邊唱的作品。這是《紅高粱》誕生20年後的作品，曾被譽為「先鋒派作家」的莫言，此時卻公開宣稱：我要「撤退了」，「《檀香刑》是我的創作過程中的一次有意識的大踏步撤退」。他要撤退到民間，他要把廟堂雅言、用眼睛閱讀的小說拉回到小說原本的母體，還原成用俗語俚曲說唱式的、大庭廣眾用耳朵聽的藝術。此時莫言已經改變了《紅高粱》時期的居高臨下姿態，有意識地降低身段。他反覆申明：「我就是農民，就是老百姓，我的寫作就是作為老百姓的寫作，而不是常說的『為老百姓寫作』」。莫言從「為老百姓寫作」到「作為老百姓寫作」，雖然只是一字之差，卻反映了莫言寫作立場的變化，顯示了創作主體意識的躍遷。細究這個轉變，我認為源於莫言對於普通百姓讀者、對於民間文化更深的體察和理解，對於中國古代話本小說精髓—「話須通俗方傳遠，語必關風始動情」深刻的感悟，還有他對自己過去作品現代小說技巧的反思，以及大哥謨賢在莫言《紅高粱》成功之後的提醒和忠告。

在許多次莫言創作的研討會上，厚道的大哥往往只是認真地聽，很少發言。但當我私下和他談起莫言，或者會場上當我們在進行不影響他人的靜悄悄的「筆談」時，大哥的話總是讓我眼前一亮。當有藝術家說《檀香刑》是愛國主義主題時，大哥在我的紙片上寫道：「是對人類、對醜惡人性的批判啊！」當有評論家隔靴搔癢地大談《蛙》的現實意義時，大哥又寫道：「這是寫懺悔啊！莫言一句一句，字字千鈞！」大哥對莫言小說、散文、詩歌的解讀，總是那樣裏外透熟，總是那樣入木三分，好像弟弟的筆寫的就是哥哥的心。

在文學道路上含辛茹苦辛勤耕耘三十多年之後，57歲的莫言登上了世界文學最高的頒獎殿堂，獲得了諾貝爾文學獎，成了風靡全球的中國作家。謙虛的莫言引用《聖經》的話——「她必將華冠加在你頭上，把榮冕交給你」，真誠地表達了自己的感恩之情。他把自己取得的成就歸功於母親的諄諄教導，歸功於高密東北鄉的父老鄉親。他感謝故鄉熱土賦予他創作的靈感，感謝家人的支持榮耀了自己的作品……我理解，這其中就有伴隨他走過文學之路的大哥謨賢。

莫言榮獲諾貝爾文學獎，他所執教的山東大學一片歡騰。2012年11月，山大召開了「莫言文學創作學術研討會」，會議邀請了管謨賢先生發言。談起莫言獲諾貝爾文學獎，這位樸實的謨賢大哥雖是平靜謙虛的講話，卻是語驚四座。他認為莫言得獎的事見證了中國社會和人類文明的兩大進步。誰也想不到管謨賢先生會站在這樣一個高度，選擇這樣一個視角，來讚美莫言步步坎坷而又不屈不撓、不斷超越自己的精神，來讚美中國文學和中國社會不斷前進的腳步，來讚美人類文明的進步和諾貝爾文學獎「人」的文學眼光……大哥謨賢高屋建瓴，大氣磅礴，充滿智慧，識見獨具，道他人所未言，贏得了學者們熱烈的掌聲。

我想對讀者諸君說，在我們把鮮花送給文學英雄莫言的時候，還應該把我們的掌聲送給英雄幕後的這個人——管謨賢先生。這部《大哥說莫言》一書正是莫言的大哥管謨賢先生回贈萬千讀者和莫言研究者的禮物。鮮為人知的史料、深厚的地域文化內涵，別具一格的文學與現實、文學與歷史互證映襯的質樸解讀，給我們打開了一扇了解真實莫言的窗戶，它獨特的學術價值，在當今喧囂浮躁的「莫言熱」中，顯得尤為沉實厚重。

2013年元月8日

（序言作者賀立華，係山東大學教授，博士生導師，莫言執教山大的合作導師）

第一章

莫言和他的小說

莫言是極普通的一個農民的兒子，甚至可以說直到現在他還是一個農民。他愛農民之所愛，恨農民之所恨，與農民有千絲萬縷的聯繫。他的作品，不管怎麼「現代」，如何「魔幻」，在我看來都是再現實不過的東西。它既不是歷史，更不是神話，都是普通的真正的小說。

莫言小說中的人和事

　　莫言成名之後，尤其是電影《紅高粱》在柏林得獎之後，人們對莫言及其作品的研究很是熱鬧了一陣子。有人稱莫言為「怪才」。似乎莫言本身就是一個謎，一夜之間不知從哪裏冒出來殺上了文壇。也有人把小說與現實混為一談，憑主觀想像或道聽塗說，把小說中某些情節強加在我們家庭成員的頭上寫成論文發表，使得我們這樣一個普通得不能再普通的農民家庭蒙上了一層神奇的色彩。這幾年來，國內外一些文學界的朋友甚至不遠萬里來我們家鄉考察。其實，莫言是極普通的一個農民的兒子，甚至可以說直到現在他還是一個農民。他愛農民之所愛，恨農民之所恨，與農民有千絲萬縷的聯繫。他的作品，不管怎麼「現代」，如何「魔幻」，在我看來都是再現實不過的東西。它既不是歷史，更不是神話，都是普通的真正的小說。莫言的作品多用第一人稱來寫，其中不但有「我爺爺」、「我奶奶」、「父親」、「母親」、「小姑」，而且有時竟將真人姓名寫進作品中去，如《紅高粱》中的曹夢九、王文義，《築路》中的來書，《草鞋窨子》中的于大身、轆轤子張球，《生死疲勞》中的單幹戶……我曾經提醒過他不要用真人姓名以免引起糾紛，他的解釋是，用真人姓名在寫作時便於很快進入角色，易於發揮。從近兩年的作品看，莫言已經注意了這個問題，把真人姓名寫入作品的事已不多見了。

　　值得一提的是，儘管莫言作品中有時用了真人的姓名，但往往是真名之下無真事（歷史人物除外），真事往往用假名。人與事之間張冠李戴，移花接木，或乾脆「無中生有」，純乎是聯想或想像而已。總之，小說只能是小說，絕不能把小說當作歷史或報告文學來看。

為了給研究莫言作品的同志們提供一點資料，也為了澄清一些事實，特寫此文。

爺　爺

我們的爺爺管遵義，字居正，又字嵩峰，以此字行於世。生於1895年，1978年病故，享年84歲。我們的爺爺既沒有《秋水》、《紅高粱》裏爺爺那般傳奇式的英雄豪氣和壯舉，更沒有那般痛快淋漓的風流韻事。我們的爺爺是一個忠厚老實、勤儉持家、聰明靈巧的農民，與《大風》中的爺爺庶幾近之。爺爺一生務農，又會木匠手藝，種田是一把高手，木匠活也做得漂亮。不管多麼複雜的家什，只要看了樣子，他都能照樣做出來。過去用的木輪車，檀木軸斷了，柿木車耳子（軸套）破了，人們都喜歡到爺爺這裏來換新的，因為他換過的車子推起來吱呀吱呀叫得特別好聽。農村用的風箱，爺爺原來沒做過，後來，照樣做了一個，把出風口幾經改進，風箱鳴鳴地叫，聲音悅耳動聽。於是，人們都願意來找他做。

爺爺一生樂善好施，親友、鄰居來借錢、糧、柴草，有求必應，而且從來不登門討帳。最多到年關時對奶奶說：「某某還欠著什麼什麼沒還呢！」有很多就是白送。人家要還，他就說：「算了吧！多少年了，還提它做什麼？」小時我有一個印象，似乎那些找爺爺借東西的，壓根兒就不想還。加上還要撫養我三爺爺三奶奶死後留下的三個孤兒（我們的三叔、四叔、六叔），又經常接濟窮親戚窮朋友，日子也總是富不起來，土改時被定為中農。爺爺是文盲，但卻十分聰明，稱得上博聞強記。他能打一手好算盤，再複雜的帳目也可算清。過去村人買賣土地，不管地塊多複雜，他能很快算出它的面積。從三皇五帝至明清民國的歷史變遷，改朝換代的名人軼事，他可以一樁樁一件件講個頭頭是道。不少詩詞戲文他能夠背誦。更令人奇怪的是，他雖不識字，卻可以對照藥方從大爺爺（爺爺的哥哥）的藥櫥裏為病人抓藥。至於那滿肚子的神仙鬼怪故事，名人名勝的傳說，更是子孫輩夏日河堤上、冬季炕頭上百聽不厭的精神食糧。我有時候

想，爺爺要是有文化，沒準也會當作家。準確地說，爺爺才是莫言的第一個老師。莫言作品中絕大多數故事傳說都是從爺爺那兒聽來的，如《球狀閃電》裏舉子趕考救螞蟻，《爆炸》裏狐狸煉丹，《金髮嬰兒》裏八個泥瓦匠廟裏避雨，《草鞋窨子》裏兩個姑娘乘涼、笤帚疙瘩成精，《紅高粱》裏慕翰林出殯等等。如果把爺爺講過的故事單獨回憶整理出來，怕是要出一本厚厚的《民間故事集》呢！

爺爺性格柔中有剛。他很少發火，從來不打罵孩子，罵人從不帶髒字。但他說話很有分量，批評的話，讓你一輩子忘不了，高興的話，讓你忍俊不禁。他曾說：「人生在世，誰都有春風得意的時候，但得意不要張狂；誰都會有倒楣不走運的時候，但跌倒了就要爬起來。越是有人看笑話，越是不能草雞了！」他還說：「人只有享不了的福，沒有受不了的罪。」這些話在我看來都是真理，讓我終生難忘，受益匪淺。

爺爺其實是很有情趣的。他有一桿鳥槍，有一張漁網，會打鳥打兔子，會打魚摸螃蟹。有什麼莊稼瓜菜新品種，他喜歡試種試栽。

爺爺的脾氣耿直抗上，很少有讓他服氣的人和事。對於毛澤東這樣偉大的人物，他老人家甚至一輩子都沒有叫過一聲「毛主席」。在家裏開口閉口都是「老毛」如何如何（同樣，提到蔣介石也是一口一個「老蔣」）。在那個年代，嚇得我們恨不得跑上去捂住他的嘴巴，要他小聲說，別叫人聽見。他說：「怕什麼？他和我年紀差不多，叫他『老毛』怎麼了？」後來，尤其是到了上世紀60年代，人們把「毛主席萬歲」喊得震天響，他才恍然大悟似地說：「老毛當皇上了，人能活一萬歲嗎？萬歲就是皇上啊！」

對於新生事物，他不大接受。開國之初，講中蘇友好，全國上下成立了中蘇友好協會。那時好像人人都是會員，發一個徽章戴著，一面小紅旗，上邊是毛澤東和史達林頭像。還有一支歌，人人會唱：「毛澤東，史達林，像太陽在天空照，紅旗在前面飄，全世界人民心一條，爭取人民民主，爭取世界和平……」他聽了很不以為然，說：「天無二日，國無二主，天上怎麼會有兩個太陽？中蘇本是兩國，兩國如同兩人，現在好成什麼樣，將來就會打成什麼樣！」當時，我們稱蘇聯為「老大哥」，他也有

看法，甚至說：「朝裏是不是出了秦檜？真給中國人丟臉！」這些話，當時是百分之百的「反動言論」。家人一起反對他，讓他別說。他說：「我又不到外邊去說。我說的對與不對，今後看！」

1958年「大躍進」，大煉鋼鐵，他斷定用土爐子煉不出鐵，更煉不出鋼，純粹是浪費東西，禍害人民。農業生產「放衛星」，廣播喇叭裏說某地小麥畝產萬斤，他堅決不信。他說：「一市畝地，就那麼一點點地方，不用說長麥子，就是把麥子打好，光把麥粒鋪在那一畝地裏，一萬斤得鋪多厚？這肯定有假！」甚至反問我：「你不是說老毛是種地的出身，小時候還幹過農活嗎？一畝地能打多少糧食，他不知道？朝裏肯定出了奸臣了！」我沒見過畝產萬斤的小麥，也只好閉口無言。他曾預言，人民公社不是好折騰，折騰來折騰去，非餓死人不可。果然，三年困難接踵而來，村裏人人浮腫，天天死人，爺爺一手拉扯大為其成了家的三叔因饑餓而病死。生產隊裏只有幹不完的活，卻分不到足夠的糧。一家人靠爺爺度過荒年。當時他已年過六十，不去隊裏幹活，冒險偷偷地去邊遠地方開小塊荒地種地瓜。夏秋兩季，他去田野割草，曬乾後，等第二年春天送到農場，換回大豆、地瓜乾。剛剛四五歲的莫言因野菜難以下嚥而圍著飯桌哭鬧時，爺爺弄來的地瓜乾，無疑是比今日之蛋糕餅乾更為甘美的食品，給他幼小的心靈留下了難以磨滅的印象。

爺爺一生務農，對土地有著深厚的感情。直到入社那一年，他為了幫一個親戚度過生活難關，還花高價把他的五畝地買過來。他相信世界大同，卻不贊成合作化，他說：「一家子親兄弟還要分家，張、王、李、趙湊在一塊，能有好嗎？」他對入社是極力反對的。為此，他氣得不吃不喝，要帶著我分家單幹，急得父親沒辦法，只好去西王家苓芝把他的姑父、爺爺的姐夫請了來做他的工作。最後達成協定，同意入社，但約法三章：一，爺爺永遠不去農業社裏幹活；二，農業社要他幹木匠活，送到家裏來，要現錢；三，農業社一旦垮了台，土地、牲口、農具原樣退回來。這約法三章真正落實了的，只有第一條，第二條是父親自掏腰包解決的。第三條一直到他臨終，「文革」已經結束，公社也將撤銷，但農具早已

毀壞，牲口早在困難時期就餓死了。

爺爺去世時，莫言給我寫信說：「祖父的死，使我感到心痛。他老人家一生含辛茹苦，農忙時辛勞耕作於田間，農閒時又持斧操鋸在作坊。他以剛直不阿的性格和嫻熟的木工工藝博得了鄉里的眾望，他為我們留下了很多值得學習的品質和精神。我至今不能忘記祖父帶我去割草的情景，以及他用青筋暴露的手揮動斧鑿的形象。他這種吃苦耐勞的精神，正是我缺乏的……前幾年我在家時，經常地和他拉一拉，故意請他講些古今軼事，所以頗得他的歡心，我也受益匪淺……」

爺爺19歲，奶奶20歲才成的親。這在當時已是晚婚年齡。二人艱苦創業，勤儉持家，勞作一生，生有一女二男（我們的父親和五叔），在鄉里有很高的威望。

奶 奶

我們的奶奶姓戴，如同舊社會的勞動婦女一樣，沒有自己的大名，在世時，農業社的社員名冊，稱她管戴氏。奶奶比爺爺大一歲，1971年去世，終年77歲。

儘管《紅高粱》裏的「奶奶」也姓戴，但我們的奶奶卻遠沒有九兒那般潑辣風流，也沒有《老槍》裏的「奶奶」那般殺伐決斷。我們的奶奶是一位極普通的老式家庭婦女。奶奶的娘家也是極普通的農民，因為她的父兄會竹器手藝，所以生活過得比一般農戶強。小時候曾聽奶奶發牢騷說，她和爺爺成親後，爺爺的以及後來子女們的衣服全是奶奶家負責的，我們家一概不管。奶奶雖然極普通，但確實很能幹。直至去世，奶奶是我們家實際上的大總管。那時父親和叔父沒有分家，一家十幾口人的吃穿，全由奶奶安排，儘管那些年月生活極艱難，奶奶勤儉持家，精打細算，一家人也未受凍餓之苦。奶奶的手極巧，我不只一次地聽我的大爺爺、外祖父誇她做的飯菜好吃，針線活漂亮。村裏有人家結婚，窗花、饅頭花常找她剪；喪事也找她去操辦。奶奶還會接生，新中國成立後雖說新式接生已經

推行，但找她接生的仍很多。可以說，我們村現在60歲左右的人有一半是她老人家接到這個世界上來的。

奶奶膽子比爺爺大。聽奶奶說，有一年來日本鬼子，鬼子在外邊砸門，爺爺去開門，鬼子進門一腳將爺爺踢倒，刺刀對準爺爺胸口，嗚哇一叫，嚇得爺爺面如土色。倒是奶奶走上前去扶起爺爺。爺爺出門想跑，那鬼子一勾槍機，子彈從爺爺耳邊飛過。從此，只要聽說鬼子來了，鬼子影未見，爺爺就先跑了，往往是奶奶留守。我問奶奶當時怕不怕，奶奶說：「怎麼不怕？一有動靜就想上茅房！」即使如此，凡與兵們打交道的事爺爺再不敢出面，哪怕後來的八路軍、解放軍來了，開大會都是奶奶去。

奶奶一生未出過遠門，一生未見過樓房。上世紀60年代，我到上海讀大學。放假回來告訴她我們住在樓上，她不只一次問我：人怎樣上得去？用梯子嗎？我當然回答不是，並且給她解釋怎樣一層層走上去，還說高層樓可乘電梯等等。誰知奶奶越聽越糊塗，歎口氣道：「看不到真樓，越聽越不明白！」當時，整個高密縣只有縣城有兩座二層小樓，鄉下一律是平房，所以她老人家至死也沒弄明白樓是怎麼回事。

父　親

我們的父親管貽範，生於1923年。舊社會上過四年私塾，在我們鄉下已經算是知識份子了。所以，家鄉一解放就擔任了各種社會工作，記帳、掃盲，從互助組到合作社，到生產大隊，到國有農場耕作區，再到生產大隊，一直擔任會計，1982年才退休。幾十年的會計當下來，積累的帳冊、單據成捆成箱。他可以自豪地向村裏的老老少少說，他沒貪污過一分錢，沒有錯過一筆帳，沒有用過手中的權力為自己辦過一次事，連記帳用的一支竹竿圓珠筆都是通過書記批准才買的。父親擔任大隊會計二十多年，一年四季白天和社員一起幹重活，下雨陰天和晚上記帳。每逢大隊偶爾擺酒席，他總是藉故推辭，拒不參加。

父親教育子侄十分嚴厲，子侄們，甚至他的同輩都怕他。我們小時，

2007年春節，莫言與父親、大哥

莫言為父親生日寫的對聯

稍有差錯，非打即罵，有時到了蠻橫不講理的地步。他擔心我們「學問不成，莊戶不能」，對我們的學習抓得很緊。我讀小學時，父親經常檢查我的學習。有一次居然要我將一冊語文書倒背出來，背不出就打。等我讀了中學，一方面離家遠，每周回家一次，另一方面我讀的東西他也不懂了，所以不再檢查我的學習，但每學期的成績單必看。三年困難時期，我讀高中，同學中有的餓死，有的逃往東北。我也想去闖關東，回家一說，父親大怒，說：「供你上了十年學，什麼結果也沒有，要走，就別再回來！」父親希望我們走正道，望子成龍心切，加上生活困難，心情不好，所以很少給子女笑臉。莫言小時候頑皮，自然少不了挨打。有一次小莫言下地幹活，餓極了，偷了一個蘿蔔吃，被罰跪在毛主席像前。父親知道了，回家差一點把他打死，幸虧六嬸去請了爺爺來才解了圍。父親自己清正廉潔，容不得子侄們沾染不良習氣，敗壞管家門風。有一年，我叔父的二兒子十來歲時，去隊裏瓜地裏偷了幾個小瓜。雖然偷瓜摸棗是農村孩子常幹的事，而且又是侄兒，父親對他也是一頓好揍。後來我的這個叔兄弟不但考上了大學，而且研究生畢

業，獲得碩士學位，後到美國留學，現已在美國定居。

父親不是黨員，但一直跟黨走，在鄉里很有威信。他孝敬爺爺奶奶，愛護弟弟（我們的五叔）。我們的五叔在供銷社棉花站工作。當年，區裏讓我父親脫產出來工作，父親把機會讓給五叔。嬸嬸和叔叔的四個孩子在家裏和父母一起生活，直到奶奶去世才分家。分家後，父親還像過去一樣照顧叔叔的孩子，還不時寄錢去資助上大學的。

父親今年已經90歲了，至今仍在鄉下。地裏的活已幹不動了，木匠活也不做了，但他仍然幫二弟家做點家務，種種小菜園，一刻也閒不住。

母 親

我母親姓高，1922年生於河崖鎮小高家莊（現名北高家）。大名高淑娟，但一輩子沒用過，公社化時生產隊裏的記工冊以及我們填表都寫管高氏。母親纏足，典型的農村婦女，沒有文化，因勞累過度，患有哮喘、肺氣腫等多種疾病，於1994年1月病故。母親是17歲嫁到我們家的。母親的親生母親在母親兩歲時就去世了。她來到我們家五十多年，當媳婦的時間比當婆婆的時間長，一直沒過上好日子，及至過上好日子，又老生病，母親常歎自己命苦。

母親生過七八個子女，活下來的只有我們兄妹四人。除我之外，莫言還有一位二哥和姐姐，莫言是母親最小的孩子。到莫言出生時，我們這個大家庭已有四個孩子。後來，我嬸嬸又生了三個兒子。莫言在家裏的位置無足輕重。本來窮人的孩子就如小豬小狗一般，這樣，莫言就不如路邊的一棵草了。母愛是有的，但要懂事的孩子自己去體會。天下父母哪有不愛自己孩子的？但母親為了這個大家庭，為了顧全大局，必須將愛藏在心底。記得困難時期，全家吃野菜，莫言和他堂姐（我叔父的女兒，僅比莫言大半歲）吃不下，有時母親單獨為他倆煮兩個地瓜或蒸一個不加野菜或加少量野菜的玉米麵餅子，小莫言飯量大，但他也只能和姐姐平分秋色。半個餅子姐姐吃了已飽，可小莫言卻不飽。儘管如此，母親也不能多分給莫言，結果莫言是吃不飽還要挨罵。

　　最讓母親難過而又難忘的一件事是1961年春節，積攢了半年的幾斤白麵蒸了五個饃饃，擺在院子裏當供品。過完年要休息了，奶奶讓母親去把五個饃饃收回來，母親去收，五個饃饃卻不翼而飛！除了自己家裏的人外，只是過年時來過兩個「送財神」（討飯）的。於是我和母親緊急出動，碰到「送財神」的就看人家的籃子，哪裏還有半點影子？五個大饃饃，白麵的！這是爺爺和小弟弟們半個月的好口糧，全家人捨不得吃，不見了！心疼，氣惱，還背著偷吃偷藏的嫌疑！我和母親哭了半宿，母親像生了一場大病。此事我也終生難忘，莫言剛開始寫作時，我寫信把此事告訴了他，鼓勵他寫成小說。他寫了一篇題為《五個饃饃》的短篇小說發表了。現在，這篇作品收在小說集《歡樂十三章》裏。

　　母親幹得最苦最重的活是推磨。那也是困難時期，村裏還吃食堂，母親為了得幾斤麩皮，去給食堂推磨。那時牲口都餓死了，只好用人推。母親瘦得體重不足七十斤，和大娘嬸子們合夥，兩人一幫推，推著推著就暈倒在磨道裏，抓一把生糧食吃了再推。生糧食也不敢多吃，磨卻要推下

父親和母親

去。一天下來腿腫得好粗，人都走不動了。這一情景，莫言也寫過一篇小說，題為《石磨》。但那畢竟是小說，很有些浪漫和詩意了。

大爺爺

大爺爺管遵仁，是我爺爺的哥哥，字居安，又字壽亭、嵩山。人們都叫他管嵩山、管先生。

大爺爺是讀書人出身，清末廢了科舉，讀書人斷了仕途，只好務農。他19歲開始，一邊幹活，一邊學醫，很是用功。後來他就開了潤生堂藥鋪，給人治病，擅長婦科、兒科。由於看病認真，用藥仔細小心，所以他技藝精進，逐漸小有名氣。

大爺爺年輕時，大概是得其父之遺傳吧，也是很桀驁不馴，風流倜儻的。因為日子過得比較好，又在街面上管些閒事，免不了得罪人，據說還和人家打過官司。雖然官司敗了，但仇卻種下了，因此土改時，他被劃為地主，被掃地出門，一家人跑到了青島。而對方的後代卻入了黨，當了幹部。新中國成立後，大爺爺被對方追了回來，唯一的兒子已經被國民黨擄走，生死未卜。回來時，只有妻子和兩個女兒了。從青島回來不幾天，他就被逮捕，半年後釋放回家。為了生活，在我爺爺奶奶及本家幾個侄兒和朋友的幫助下（這個朋友是西王家芩芝的王書芹，原省政協副主席王林肯之胞弟），他重操舊業，開起了藥鋪。這時，他得罪的那家人在村子裏作威作福，命令他每天割一筐青草送去，給他家餵牛。他們家大人孩子生病吃藥自然也不付錢。大爺爺敢怒不敢言，只好在坡裏割草時暗暗流淚。就這樣到了「文革」時期，大爺爺已八十多歲時，還被這家人的後代揪上臺去批鬥過。開藥鋪沒有幾

大爺爺

俺家伯祖老中醫擅治傷寒有
絕技蔴黃桂枝生石膏再加
一把地骨皮

丙戌壬三月 高密莫言

莫言寫大爺爺的「打油
詩」

年，公私合營了，鄉里辦起了聯合診所。大爺爺帶著小姑和藥櫥、藥具、藥品進了聯合診所當醫生，算是吃國庫糧的「公家人」了。

小時候，大爺爺的藥鋪是我們常去的地方，去看大爺爺一手持著胸前的一部雪白的長髯，閉著眼，一隻手為病人搭脈，用毛筆（後來偶爾也用鋼筆，但握筆的方法如同用毛筆一樣）給病人開藥方，看三姑和小姑為病人按方抓藥。他們忙不過來時，我也曾經幫他們用藥碾子碾藥或記帳，不但學到了一些中醫藥知識，也經常會吃到諸如甘草、肉桂、五味子之類的東西。現在回想起來，仍然甘之如飴，齒頰留香。

大爺爺的醫術是精湛高超的。記得在我小時候，有一年，大概是下村的一家人的一個幾代單傳的男孩得了大腦炎，送來的時候已經高燒不退，發生痙攣（中醫叫角弓反張）現象，眼看快不行了。大爺爺見狀，根據中醫「一針二拿三用藥」的原則，選準穴位，一針下去，角弓反張現象消失，灌了一包藥下去，不久就哭出聲來，回去後幾天就好了。這孩子長大後我還見過，雖然有點後遺症，但能幹農活，也成了家。為感謝大爺爺的救命之恩，這家人每逢春節都來看望大爺爺。

我自己小時候得病不用說都是大爺爺給醫治。記得初一上學期期末，高密二中暴發流行性感冒，臘月初八就放了寒假。我到家就躺倒了，高燒不退，燒得舌苔發黑，說胡話，昏迷不醒。全家人都害了怕。大爺爺一邊給我吃湯藥，一邊讓我口含一塊川黃連，雖然黃連苦，但病卻治好了。

當時，人們把流行性感冒之類的傳染病叫做「瘟災」。大爺爺有一個驗方，每逢「瘟災」暴發，就用此方根據男女老幼等不同情況，稍作加

減，都能做到藥到病除的。對此，莫言曾寫過一首打油詩，詩曰：「俺家伯祖老中醫，擅治傷寒有絕技。麻黃桂枝生石膏，再加一把地骨皮。」

大爺爺的醫德亦很高尚，服務態度好，藥價公道，所以找他看病的人很多。有人半夜來敲門，大爺爺不管嚴寒酷暑，颱風下雨，馬上就跟著走。有病家備了牲口來，他一般是不騎的，實在推辭不過，也是出了村再騎。平時一根竹杖，既當了拐杖，也當了打狗棍，四鄉八村到處奔走。長期的奔波，鍛鍊了他的身體，所以他活了八十多歲。

大爺爺唯一的兒子，我的二叔，國民黨從青島撤退時，被裹脅而去，從此下落不明，傳說去了臺灣。直到上世紀80年代，兩岸始通信息，才知道他確實在臺灣。等到二叔回到家鄉探視時，大爺爺大奶奶都已去世了。但大爺爺在世時是堅信二叔還活著的。每逢過年，大爺爺都要以銅錢占卜，有幾次我都禁不住要問：「二叔還在嗎？」他說：「我這一生，治病救人，沒做過傷天害理的事，老天爺是不會絕我的後的！」

大爺爺是講故事的高手，莫言小說裏的民間傳說和故事，有不少是從大爺爺那兒聽來的。莫言輟學後也曾經想學醫生，所以與大爺爺接觸較多。因此，莫言小說裏，經常可以看到大爺爺的影子。

當年莫言作為家中最不起眼的孩子，因為吃不好，吃不飽，所以顯得特別「饞」；因為過早失學，又愛看閒書，所以顯得特別「懶」；因為長得不怎樣，又老穿哥哥姐姐倒下的衣服，所以顯得特別「醜」。莫言在個別長輩的眼裏是令人生厭的醜小鴨，是「前腳貓，後腳狗」，成不了才的東西。但是大爺爺力排眾議，對人說：「人不可貌相，海水不可斗量。這孩子將來沒準能成個大『偶侯』（人物），你們誰都不如他。」大爺爺可謂慧眼識才。

大爺爺寫得一手漂亮的毛筆字。我上小學時，開始描紅，就是以大爺爺給我寫的「白日依山盡」這首詩作樣子。我的大名，也是大爺爺給起的。

三爺爺

我們的三爺爺管遵禮，字立庵，又字嵩岩，因為排行老三，所以人們

都叫他管嵩三。莫言有些小說中，有時會發現他的影子。

因為我們的曾祖父去世早，兄弟中他最小，因此，我們這個三爺爺就有些任性出格之處：農活不願幹，天天酒不斷，專門結交一些社會上的遊俠人物。當時，日本鬼子侵略中國，各種人物紛紛打著抗日的旗號揭竿而起，有槍就是草頭王，各自霸佔一方。這些隊伍，人們統稱為「游擊隊」，單高密東北鄉就有高雲生、冷關榮、姜黎川……三爺爺和這些人都有交往。不知是出於什麼原因，有一段時間三爺爺天天念叨著要帶著他十幾歲的大兒子（我們的三叔叔）到東北（萊陽、海陽一帶）去當八路。家裏對他嚴加防範，怕他跑了。小時候，有一次和爺爺談論三爺爺時，說到這件事。我說：你們那時候讓他去多好，去了到現在，怎麼也得弄個團長當當吧？爺爺說：就他那不知深淺的脾氣，當了八路也早就叫日本鬼子打死了。

三爺爺最終還是死在他的這些朋友手裏。好像是姜部的人吧，住在他家裏，據說不知是副官還是護兵擦槍走火，打中了他的肚子，腸子都鼓出來了，又塞了進去，貼了貼膏藥算完，不幾天就發炎了，拖了個把月就死了。如果是現在，到醫院開刀，取出子彈，就沒問題了。至於是擦槍走火，還是因為他想去當八路，人家故意打的，誰也說不清。

因為受了驚嚇，三奶奶就瘋了，不吃不喝不睡，狂呼亂叫，百治無效，不久也去世了。

三爺爺、三奶奶去世都很早，其時我還沒出生呢。但長大後，看到三爺爺家後窗上有一個自行車座（那時農村還沒有自行車），爺爺說，這個車座是三爺爺自行車上的。在上個世紀30年代，有自行車的人是很少的。三爺爺是高密東北鄉第一批有自行車的人。

由於三爺爺不會過日子，地少人多，所以他死後，他的兒子土改時都被定為貧農，因禍得福，壞事變成了好事。

小 姑

在莫言的小說《爆炸》和《蛙》中，寫到小姑這個人，與現實生活中

2007年春節莫言與父親、小姑

我們的小姑有些相似之處。

小姑現在也不小了，她雖只比我大5歲，但今年也75歲了。從小我們就叫她小姑，至今還叫她小姑。這連她自己也覺得好笑，曾開玩笑說：「我這個小姑都七十多了，這輩子也成不了大姑了！」

小姑是大爺爺的小女兒。因為在我父親一輩，兄弟姊妹是大排行的。兄弟之間，我父親是老大，我叔父是老五，大爺爺的兒子是老二，三爺爺的三個兒子分別是老三、老四、老六。姊妹們之間，我姑母是老大，三爺爺的女兒是老二，大爺爺的兩個女兒是老三、老四，這老四就是我們的小姑。

小姑的名字叫管貽蘭，退休前是大欄鄉衛生院副院長，中共黨員，還當過一屆政協委員。因為大爺爺的兒子新中國成立前去了臺灣，長時期生死未卜，所以大爺爺一直把小姑當兒子看，不但把自己的醫術和一生的行醫經驗傳授給她，而且小姑結婚後一直沒有離開過家，直到我的大爺爺、大奶奶去世。小姑是得了大爺爺的真傳的，尤擅婦科和兒科。退休後，方圓幾十里的病人，包括周圍縣市的都來找她看病，弄得大欄衛生院都沒了生意。我見過她給小孩看病的情況。因為是嬰幼兒自己不能說明病情，大人也只能看到嬰幼兒的表情，所以診斷上有難度。小姑是看小孩的手指紋，（有時也摸一下脈搏）來斷定病情的。她反對動不動給孩子打針，更反對動不動就打吊瓶。她是給小孩吃藥。一次一小包藥粉，一般三包就能治好，很神！據說在婦產科上，她也有拿手。有的婦女結婚幾年不生孩子，經她醫治，有不少都當了媽媽。所以她在當地是很有威望的。

小姑性格開朗豁達，說話高音大嗓，有男子之風，至今仍以老管家的人自居，把老管家的事當作自己的事辦。大家都很尊重她。

轱轆子張球

此人見於莫言的短篇小說《草鞋窨子》。「轱轆子」，似應寫作「錮爐子」，是高密人對小爐匠的稱呼。我們村有那麼兄弟三人，姓張，老大

叫「球」，老二叫「譜」，老三叫「永」。「球」的大號叫張玉斌，是個小爐匠，繼承了他爹的手藝，能幫人鋦鍋、鋦碗，幹個小鐵活什麼的。

這兄弟三人，從我記事時就沒了爹媽。後來我才知道，他們的父親是地道的貧農，所以共產黨一來就跟著幹了，但1947年國民黨反攻，還鄉團回來，卻反水了，大概「球」也跟著幹了點壞事。所以不但其父被槍斃，「球」也跟著倒了楣。解放很久了，大約是上世紀60年代吧，「球」還因為歷史問題吃了官司，被捕判過幾個月的刑。

這兄弟三人是孤兒，很可憐。三人擠在一間靠在人家屋山上蓋的只有一人多高的小泥巴屋裏，屋裏除了一舖小炕和一口破鍋外，什麼都沒有。每逢過年，我奶奶都要讓我提上一筐斗饅頭、豆包、年糕之類的東西給他們送去。鑽進他們的小屋，一股腥臊之氣直沖腦門，我把東西倒在他們炕上就走，不敢多待，也聽不到他們有什麼感謝的話。後來，兄弟三人在村子裏實在混不下去了，張球入贅到一個比他大近二十歲的寡婦家裏，老二、老三就去了東北。沒有路費，就要賣他父親留下的那套小爐匠家什，誰要？沒辦法，來求我爺爺。我爺爺說：「我是木匠，不要鐵匠的東西。這樣吧，東西就算押在這裏，路費我借給你們，等你們混好了，再還我的錢，把你爹的這套傢伙拿回去！」後來，他爹的傢伙是被張球取回去了，但錢卻沒得還。

張球（張玉斌）長得比老二、老三都高大，挺開朗的一個人，幹活也賣力氣，和當地農民一樣，也會編草鞋。和寡婦結婚後，寡婦的兒子待他也不錯，早些年已經去世，他的兩個弟弟大概還在東北。

曹夢九

此人在小說《紅高粱家族》中多次出現。本書許多情節取材於此人真實事蹟或流傳於高密民間關於他的傳說軼聞。曹係河北人，為馮玉祥部下，三十年代初曾隨馮玉祥將軍駐守湖南常德。1935至1937年10月任國民政府高密縣縣長，在職期間頗多政績，被高密百姓視為清

官，許多關於他的傳說軼聞至今尚在民間流傳。小說中的曹夢九處罰幫助惡霸強佔農婦母雞的馬屁精即其傳說之一。其著名政績之一即小說中提到的消滅土匪一事。據縣誌記載，民國初年，縣內一些無賴、兵痞糾合成若干小股土匪，到處拉驢綁票，攔路搶劫，社會極不安定。曹夢九任縣長期間，經常緝捕嚴懲，大見成效。1936年春，曹和韓復榘共謀，宣稱在濟南成立特別偵察隊，凡槍法超群、驍勇剽悍、殺過人、願意接受招安立功贖罪者，攜帶長短槍兩支到縣報名，則不咎既往，錄用為偵察隊員，一切待遇從優。僅兩個月即誘捕土匪八十餘名，武裝押解濟南槍決，為高密人民除去心腹大患。縣內一時比較太平，百姓得以安居樂業。曹夢九在高密抓賭禁煙，獎勵農耕，興學校，修縣誌，做了一些好事。對違法亂紀、敗壞綱常的不法之徒往往以鞋底打之，因此得一外號「曹二鞋底」。作為一名舊政府的官員，能如此實屬不易。

王文義

我們村確有王文義其人，現已七十多歲，仍健在。王文義個子不高，貌不驚人，嚴格說還有點醜陋。在小說《紅高粱》中，王文義雖然膽小，但最終還是抗日死。現實生活中的王文義沒有打過鬼子，卻當過幾天解放軍，因膽小不幹了。小說中有一個情節與王文義當兵的經歷相似，即鬼子打槍，以為自己腦袋已不在頸上一節。據說王文義剛當兵時參加了一次戰鬥，敵人開槍之後，子彈如蝗蟲從頭上飛過，王文義大叫：「我的頭沒了！我的頭呢？」氣得班長破口大罵踢了他一腳。撤退時他竟將大槍丟進水溝，班長下水撈上槍來，王文義的兵也就不再當了。此人新中國成立後一直務農，老實本分，其妻是一細高身材的農村婦女，自然也沒有為抗日部隊送飯光榮犧牲的事。

大老劉婆子

　　小說《紅高粱》中還有一個叫大老劉婆子的女人，是余府的女管家，後來還和爺爺余占鰲有那麼一段浪漫史。現實生活中，在我們鄰村沙口子確有一個叫大老劉婆子的女人，解放時已五十歲左右了，早在「大躍進」年代去世。此人是一個以乞討為業的女叫花子，整日破衣爛裳，蓬頭垢面，手持打狗棍，挎著籃子挨家挨戶要飯吃，令人望之生厭。誰家的小孩不聽話或哭鬧只要說一聲：「大老劉婆子來了！」馬上嚇得乖乖的。此人是個寡婦，政府教育她好好勞動，她不肯。有一年，大概是朝鮮停戰之後，有一批殘廢軍人下來找對象。其中有一個叫老范的，雖然不缺胳膊少腿，但缺少心眼，大姑娘小寡婦都不肯跟他。不知有人撮合還是二人自願，大老劉婆子居然與老范同居了。但不久，大老劉婆子又出來要飯了。據大老劉婆子自己說是因為老范年輕力壯，吃他不消。但人們分析，肯定是大老劉婆子騙光了老范的錢，因為不久老范也就由政府召回去了。

　　大老劉婆子在世時莫言尚小，即使見過，也不會有什麼印象，所以在小說中只是借用她的名字用用而已。類似人物《紅高粱》中尚有許多，限於篇幅，不再一一列舉。

單幹戶

　　在莫言的長篇新作《生死疲勞》中寫了一個至死都不肯加入農業社的單幹戶藍臉。在現實生活中，我們的家鄉河崖公社，確有兩戶不肯加入公社的單幹戶，一戶在陳家屋子村，一戶在窩鋪村。

　　這兩家的成分並不高，不是貧農，也是下中農。他們不但堅決不肯加入初級社和高級社，直到人民公社了，他們還在單幹，其倔強的勁頭實在罕見。其中陳家屋子那一戶，在動員加入初級社時，因不堪村幹部的催逼，竟鋌而走險地不斷上訪。他吃準了一條：中央的政策是「入社自願，

退社自由」。據說官司打到省裏，省裏給了他一個書面答覆，認定他不入社不犯法。他把省裏的答覆鑲在鏡框裏，掛在牆上。從此有了尚方寶劍，放心大膽地單幹起來。

單幹，對他們來說可能糧食打得多一些，1960年可能少挨一點餓。但承受的壓力，尤其是政治壓力是很大的。記得每當看到窩鋪的那個單幹戶趕著牲口，扛著農具，從膠河河堤上向我們村子東面走去幹活時，連我們小孩子都像看出土文物一樣看他們。事實上，整個社會都把他們打入了另冊，把他們當成了另類。這當中，最倒楣的莫過於他們的子女，不但入黨、入團、當兵沒有他們的分，走到哪都受歧視。記得窩鋪村那家的孩子在高密二中念書，校長就曾經在大會上講話，要他回家動員父母入社。公社化後，我們的戶口一律轉回農村。有一段時間，每個學生的口糧都由所在公社往學校裏統一調撥，這個學生當然無從調撥，只好自己每周兩次回家背乾糧。在這種情況下，這個學生不久就退學了。

當時，公社的生產隊裏幹活是大呼隆。十幾個人，幾十個人一起，到了目的地先吸袋「地頭煙」，然後上午休息兩次，下午休息兩次。休息時，男男女女，打打鬧鬧，說說笑笑，幹活時，東拉西扯，嘴也不閒著，不知不覺就是一天。晚上到隊裏記工，又是轟轟烈烈，連吵帶罵，有人唱歌，有人打鬧。而那單幹戶幹活，全家幾口人，當然是死氣沉沉，碰到大人不高興，小孩少不了挨罵。所以，生產隊對青年一代有極大的吸引力，可惜這一點在《生死疲勞》裏沒有體現。因此，等到這兩家單幹戶的老一輩去世了，其子女都加入了人民公社，時間大概是在「文革」前。要是活到了「文革」，恐怕批鬥是少挨不了的。

孫家口伏擊戰

小說《紅高粱》寫爺爺和父親去伏擊日本鬼子的事是有其故事原型的。這就是發生在1938年3月15日的孫家口伏擊戰。據縣誌記載，當時

膠（州）沙（河）公路上常有日本汽車過往孫家口。3月15日晨，國民黨游擊隊曹克明部四百餘人，在冷關榮部、姜黎川部配合下，埋伏在村內村外，截擊日軍。上午10時許，滿載日軍的五輛軍車由村北向南疾駛。尖兵車上載重機槍一挺，駛至村南拐彎處，輪胎被預先埋在路上的耙齒扎穿，動彈不得。曹部伏兵立即投彈炸死車內日軍。後駛進村內窄路上的日軍汽車，前進不能，後退不得。村內伏兵四起，圍擊日寇，並以高粱秸引大火燒汽車，車上日軍無一逃脫。村外汽車上的日軍企圖負隅頑抗，亦遭圍殲，僅一名逃跑。此戰殲滅日軍39名，內有日軍中將中崗彌高，繳獲汽車一輛（其餘被燒毀），輕重機槍各一挺，「七九」式步槍三十餘枝，子彈數萬發，軍刀三把（其中將軍刀一把），文件一宗，游擊隊傷亡三十餘人。後駐膠縣日軍至孫家口鄰村公婆廟（現名東風村）報復，殺害群眾136人，燒民房八百餘間，造成「公婆廟慘案」。

1987年夏天，西影導演張藝謀率《紅高粱》劇組來高密拍外景戲，孫家口一帶老百姓事先專門種了大片高粱，電影中不少鏡頭就在此地拍攝，使當地老百姓重溫了當年的歷史。

四叔之死

莫言作品中寫到的真事不只一件，有些已經經過藝術加工（如孫家口伏擊戰），有的則簡直如同現實事件的翻版。長篇小說《天堂蒜薹之歌》中的四叔因車禍而死就是其中之一。《天堂蒜薹之歌》這部作品，明眼人一看就知道莫言是受了1987年發生在山東蒼山縣的蒜薹事件的啟發寫成的。其中四叔因車禍而死這件事，卻是現實生活中真實發生的。死者就是我們的四叔。那是1984年10月，我們的四叔趕著牛車往離家四十里外的縣糖廠送甜菜。走至中途，被一汽車當場壓死，牛也壓傷，車也壓壞。肇事司機是酒後無證駕駛，但因為是公社書記的朋友，車是給書記家蓋房拉磚的，所以事情發生後遲遲得不到處理，更有那眾多的說客登門威脅利誘。

孫家口伏擊戰古石橋

結果，賠償了3500元了事。

我們這位四叔，叫管貽壽，是三爺爺的二兒子，自小沒有了爹娘，是我爺爺奶奶一手拉扯大並為之成家立業的，生有四子一女，生活一直很困難，剛剛要過上好日子，竟遭慘死！四叔一生勤勞能幹，吃苦耐勞，公社化時，擔任多年生產隊長。莫言在隊裏幹活時，得到了四叔多方面的指導和關照，二人感情很深。四叔死時，我在湖南工作，莫言在北京。莫言首先得到消息，寫信對我說：「我從小輟學在家，跟四叔在生產隊裏幹活，前後近十年。四叔有超乎常人的吃苦耐勞精神，有著對後輩寬厚憐憫之心。因我家是中農，父親常受人歧視，但他對父親是很尊重的，對我是很愛護的。想不到他正當壯年，剛剛過上好一點的日子，竟喪身在一個酒鬼和走狗的車輪之下！我真想和他們打一場官司！一個小小的公社書記，芥菜籽一樣的官兒，竟敢如此猖獗，視人命如兒戲，真是令人怒髮衝冠！人

和牛共賠了三千元了事？我感到一種沉重的痛苦和憤怒！三千元竟能買到一條人命，竟能使肇事者逍遙法外！？……」當時我們一致認為有必要回家鄉告狀打官司，但被父親制止了。父親說：「人死不能復生。咱寧叫一家冷，不能叫兩家寒啊！」事情就這樣了結了。但這件事對我和莫言刺激很大。所以當寫作《天堂蒜薹之歌》時，莫言情不自禁地要借題發揮一下。當然除了四叔遭車禍而死之外，小說中發生在「四叔」、「四嬸」身上及他們家庭中的其他故事都是虛構的，與我們的四叔、四嬸沒有關係。

高密東北鄉

　　到目前為止，莫言的大部分作品中的故事，都發生在高密東北鄉。高密東北鄉被莫言稱為「地球上最美麗最醜陋、最超脫最世俗、最聖潔最齷齪、最英雄好漢最王八蛋、最能喝酒最能愛的地方」。可見，高密東北鄉已不是一般地理學上的名詞，它只不過是莫言作品的一種文學背景的代名詞。對此，莫言在《紅蝗》的後記中專門做過說明。儘管如此，莫言筆下的高密東北鄉與現實中的高密東北鄉仍有著許多相似的地方。

　　真正的高密東北鄉是指現高密東北隅的河崖鎮、原大欄鄉這一片遼闊的土地。「高密東北鄉」是沿用了明、清、民國時的叫法。這裏地勢低窪，是一馬平川的平原。膠河從這裏彎彎曲曲地流過，我們的家就在膠河南岸一個叫平安莊的村子裏。這裏與平度、膠州接壤，南有順溪河、墨水河。直到上世紀60年代初期，我們村子南邊的順溪河與墨水河之間都是一片低窪的沼澤地。夏天，這裏一片汪洋，蘆葦叢生，野草遍地。水裏魚游蝦躍，天上水鳥飛翔。秋季，這裏蘆花飛舞，枯草遍野。大雁在這裏棲息，狐狸、野兔在這裏出沒。這樣一塊地方，舊社會無疑是土匪活動的好場所。新中國成立後，便成了兒童的樂園。夏天，孩子們在這裏撈魚摸蝦；秋天，獵人們在這裏打兔子獵雁。小時候，我就多次吃過爺爺打的野鴨野兔。待到莫言長到能割草拾柴火的時候，這裏的景物已不及從前。四十多年來滄桑巨變，隨著氣候變乾旱，膠河農場建立，如今這裏已經成

2007年莫言在膠河邊揮毫

2007年管謨賢在膠河邊揮毫

為一片良田，往日景象連一點痕跡也沒有了。

上世紀70年代以前，整個高密東北鄉一直貧窮落後。鄉親們面向黃土背朝天，祖祖輩輩在這塊土地上刨食，從來都是半年糠菜半年糧。僅以我們平安莊為例，新中國成立前僅有兩戶地主，也基本不住在村裏。地主和其子女多住在縣城或青島。很多人出外討飯或闖關東。有民謠說：「平安莊不平安，十年倒有九年淹。」膠河年年發大水，十年九澇。儘管如此，人們還是不願離開這一方熱土，不願意離開膠河。老輩人說，我們這裏「十年九不收，收了吃十秋」。此話確有道理。每逢膠河發大水決了口，河水夾帶著大量腐殖質和泥沙，把地裏淤上厚厚的一層肥泥。秋天種上小麥，不用施肥，來年也可收一季好小麥。所以老輩人都說膠河是一條「富河」。而且河水清澈甘甜，魚鼈蝦蟹取之不盡，食之不竭呢。我們小時候，夏天到河裏游泳打水仗，撈魚摸蝦。秋天，「秋風響蟹腳癢」，成群的螃蟹順流而下。夜晚，爺爺帶著我們到河邊紮「粱子」抓螃蟹，即用高粱秸編成的「粱子」截斷螃蟹的路，在河的一邊留一通道，放一盞馬燈，那螃蟹便不斷地游來，一抓一個準，一宿便可抓幾百！夜深人靜，聽著嘩嘩的流水聲，看著一個個螃蟹成了俘虜，實在是一件很有詩意的事。後來，膠河上游修了王吳水庫，螃蟹沒有了。再後來，到了上世紀70年代後期，氣候乾旱，膠河水乾魚淨。現在，只剩一條乾涸的河床，死氣沉沉地躺在那裏。

但是，現在鄉親們的生活卻富起來了。高密東北鄉因為地廣人稀，所以成為高密糧食和棉花生產基地。夏季，田野裏翻騰著金黃色的麥浪，打的小麥堆成山，一年打的三年吃不了。秋天，大豆搖鈴，棉花含笑，高粱紅了臉，穀子彎了腰，好一派豐收景象！我愛高密東北鄉！喝膠河水長大的莫言也時刻眷戀著這個地方！

莫言筆下的牛

　　在莫言眾多的中篇小說中，我很喜歡《牛》（發表於《東海》1998年第6期，後收入小說集《長安大道上的騎驢美人》以及《莫言文集》十二卷本之《透明的紅蘿蔔》）。

　　我之所以喜歡它，有以下幾個原因。一是好讀。正如莫言自己所說，它「好看，有精彩的細節，有栩栩如生的人物」，有「流暢的、富有特色的語言」❶。二是這篇小說寫的故事是以當年發生在我們的故鄉的一件真實事件為基礎的，故事中的人物可以在生活中找到原型，小說真實深刻地反映了那個荒唐的年代的現實，讀來倍感親切。

　　要解讀這篇作品，首先要了解故事發生的那個年代，以及牛（當然也包括人、養牛用牛的人，即農民）在那個年代的生存狀態。否則，當今的年輕讀者，甚至包括年老的城市讀者就讀不懂它。某些「左派」遺老們甚至會祭起「污蔑社會主義農村的大好形勢」、「污蔑中國農民形象」的法寶，對其大加撻伐，因為在他們眼裏，當時的中國農村形勢「是大好，而不是小好」，是到處「鶯歌燕舞」的。

　　現實生活中，《牛》的故事和小說中寫的一樣，發生在1970年5月1日。那一天，在

注：❶莫言：《牛就是牛》見《小說月報》1998年第9
　　期。

莫言的故鄉，高密縣河崖人民公社所在地，公社食品站出售變質牛肉，導致304人中毒，1人死亡。除了在中毒人數上有出入（小說中是308人中毒）外，小說中的描寫幾乎是現實生活的翻版。需要補充的是，當時這事鬧得很大。治病所需的藥品本地沒有，當時的省革委會主任、濟南軍區司令員楊得志同志專門從上海等地聯繫到藥品，用軍用飛機運到青島，然後縣裏派摩托車去青島把藥接回來，治好了中毒的病人，被稱為「毛澤東思想的又一偉大勝利」。

1970年，時值「文革」，人民公社這一歷史怪胎尚屬「三面紅旗」之一，內裏雖已窮途末路，但表面上鋒頭正勁，仍是一棵「萬歲」的「常青藤」。但奇怪的是，那時的人口比現在少，土地比現在多，打的糧食卻不夠吃。不但糧不夠吃，草也不夠燒，牲口吃的飼料、飼草更是缺乏。於是便出現了小說中寫到的令現在的人無法理解的怪現象：儘管牛是大牲畜，是生產資料，是耕地種田的主要動力，但卻不能多養，更不敢隨便繁育；儘管人們知道牛肉鮮美無比，卻因為牛是生產資料而不能隨意屠宰，即使病牛也要經有關部門審批才能由供銷系統的公社食品站負責屠宰和銷售，否則「階級敵人破壞生產」這樣的大帽子就會扣下來。如果誰偷殺了牛，就會被判刑。因此，新中國成立後，尤其統購統銷之後，普通農民是吃不到牛肉的。正因為養不能多養，殺又不能殺，所以那時在田野裏甚至會出現無人認養的「流浪牛」。那是一個荒唐的年代，荒唐得貽笑天下，貽笑子孫後代。在那個年代裏，一個農村戶口就把農民的遷徙權、話語權剝奪了。小說中的杜大爺儘管說話處處小心，卻時刻會遭到隊長甚至是小孩子的上綱批判，於是真話不見了，假話、套話便大行其道。

在那荒唐的年代裏，餵牛的農民吃不到牛肉，「為革命而大養其豬」的公社社員們連豬肉也很少吃到。一來，他們不像城市居民那樣有肉票；二來，即使他們有了肉票也沒有錢買。當時的人民公社每個工分才幾分錢，一個整壯勞動力幹一天活，掙十個工分才幾毛錢。不少農戶幹了一年，扣除口糧、柴草錢，還倒欠生產隊的錢，叫做「透支戶」。那年月，農民別說吃肉，就連糧食也不夠吃。當時，小麥畝產才二百來斤，夏收後

分糧，人均60斤小麥的生產隊就是好生產隊。到了秋天，地瓜收上來，四斤地瓜頂一斤糧，如果保存不當，黴了爛了就活該倒楣。所以，一年到頭「瓜菜代」，「農忙時吃乾，閒時吃稀」竟是最高指示。冬天吃兩頓，也是絕大多數農民節省糧食的辦法。那年月，實事求是地說，廣大農民連起碼的溫飽都難以解決。由於物質極度匱乏，像小說中杜大爺的女婿那樣在供銷社殺豬的，在公社機關食堂做飯的，都「人五人六」起來，成了令人羨慕的職業，其本人及親戚也不免為此而自豪。正因為物質極度匱乏，溫飽沒有解決，加上「文革」的折騰，國民經濟已到了崩潰的邊緣。當時在山東，連買一盒火柴都要憑證供應。所以，人們只好冒著「美化舊社會、美化剝削階級、嚮往資產階級生活」的政治風險回憶二十多年之前，亦即新中國成立前及建國初期的生活，來一個「精神會餐」。對於這種精神會餐，莫言在《饑餓和孤獨是我創作的財富》一文中這樣寫過：「在勞動間隙裏，我們饑腸轆轆，胃裏泛酸水。我們最大的樂趣就是聚集在一起談論食物。大家把自己曾經吃過的或者是聽說過的美食講出來讓大家享受，這是真正的精神會餐。說者津津有味，聽者直嚥口水。一個老頭給我們講當年他在青島的飯店裏當堂倌時見識過的那些名菜，什麼紅燒肉啦，大燒雞啦，我們眼睜睜地望著他的嘴巴，彷彿嗅到了那些美味食品的味道，彷彿看到了那些美味佳肴從天上飄飄而來。」❷ 生活中的這一情景，在小說裏則變成了杜大爺的回憶：「那時候，每逢馬桑集，我爹最少要割五斤肉，老秤五斤，頂現在七斤還要多。不割肉，必買魚，青魚、鮁魚、黃花魚、披毛魚、墨斗魚……那時候，馬桑鎮的魚市有三里長，槐花開放時，正是鱗刀魚上市的季節，街兩邊白晃晃的，耀得人不敢睜眼。大對蝦兩個一對，用竹籤子插著，一對半斤，兩對一斤，一對大對蝦只賣兩個銅板。那時候，想吃啥就吃啥，只要你有錢……現在，這麼大個公社，四十多個大隊，幾百個小隊，七八萬口子人，一個集才殺一頭豬，那點豬肉還不夠公社幹部吃的。可過去，咱馬桑鎮的肉市，光殺豬的肉案子就有三十多台，

注：❷莫言：《饑餓和孤獨是我創作的財富》見《莫言文集・小說的氣味》，第170頁。

還有那些殺牛的，殺驢的，殺狗的，你說你想吃什麼吧。那時候的牛，大肉牛，用地瓜、豆餅催得油光水滑、走起來晃晃蕩蕩，好似一座肉山，一頭牛能出一千多斤肉。那牛肥得肉膘子有三指厚，那肉一方一方的，簡直就像豆腐，放到鍋裏煮，一滾就爛。花五個銅子，買上一斤熟牛肉，打上四兩高粱酒，往凳子上一坐，喝著吃著，聽著聲，看著景，你想想吧，那是什麼滋味……」這是多麼誘人的情景，這是多麼令人企盼的生活。但這卻成了過眼雲煙，成了回憶，而且連回憶都不能公開，否則就會落入駭人的政治陷阱！

　　這就是小說《牛》揭示的有關牛的社會背景。這揭示是真實的，深刻的，堪稱栩栩如生，入木三分。了解了故事的背景，你才會理解生產隊長麻叔要「我」在放牛時嚴防公牛母牛交配，並對所有的公牛進行閹割，也才會理解麻叔甘冒風險把明知不能閹割的「雙脊」也不放過的真正原因。小說中麻叔、獸醫老董、杜大爺、「我」都為能吃到一點滿是腥臊之氣的牛蛋子而鬥智鬥法，有時高興，有時憤怒。當「雙脊」死後，麻叔想到的是編造牛的死因把牛弄回去分而食之，公社孫主任想的是利用職權把牛留給公社幹部們分吃。當中毒事件發生後，人們首先想到的是階級敵人破壞，試圖在「四類分子」身上找原因。這些就是小說的主題所在。在現實生活中，查一查高密縣誌，人們還會發現，就是同一個河崖公社食品站，在人民公社即將解體，舊體制仍在勉強維持的1983年9月15日，又因出售變質熟豬肉而使134人中毒，1人死亡。這雖然是悲劇，卻也實在是時勢發展之必然。同時，也說明廢除原有的計劃經濟體系進行改革開放的必要性。

　　需要特別說明的是，現實生活中，牛的故事雖然發生在河崖公社，但死掉的牛並不是我們生產隊的，小說中的人物卻與現實中的人物有相似之處。第一個是那個姓管的生產隊長麻叔與現實生活中我們的四叔相似：一是四叔小時生過天花，臉上有麻子，二是四叔長期擔任我們二隊的生產隊長，三是四叔騎自行車的技術與小說中的描寫十分相像，滑稽而有趣。而小說中的自行車主人叫郭好勝，我們村確有其人，他也的確是當時村中極

少數有自行車的人。很有可能連麻叔向他借自行車這個細節都是真實的。第二個人物是飼養員杜大爺，我們生產隊確有一個飼養員出身中農，也姓杜。第三個人物是「我」，這個人物是故事的敘述者，其中有莫言的影子。當年莫言輟學後，即在四叔的指導下幹農活。開始，也就是幹些割草放牛的輕活。小說中有一個情節，是「我」在朦朧中聽到被閹割的三頭小公牛罵聲不絕，於是和牛們進行了一番對話。這也是莫言當年生活的真實寫照。莫言曾經這樣描寫過他的這種生活經歷：「我對牛的理解甚至勝過了我對人的了解。我知道牛的喜怒哀樂，懂得牛的表情，知道它們心裏想什麼。在那樣一片在一個孩子眼裏幾乎是無邊無際的原野裏，只有我和幾頭牛在一起。牛安詳地吃草，眼睛藍得好像大海裏的海水。我想跟牛談談，但牛只顧吃草，根本不理我。」❸

總之，上述分析，再一次說明了這麼一個真理：生活是創作的源泉；苦難和孤寂的童年生活，是作家的一筆財富。反之，我們通過對《牛》的解讀，就會發現，莫言所有的小說都有一個一以貫之的東西，那就是一個被餓怕了的孩子對美好生活的嚮往。莫言是一個真正的「作為老百姓寫作」的作家，是普通農民的代言人。

值得注意的是，《牛》在《小說月報》轉載後，獲得了該刊當年優秀中篇小說獎。莫言曾寫過一篇《文學與牛》的獲獎感言，文中說：「我模模糊糊地感到，幾十年來，牛的遭遇與文學的遭遇很是相似，農民的養牛史，活像是一部當代文學史。」❹ 他認為，小說中所描寫的那個時代，中國基本上沒有文學。「文革」結束，公社解散，「家家戶戶都養起牛來，牛的身分猛地貴了起來，人民公社時期說起來重要實際上根本不當東西的牛，重新成了農民的命根子。這個時期，正是中國新時期文學的黃金時代」。❺ 上世紀90年代後，由於種種原因，「農民養牛的目的基本上是

注：❸同上書169頁。

❹同上書265頁。

❺同上書265頁。

養肥了賣肉，社會的商品化，改變了牛的歷史地位。」「現在殺牛跟殺豬一樣，成了司空見慣的事情。這個時期，我們的文學也失去了它的神聖和尊嚴；文學創作，也正在變成一種商品生產。」❻ 但莫言相信：「科學無論如何發達，農民無論怎樣變化，為了耕田而被飼養的牛還是會存在的，因此純粹的文學還是會存在的。」❼ 在這裏莫言把文學與牛扯上了關係，實際是把文學與社會、文學與經濟的關係揭示出來，告訴大家，經濟發展了，社會進步了，文學也在發展著，變化著，進步著，永遠不會消亡；而作家，則應該與時俱進，寫出與時代相稱的真正的文學作品。

注：❻同上書265頁。

　　❼同上書266頁。

《酒國》與莫言醉酒

　　莫言的長篇力作《酒國》已分別由臺灣和湖南省的出版社出版。

　　這是一部結構新穎、內容奇詭、思維深刻的作品。香港大學周英雄教授以四字評之，曰：「恐怖，過癮。」

　　書名之以「酒國」，顧名思義，通篇言酒。故事發生在酒國市，小說人物亦盡酒國市中人。至書的結尾處，連「莫言」亦應邀來酒國觀光了。

　　小說共10章42節，其中「莫言」寫的小說佔了9節。寫的是高級檢察院的特別偵察員丁鉤兒奉命赴酒國調查酒國市宣傳部金剛鑽副部長為首的腐敗官僚殺食嬰兒的大案要案，最終落入金剛鑽等人的圈套，跌入糞坑而死。這是小說的實線。小說的虛線是由酒國市釀造大學勾兌專業博士研究生、業餘文學愛好者李一斗（後調入酒國市宣傳部當幹事）寫的9個短篇小說組成。九個短篇小說分別為《酒精》、《肉孩》、《神童》、《驢街》、《一尺英豪》、《烹飪課》、《採燕》、《猿酒》、《酒城》。九篇小說獨立城篇，情節大部不連貫，人物卻貫串始終。所述故事宛如魏晉南北朝的志怪小說，亦頗似《唐宋傳奇集》或《聊齋志異》的某些篇章。虛無縹緲、光怪陸離、真真偽偽、偽偽真真，妖精侏儒，貪官污吏，俠客神偷，全驢宴，紅燒嬰兒……說來令人毛骨悚然，心驚肉跳，汗不敢出。這9個短篇小說與「莫言」的9節小說

互相穿插，虛實互補，相得益彰。這虛實兩條線是如何成為一體的呢？這就是《酒國》的第三部分內容──「莫言」與李一斗的通信。李一斗每寫一個短篇即寫信給「莫言」，請他轉寄《國民文學》，於是讀者便和「莫言」一起先睹為快，以致李一斗的小說影響了「莫言」的小說，二者渾然一體了。以至於到了書中第10章，「莫言」應李一斗之邀來到了酒國，住在余一尺的酒店，遊覽了驢街，出席了酒國市委胡書記及金副部長的宴會，喝得酩酊大醉。醉後來了一大段的意識流，雖然醉態可掬，醉眼朦朧，迷迷糊糊，胡言亂語，卻處處閃爍著思想的火花，對小說的深刻內涵起了畫龍點睛的作用。

　　書的最後部分是《酒後絮語》，談創作《酒國》的緣起，類似於「跋」。在這篇「絮語」裏，莫言心情沉重地寫道：「……我們每年消耗的酒量是驚人的。雖然禁止公費吃喝的命令再三頒布，但收效甚微。只要是頭戴一頂小烏紗帽，幾乎天天赴酒宴。各種各樣的鬥酒方式應運而生。我與很多小官吏是朋友，也跟著他們喝了很多不花錢的酒。我深深體會到，赴這種比賽酒量的宴席絕不是一件樂事，只要你還講信義，好衝動，必定要被放倒，只有那些冷面冷心冷靜的人，才能不被灌醉。而喝醉之後的難受滋味，比感冒了難熬許多。我醉酒一次，腦筋起碼要麻木一星期。但一上酒席，三杯下肚，便忘了先前的痛苦，像英雄一樣豪飲，像狗熊一樣醉倒。那些小官吏們，其實心想回家與家人一起吃飯，有興時自隨自便啜兩盅，但他們身不由己。一方面他們因用公費吃喝被老百姓詛咒，另一方面他們又深受了酒宴之苦。這大概是中國的一個獨特的矛盾。我想中國能夠杜絕公費吃喝哪怕三年，省下的錢能修一條萬里長城。這又是白日夢。能把月亮炸掉怕也不能把公費的酒宴取消，而這種現象一日不絕，百姓的腹謗便一日不能止。最後，莫言無可奈何地寫道：「過去五千年的歷史，從某種意義上說幾同一部酒的歷史，酒成就了多少好事，也壞了多少好事。古人沉醉著，度過了多少崢嶸歲月，寫出了多少輝煌詩篇，而我醉著酒，只寫出了這冷眼文章。」

　　被莫言稱為「冷眼文章」的《酒國》充滿了酒，酒液橫流，酒香四

溢，酒氣沖天，酒廠遍地，酒宴不斷，酒徒當道。人們以酒代茶，以酒為妻，以酒為生財之道，以酒為晉身之階，人不離酒，酒不離口，真乃花天酒地，醉生夢死……酒國的官僚們，個個都是海量，那個金副部長可以一口氣喝30杯，而且能喝出「梅花三弄」、「潛水艇」等花樣。他們以能喝酒為榮，誰喝得多誰光榮。小小的20萬人的酒國市設有釀造大學、烹飪學院。釀造大學專釀美酒，烹飪學院有「特食研究所」和「特別收購處」。所謂「特食」即男性嬰兒，「特別收購處」即收購男嬰之處也。酒國市的官僚們「不是狼，但比狼還兇惡；他們不是老虎，但比老虎還可怕」。他們為什麼要吃小孩呢？道理很簡單，「因為他們吃膩了牛、羊、豬、狗、騾子、兔子、雞、鴨、鴿子、驢、駱駝、馬駒、刺蝟、麻雀、燕子、雁、鵝、貓、老鼠、黃鼬、猞猁，所以他們要吃小孩」。（《神童》裏的小妖精的話）酒國市的官僚們吃嬰兒，則酒國市的農民就有專門以養孩子賣孩子為業的專業戶。酒國市社會如此黑暗，官吏如此殘暴，無怪乎小妖精號召眾幼兒「要成鋼刺蝟，鐵豪豬，扎爛那些吃人野獸的嘴唇和舌頭！操他們的浪娘！」這是多憤怒的呼聲，這是多麼深刻有力的揭露和批判！莫言卻在《酒後絮語》裏說：「最耗費我心力的並不是揭露和批判，而是為這小說尋找結構。目前這小說的結構，雖不能說是最好的，我自認為是較好的了。」可見這種結構是內容的需要，毋寧說是環境和背景的需要。某種程度上說，也是不得已而為之。因此，讀者要真正讀懂它，必須打足精神，注目於章節之間的魔術，連「莫言」與李一斗的通信也不放過。

寫到這裏，我忽然想起了一些令人哭笑不得的往事：

莫言的《紅高粱家族》被攻擊為污蔑共產黨，歌頌土匪，白紙黑字的文章在報刊上登載著，我親眼見過。

1987年莫言寫了一篇報告文學《高密之光》，明明是為家鄉的父母官歌功頌德的，且不無錦上添花之處，但因為文中提到各級幹部喝酒的問題，儘管所列數字比實際要小，也遭到不少人的指責，被斥為：「這是弄的什麼？」

同年，莫言在《人民文學》上發了一個中篇，由於其中個別情節與現

實生活中的事相近，於是在家鄉引起了一場軒然大波，有的幹部對號入座，以為莫言寫的就是自己，使得莫言不得不寫信向有關人士解釋……所以到這一年中《紅蝗》在《收穫》第三期發表時，莫言不得不在篇末加了一段話，一再聲明故事純屬虛構，「高密東北鄉」也不是現實中的高密東北鄉云云，用心可謂良苦。

現在《酒國》出世了，了不得，裏面寫當官的殺食嬰兒，這不是惡毒攻擊嗎？

且慢，寫官僚殺食嬰兒的是李一斗，在課堂講授並親自演示殺嬰放血的是李一斗的岳母，與「莫言」何干？「莫言」小說裏的紅燒嬰兒僅僅是一盤「菜」，名曰「麒麟送子」，金副部長指著盤裏的「菜」說：「這是男孩的胳膊，是用月亮湖裏的肥藕做原料，加上十六種佐料，用特殊工藝精製而成的。這男孩子的腿，實際是一種特殊的火腿腸。男孩的身軀，是在一隻烤乳豬的基礎上特別加工而成的……頭顱，是一個銀白瓜。他的頭髮是最常見的髮菜……這是酒國的專利……」

李一斗的小說是寓言，「莫言」的小說才是小說，並僅僅是小說，小說就只能當它是小說。

紅燒嬰兒不管是真偽，只不過是一種象徵。

酒國市在哪裏？酒國市在地下，在冥冥之中，「酒國是虛構但也是很多城的綜合」。

李一斗是誰？「莫言」又是誰？二人為嗜酒好友，惺惺相惜。李一斗是醉了的「莫言」，「莫言」是清醒的李一斗。此「莫言」非彼莫言也。

香港大學周英雄是讀懂了《酒國》的。他說：「莫言說故事，恐怕與他生於斯、困於斯的改革開放社會主義體制關係更加密切。依我看，莫言說故事最主要的動機，無非是要透過各種藝術手段的仲介，把他周遭所見的『混亂和腐敗』加以演習一番。用心理分析的觀點，將烏七八糟的事加以複述，其中令人焦慮的內容就會一滌而淨。莫言的小說寫作也不妨視為一種言療」。

好一個「言療」！說出了莫言寫酒國的初衷，道出了中國文學的優良

傳統。

在掌握「言療」的「度」上，莫言有時特寫離奇之事，故作驚人之語，往往達到駭世驚俗甚至令人難以接受的地步。依我看，其目的也絕非欲置療者於死地而後快，而恰恰是相反。世人皆知，良醫如扁鵲者，也只能以「湯熨」、「針石」、「火齊」之法治那尚在「腠理」、「肌膚」、「腸胃」之病，一旦病入骨髓，病入膏肓，即神醫亦無可奈何矣！所以古人有「良藥苦口利於病，忠言逆耳利於行」的遺訓。自古以來，文人之中雖少醫國聖手，但卻不乏忠烈骨鯁之士；當代作家中也許尚無治國安邦之英才，然而卻大有體察民情、憂國憂民之輩。他們大膽干預生活，勇敢地涉及熱點話題，揭偽面，暴污垢，丹心一片，滿腔忠誠躍然紙上，充溢字裏行間。縱然有過激之處，亦不過用的是以毒攻毒的法子。如果我們一味去苛求他們掌握一個適當的「度」，不是大有諱疾忌醫之嫌嗎？

什麼是「言療」？用魯迅的話說，就是「敢於直面慘澹的人生，敢於正視淋漓的鮮血」，就是揭露醜惡，切中時弊，以引起被療者的注意。

縱觀中國文學史，那些至今閃爍著光輝將永遠流芳百世的作品，無一不具備「言療」的功用。

「詩言志」也罷，「思無邪」也罷，「碩鼠，碩鼠，無食我黍」，「不稼不穡，胡取禾三百廛兮」是不是「言療」？「南山崔崔」，「新台有泚」是不是「言療」？

屈大夫的《離騷》不也是「言療」嗎？「長太息以掩涕兮，哀民生之多艱」，「離騷者，猶離憂也」，不是「言療」是什麼？

太史公的《史記》即「無韻之離騷」，不也是一部「言療」的巨著嗎？

漢賦在文學史上的地位並不很高，但「文章雖滿腹，不如一文錢；伊優北堂上，抗髒倚門邊」（趙壹：《刺世疾邪賦》）也是「言療」。

唐詩、唐文更不用說了。豪放不羈如李白尚且大歎「行路難」，「窮年憂黎元，歎息腸內熱」、「致君堯舜上，再使風俗淳」的杜甫也敢於揭露「朱門酒肉臭，路有凍死骨」的社會現象，他的「三吏」、「三別」等

名篇不都是「言療」的佳作嗎？白居易更是直接亮出了「文章合為時而著，歌詩合為事而作」的大旗，寫出了為民請命的新樂府等不朽名篇，以「言療」當世……

歷史發展到近代，各種流派的小說，便幾乎佔領了整個文學的世界。

小說可以反黨是胡說八道，那是康生之流羅織人罪，製造文字獄的緊箍咒。但小說、文學作品可以揭露，可以歌頌，可以陶冶性情，可以喚起民眾；可以是個人情感的宣洩，可以是為民請命而鼓的「囉胡」。不然，魯迅何以要棄醫從文？不然，周樹人又何以會成為魯迅？

不要一看見合乎自己口味的作品就笑，一看見不合自己口味的作品就跳，更不能倚權仗勢上綱，打棍扣帽，也不要對號入座，硬要鑽進去充當某一角色而讓天下笑。

要寫一部小罵大幫忙的小說不易，要寫一部罵到好處上幫到好處上不傷心下不傷胃的小說更不容易，要寫一部罵到痛處幫到實處上頭說好下頭說妙的小說則更難！

縱觀近年來莫言的長篇小說創作，《天堂蒜薹之歌》寫了過重的負擔和官僚主義給農民帶來的苦難，《十三步》暴露了教師們的窮困潦倒，《酒國》則揭露了公費吃喝等腐敗現象。對莫言的上述作品做這樣的概括儘管太過於簡單化，甚至可能歪曲了莫言的原意，但在客觀上，這些作品宣洩了平民百姓，尤其是普通農民的憤怒，莫言不自覺成了他們的代言人。所以我說過，「莫言至今仍然是個農民」。

似乎扯遠了，還是回到《酒國》來，回到酒上來。

始作酒者誰？是猿猴？是儀狄？是杜康？儀狄和杜康是不是農民？

酒是好東西。酒可以解除疲勞，酒可以煥發精神，酒可以抒豪情寄壯志，酒可以排鬱悶解憂愁。李白鬥酒詩百篇，周瑜佯醉騙蔣幹。李玉和赴宴鬥鳩山，「臨行喝媽一碗酒，渾身是膽雄赳赳」……

酒是壞東西。酒能誤事，酒能亡國。自古來酒色財氣連在一起，酒是色媒人，酒後吐真言，大醉必傷身……

「人類與酒的關係中幾乎包括了人類生存發展過程中的一切矛盾及其

矛盾方面。」（《酒國》：「莫言」致李一斗的信）

「社會變成這個樣子，每個人都有責任。我本人也藉著工作之便喝遍了全世界的名酒。」（《酒國》：李一斗致「莫言」的信）

「酒是國家機器的潤滑劑，沒有它，機器就不能正常運轉。」（「酒國市」余一尺的話）

「當今社會，喝酒已變成鬥爭，酒場也變成了交易場。許多事情決定於觥籌交錯之時。由酒場深入進去，便可發現這社會的全部奧秘。」（莫言：《酒國・酒後絮語》）

莫言醉過，莫言醉著。唯其醉過，才能寫出《酒國》，唯其醉著，才敢寫出《酒國》……

莫言大醉有兩次。

一次是1987年，縣裏有關領導設宴招待莫言，莫言自然受寵若驚，敬酒者輪番進攻，莫言卻之不恭來者不拒，結果是被徹底放倒，從宴席上送往醫院掛上了吊瓶，輸液治療。我趕到醫院時，莫言還昏迷著，床邊圍著許多人，有關領導也在。我雖滿肚子不高興也難以發作。事後，我批評莫言不該貪杯，莫言辯道：「我哪是貪杯，我怎麼敢貪杯？一到那個場合，一看敬酒的都是父母官，咱一個小百姓還敢不喝？」這一次醉酒後，莫言酒量大減，文思也大減，腦子麻木足有一個月，什麼東西也寫不出來。

另一次是1989年春節。我們兄弟三人應邀到我們家所在的鄉政府喝酒。東道主是鄉黨委書記，我中學時的小校友。此人酒量大得出奇，官場上頗有名氣。我們兄弟三人哪裏是對手？還未終席，便一個個敗下陣來，恍惚之間，覺得自己繞過了滿地的酒瓶子，與莫言一起，踉踉蹌蹌走到供銷社的一間宿舍，便一頭倒在床上失去了知覺。等我醒來，只聽莫言在大聲地哭。滿屋子酒臭氣，滿屋子人。大概莫言吐了酒，也許是我？不知是誰在打掃。只聽莫言邊哭邊說：「多好的一片麥子！金黃的麥浪一望無際，一望無際……我割不動了。人家都割到地頭了，我才割到地中間，沒有人來幫一幫，只有四叔……四叔你死得好屈啊！貪官污吏，草菅人命……」

「寫它，揭露它！」我也發言了，慷慨激昂，像作大報告：「自古以來只有暴露、批判才會流芳百世，歌功頌德一文不值！」不知誰給我喝了一杯水，勸我：「少說兩句，歇歇吧！」「歇歇？不！古往今來，多少文人墨客，做過官的，沒做過官的，他們寫過多少歌功頌德的賀表和奏章，真是成千上萬，成千上萬！但哪一篇被人傳頌了？《紅樓夢》為什麼偉大？為什麼不朽？它暴露，它批判……」自己心裏說：不要說了，不要說了，別太出格……但嘴卻管不住，反而越說越上勁了。

那邊莫言還在哭：「大哥你甭給我上理論課，原來我崇拜你，現在不崇拜了。你的理論都陳舊了，過時了，我要突破，突破……」

「你突破，突破什麼？喝酒你怎麼不突破？一喝就醉！你沒醉？大家都醉了——」我念起了順口溜，自己都覺得好笑：「革命小酒天天醉，喝壞了黨風傷了我的胃，回家還得分床睡。丈母娘一看害了怕，她到五大班子去問罪。縣委書記說，革命需要他得醉；縣長說，年初預算有經費；人大常委會主任說，代表舉手不反對；紀檢書記說，該喝不喝也不對；政協主席說，我們這些老頭也天天醉……你給我突破，這個你也能突破？」

莫言不哭了，還不服氣：「怎麼不能突破？喝酒也有不同境界：『晚來天欲雪，能飲一杯無』是一種境界；『桑柘影斜春社散，家家扶得醉人歸』是一種境界；『對酒當歌，人生幾何』是一種境界；『把酒酹滔滔，心潮逐浪高』又是一種境界……喝酒，寫酒也可以突破……」

「好，你寫，你寫，我等著！」

莫言的妻子趕來了，問屋裏的人：「他們在說什麼？」

莫言的大嫂說：「醉漢說醉話！」

於是便有了充滿醉話的《酒國》，《酒國》裏也就充滿了醉話。

高粱紅，棉花白

——莫言小說《紅高粱》和《白棉花》雜談

莫言文學館創建時，我曾經為其撰寫了這樣一副楹聯：「大欄河崖東北鄉，莫言之文學王國；蘿蔔棉花紅高粱，須知非種樹之書。」上聯說的大欄河崖，都是所謂的高密東北鄉一帶地方。其中大欄就是我們平安莊的鄰村，兩村相連，難以分開。但大欄村比我們大，知名度高，而且當年不管是設鄉還是設公社，都以「大欄」為名，所以我們村的人在外邊都是說自己是大欄人。而河崖原來是區，後來改公社、改鎮，我們村長期隸屬其下，因之我們村的人，更多的稱自己為河崖人。楹聯的下聯裏，「蘿蔔」指莫言的成名作《透明的胡蘿蔔》，「棉花」指莫言的小說《白棉花》，「紅高粱」自然是指莫言的小說，後來被張藝謀搬上銀幕，榮獲第38屆柏林電影節金熊獎的《紅高粱》了。表面上看，這三本書都以農作物命名，但卻不是農業方面的書，而是小說。

說到高密東北鄉，原來只是地理名詞，指高密縣東北方，現夏莊鎮以東的河崖大欄

一帶地方。直到1986年，莫言在小說《白狗鞦韆架》和《秋水》中才正式把「高密東北鄉」當作了自己的「文學王國」。

這裏南與膠縣、北與平度相接，是高密縣最東北邊陲。這裏不像縣城周圍那樣村鎮相連，土地雖少，但都是負郭之田，肥沃貴重。這裏地廣人稀，站在我們村東的膠河岸上，向南、東、北三個方向望去，幾十里之內沒有人煙，只看見遠山近水，一片茫茫的平原。你聽這裏的村名和地名吧：我們村子原來叫「三份子荒」，村西南方有一個小村叫「譚家荒」，外號「黑天愁」，村東的地有「東荒」、「南荒」、「萬家荒」，可見此處原來是一片荒原。聽爺爺說，這裏原來沒有人家，只是到了明末清初，達官貴人們來跑馬圈地，才被分割佔有。我們家於民國元年從縣城以東的管家苓芝遷居來此，原因是急公好義、率性桀驁的曾祖父與人打官司敗訴，一氣之下，帶領全家來到這膠河環繞的地方。膠河在村西略折向東北從村後繞過，在村東向東南一拐，然後向東流入膠萊河再入海。河道在我們村後恰好形成了一個元寶底。這裏地勢低窪，上世紀70年代以前雨水又多，所以到了夏天總是汪洋一片，蛙聲齊鳴。人們因地制宜，大量種植高粱。到了秋天，青紗帳長起來，那真是「高密輝煌」，激情蕩漾。民國年間，這裏經常鬧土匪，他們殺人越貨，拉驢綁票，無惡不作。日本鬼子打進來了，抗日游擊隊也十分活躍。他們打日本，搞伏擊，神出鬼沒，青紗帳成了他們藏身的好地方。高粱地裏自然上演了無數驚險詭奇，驚天地泣鬼神的故事。

《紅高粱》的故事原型是發生在1938年3月15日的孫家口伏擊戰。孫家口是我們村東北15里的一個村子，膠萊河就在這村子後面。當時，駐膠縣的日本鬼子的汽車隊經常從村邊的石橋上經過，穿過村莊，到平度城去。亂世英雄起四方。當時高密東北鄉有好幾支國民黨的游擊隊，高雲生、冷關榮、姜黎川是其中的佼佼者。在這裏伏擊日本鬼子的則是曹克明部，也得到了冷部、姜部的協助。這一戰，消滅日本鬼子三十多人，據說還打死了一個叫中崗彌高的鬼子中將，繳獲了一部汽車和大量槍械。後來駐膠縣的日本鬼子來報復，把公婆廟村（今東風村）當成了孫家口，一陣

燒殺搶掠，公婆廟死了一百多人，房屋基本燒光，造成了著名的「公婆廟慘案」。

莫言其生也晚，沒有經歷過戰爭年代，孫家口伏擊戰的故事，還是他長大以後從長輩和朋友那裏聽來的。也就是說，孫家口伏擊戰對莫言來說只是一個傳說。但莫言卻用豐富的想像力，以他那既粗獷又細膩，既豪情奔放又柔情似水的筆，描繪了一場驚天地泣鬼神，英勇壯烈活靈活現的戰鬥，刻畫了「我爺爺」「我奶奶」他們萬丈豪氣的抗爭和酣暢淋漓的愛情。他們敢做敢當，敢愛敢恨，個性張揚，不屈不撓，活著是英雄，死了是好漢。高粱地裏鮮血殷紅，酒氣沖天；高粱地裏英靈遊蕩，豪情萬丈。《紅高粱》充滿了夢幻色彩，開創了戰爭題材的新紀元，奠定了莫言在當代文學史上不可動搖的地位。

說到高粱，現在種植不多，很多青年，尤其是城市青年，可能還沒見過。高粱又名蜀黍、秫秫、蘆粟，屬禾本科，一年生，草本，桿直立，高大，可達2~3米，中心有髓，葉片似玉米葉，厚而較窄，被蠟粉，平滑，

2007年秋，北京，莫言為奧運開幕式向張藝謀獻策

中肋呈白色。高粱其實有多種，從用途上分有食用和帚用兩種。食用（包括釀酒和做飴糖）的穗子呈紡錘狀，紅色，成熟後米粒半露，發白（俗稱「曬米」）。帚用的穗子呈傘狀，有「紅羅傘」、「黃羅傘」等品種，高密東北鄉人稱之為「瞎秫秫」，其籽粒被包在硬殼裏，不作食用，只能當茶葉燒水喝或餵牲口。主要用其綁掃帚或用其秸稈上部紮「蓋墊」一類生活用具。高粱米有黏的，有不黏的，還有糖用的，可製高粱飴糖，高粱麵做成窩窩頭，硬得像石頭，很難吃。上世紀60年代後期，人民公社從海南

莫言與嬸嬸、女兒笑笑、侄兒襄明、演員鞏俐合影

島引進了多穗高粱,能分蘗,產量是高了,但更難吃。高粱植株高大,耐澇抗旱,所以高密東北鄉種植甚多。莫言小學五年級輟學在家當了十年農民,種高粱,鋤高粱,打高粱葉子(作青貯飼料),砍高粱,卡高粱穗,吃高粱餅子,拉高粱屎,滿腦袋高粱花子,做了十年高粱夢,終於成了大器。

當年,張藝謀為了拍電影,專門到高密來請農民種高粱。那年(1987年)天旱,春天種下去,出了苗,不下雨,就是長不起來。張藝謀急得像熱鍋裏的螞蟻,好在終於盼來了雨,縣裏有關領導又批給了一些化肥,高粱才噌噌地長起來,才沒有誤了拍電影。拍電影時,人們像過節一樣,跟著跑,跟著看,當看到鞏俐騎著毛驢在高粱地裏鑽進鑽出,累得昏過去時,人們感歎:「原來拍部電影真不容易啊!」

張藝謀和莫言是很好的合作夥伴。《紅高粱》成就了莫言,也成就了張藝謀。張藝謀後來還把莫言的小說《師傅越來越幽默》改編成了電影《幸福時光》。這之前,張藝謀還讓莫言寫一個大場面的故事腳本,由他來拍電影。莫言應約寫了中篇小說《白棉花》。莫言覺得,成百上千畝的棉花開了,像天上的白雲,一望無際;成隊的拖拉機、板車拉著棉花來賣,收購站的棉花堆成了山,這就是大場面。寫好後,張藝謀認為小說牽扯「文革」不好拍而作罷。後來,臺灣的一個導演看好了這個戲,要拍電影。那個導演還專門派製片人找過我,連部分外景都選好了,就是找不到大片的棉花地。我告訴他,現在農民承包了土地,政府不再強制農民大種棉花了,要拍大片棉花恐怕只有到新疆去了。後來,臺灣的導演還真的把電影拍成了,可惜我沒有看到。

小說《白棉花》和《紅高粱》不一樣,是很寫實的。高密自上世紀50年代開始,國家就大力推廣種「愛國棉」,提出「要發家,種棉花」的口號。用新品種「斯字棉」代替了本地棉花(就是鐵凝在其長篇小說《笨花》裏寫的那種笨花),產量高,品質又好。農民們響應政府號召,大種其棉。高密縣成了全國重點產棉縣,還得過國務院的獎狀。莫言在家當農民時,選棉種,育棉苗,種棉花,鋤棉花,脫褲子(摘掉下部老葉),打

杈子，打農藥，拾棉花，拔棉柴，一年有一半時間在棉田裏轉。尤其值得一說的是打農藥。那時用的全是「1059」、「1605」一類的劇毒農藥。開始時，人們還戴口罩，戴手套，後來口罩手套都不戴了，人也沒中毒，似乎人也有了抗藥性。背著噴霧器，一連幾天鑽進棉田裏，又累又有毒，個中滋味，莫言是深有體會的。到了1973年，莫言由於叔叔在縣第五棉油廠（位於河崖公社駐地）當主管會計，所以有幸進了縣第五棉油廠當臨時工。開始是在車間裏抬大包，後來又學了檢驗級別、過磅，還參加大批判，出黑板報，深得領導好評，直至1976年1月參軍才離開。《白棉花》以及另一篇小說《售棉大道》就是這一段生活的寫照。小說中的人物，也都有其原型，有的還是莫言的好朋友呢。

莫言曾經工作過的棉油廠

莫言及其「高密東北鄉系列小說」

　　我的三弟莫言，原名管謨業。1955年2月17日（農曆乙未年正月二十五日）❶出生於今高密市膠河疏港物流園區平安村。1976年入伍。1997年10月由總參政治部文化部轉業到最高人民檢察院工作。2007年底調中國藝術研究院任研究員、文學院院長，國家一級作家，係中國作家協會副主席，還兼任北京市對外友協副會長等一些社會職務。

莫言被聘為香港公開大學榮譽博士

　　莫言於80年代初期開始發表作品，爾後，崛起於中國文壇。其作品不但在國內文壇多次引起轟動，而且還被譯成英文、德文、日文、法文、越南文、羅馬尼亞文、塞爾維亞文、波蘭文、瑞典文、義大利文、荷蘭文、西班牙文、韓文、俄文和希伯來文（以色列文）介紹到國外，在國際文壇享有盛譽。日本東京大學著名教授藤井省三稱莫言為「中國的加西亞‧馬爾克斯」❷，美國的著名教授湯瑪斯‧英格（M.Thomas Inge）稱莫言「可能是老舍、魯迅以來最有前途的世界級的

注：❶此為莫言實際出生年月，通行的說法是1956年，那是為了提幹改動過的，不對。

　　❷加西亞‧馬爾克斯，哥倫比亞作家，拉美魔幻現實主義的代表，其作品《百年孤獨》獲1982年諾貝爾文學獎。

中國作家」。❸ 1994年諾貝爾文學獎獲得者日本作家大江健三郎在頒獎典禮上的獲獎答辭中曾讚揚過莫言及其作品❹。時至今日，莫言已成為中國當代獲獎最多的作家。其中日本福岡亞洲文化大獎（2006年），法國文化騎士勳章（2004年）、華語文學傳媒大獎‧年度傑出成就獎（2004年）、義大利諾尼諾（NONINO）國際文學獎（2005年）是比較重要的整體獎項。另外，《酒國》（法文版）獲法國「Laure Bataillin」（儒爾‧巴泰雍）外國文學獎（2001年），《檀香刑》獲臺灣首屆「鼎鈞文學獎」（2004年），《生死疲勞》獲香港浸會大學第二屆紅樓夢文學獎（2008年）和美國奧克拉荷馬大學紐曼文學獎（2008年），並被香港公開大學授予榮譽文學博士學位（2005年）。至於國內各種文學獎項亦不下十幾項。

總之，莫言已成為當代著名作家，以他的一支筆為祖國、為家鄉贏得了榮譽。

我們管家，世代以耕讀傳家。讀書者多文學隱逸之士，少有達官顯貴。即使為官，亦多清正廉潔，絕不貪戀仕途。據現存《高密管氏家譜》記載，高密管氏「世居膠東」。歷史上因為從軍、做官或戰亂等原因，遷居過江蘇海州、浙江龍泉及江淮一帶。北宋時有三世祖管師仁，於徽宗崇寧年間中進士，官至吏部尚書同知樞密院事。官職雖高，但鯁骨直言，終

注：❸原文載美國里士滿時事快訊（RICHMOND TIMES-DISPATCH）。他在介紹英譯本《紅高粱》的文章《史詩般的小說，一流的中國作家》（EPIC NOVEL；CHINESE AUTHOR IS FIRST CLASS）中說：「莫言是世界級的作家。可能是老舍、魯迅以來最有前途的中國作家。但這二位前輩的文學才華卻不如莫言。英譯《紅高粱》的出現是英語文學（ENGLISH-LANGUAGE LITERATURE）一大盛事，本此可預見中國小說在21世紀的活力和影響。」——轉引自美國威斯康辛大學教授劉紹銘的文章《入了世界文學的版圖》一文，見《作家》1993年第8期。

❹見大江健三郎《性的人》一書，《光明日報》1995年。這是中國作家第一次在此種場合中被提及。

因奏事忤權貴而罷歸。其堂兄師復、師常皆飽學之士，有盛名，不願為官，隱居山林。其中師復為詩人，世稱白雲先生。仁宗時被召，仁宗問：「卿所得何如？」師仁對曰：「滿塢白雲耕不盡，一潭明月釣無垠。臣所得也。」遂歸隱。有《白雲集》等著作傳世。至七世管鑒，亦文學之士，為南宋著名詞人。有《養拙堂詞》一卷傳世。

到了元末明初，十三世管士謙始定居高密，住城東路北（今東風商場至人民電影院一帶），為高密管氏始遷祖。後代仍以耕讀傳家。至明嘉靖年間，七世祖嘉禎、嘉福兄弟皆中進士，分別官至吏部主事和台州同知。縣誌有傳。但二人皆任滿即歸鄉，不再出仕。此後，日漸式微，少有知名之士矣。

高密管氏在明朝初年第五世時，分為四股，我們家屬於大股。大股人丁最興旺，至我們這一代，已是第二十四世。我的孫子也已10歲，就是說我們家已傳到了二十六世，有的家庭中二十七世也已經出世了。而其他三股人就少些，有的村落裏，18世的人還活著。近些年，我通過對江蘇、浙江、江西以及省內莒縣、諸城等地管姓家譜的研究，基本可以斷定，高密管氏是春秋時齊國大政治家、軍事家、經濟家、號稱「天下第一宰相」的管仲的後代，歷史上就生活在高密一帶。

我們家這一支於明洪武年間遷居城東管家苓芝。至清末民初，我的曾祖父管錦城（字千里，號蜀官，俗名金傲）因與人打官司敗訴，一氣之下遷居高密東北鄉平安莊（新中國成立前叫「三份子」）。

我曾祖父雖為農民，但為人桀驁不馴，性情剛烈豁達，好打抱不平，在當時的苓芝、官莊一帶頗有名氣。遷居平安莊（當地人稱之為「下窪」），當時被認為是迫不得已的事，但經過艱苦創業，只用了一二十年的工夫，一家人的生活已相當富足。曾祖父壯年早逝，祖父輩兄弟三人。大祖父管遵仁，字嵩山，又字壽亭，是當地著名中醫，尤擅婦科及小兒科，70年代中期去世。三祖父管遵禮，字嵩岩，率性任俠，廣交遊，抗日戰爭時期遭受意外而去世。我祖父排行第二，名管遵義，字嵩峰，以字行。生於1895年，1978年去世。祖父終生務農，為人忠厚耿直，樂善好

施，聰明靈巧。不但農活拿手，而且是當地著名的木匠，在鄉里有相當高的威信。祖母戴氏（1894~1971），現開發區東王家苓芝人氏，心靈手巧，勤儉持家。村裏的紅白喜事，婦女生小孩都少不了她幫忙。由於大祖父頗有學識，祖父雖不識字，但博學強記，二人對歷史變遷、名人軼事所知頗多，又都是講故事的能手。大祖父的藥鋪裏，祖父做木匠活的廂房裏，夏日的樹蔭下，冬天的炕頭上，只要是二位老人一「講古」（即講過去的故事），小莫言自然是熱心的聽眾。歷史上發生在高密大地上有關名人名勝的傳說，神仙鬼怪的故事，對莫言來說是最早的也是最好的、最主要的文學啟蒙。我有時候想，爺爺要是有文化，沒準也會當作家。準確地說，爺爺才是莫言的第一個老師。莫言作品中絕大多數的故事傳說，都是從爺爺那兒聽來的，如《球狀閃電》裏舉子趕考救螞蟻，《爆炸》裏狐狸煉丹，《金髮嬰兒》裏八個泥瓦匠廟裏避雨，《草鞋窨子》裏兩個姑娘乘涼、笤帚疙瘩成精，《紅高粱》裏綦翰林出殯等等。如果把爺爺講的故事單獨整理出來，怕也能出一本厚厚的民間故事集呢。

我們的父親管貽範，1923年生，新中國成立前讀了四年私塾，新中國成立後幹了幾十年的農業社、人民公社大隊會計，也當了一輩子農民。當會計，所有帳目筆筆清；當農民，樣樣農活都能幹。1982年退職下來，現已八十多歲，仍然住在農村，不肯吃閒飯。父親為人忠厚正直，對子女教育抓得很緊，很嚴厲，在村裏、鄉里有很高的威信。

我們的母親高淑娟（1922~1994），現夏莊鎮小高家莊人氏。一生勤儉持家，平生助人為樂，扶弱濟貧，敬老愛幼，脾氣謙和，頗受鄉鄰愛戴。

大概是由於歷史的淵源和家庭的影響吧，到了我們這一代，大家都喜愛文學，淡泊名利。我自己從初中就偏科，直到高中畢業。在高密二中的六年中，我的語文、歷史、外語等文科的成績都是優秀，在學校裏小有名氣。1963年，我以優異的成績考入全國重點大學華東師大中文系。這些都給莫言一定的影響。有不少人老愛問我如何幫助莫言走上文學之路，我一直強調談不上什麼「幫助」，只能說是「影響」。在莫言成名前的相當

莫言與諾尼諾家族

長的一段時間裏，莫言是把我作為學習的榜樣的，幻想著有一天也能上大學，搞文學。「文革」期間，莫言輟學在家，讀小說成了他唯一的愛好。我留在家裏的小說《呂梁山英雄傳》、《林海雪原》、《海島女民兵》等他讀過了，借來的《封神演義》、《平原游擊隊》他讀過了，連我留在家裏的初中、高中語文課本，甚至作文本他都讀了一個遍。我的作文中，曾經有一篇描寫秋天農民拾棉花的文章，其中有一些被老師圈出的所謂「佳句」，如「天上的白雲像棉花，地裏的棉花像白雲」，我都早已忘記了，但莫言至今還記著，並把它寫到了一篇文章裏，可見我的文學愛好對他的「影響」之深。但真正到了他要立志搞文學創作時，開始我是堅決反對的，因為我深諳在當時那極左猖狂的年代，文網之周密嚴酷，一不小心，就會有滅頂之災。後來莫言堅持不改初衷，我便也不再反對。有時，他寫好了初稿寄給我，我都認真閱讀，做些改動或提出修改意見。再後來，他的作品不斷發表，而且越寫越好，我也就不提或提不出什麼意見了。

我們兄弟都以憑學問或一技之長服務人民、報效國家為榮，而視官職

為「身外之物」。當年我在湖南一所學校當校長，已經是「正科級」了。為了調回高密，我丟掉了那頂小小的烏紗帽，到一中當了一名普通的語文教師。雖然1989～2000年又幹了十一年半副校長（仍是正科級），但從1995年就向有關領導提出辭職。前後為「官」20年，始終保持潔身自好。莫言也是這樣。有一年，部隊要提他當宣傳科長，他不幹。他說：「在我們這裏，可以當科長的人有很多，但當作家的就我一個。」前些年轉業到最高人民檢察院時，莫言已是副師職幹部。但他一不要安排職務，二不要分配住房，高高興興地去報了到。無官一身輕，正好寫作，做學問。

　　莫言從出生到當兵，在農村整整生活了20年。這20年，正好是極左路線愈演愈烈的20年，階級鬥爭年年講、月月講。20年的農村生活，莫言曾用八個字概括，那就是「提心吊膽，抑鬱寡歡」。因為我們的爺爺土改時被定為中農成分，因此，儘管父親自共產黨一來就參加了村裏的工作，當了幾十年的大隊會計，儘管莫言土改時還未出生，但都只能是「團結對象」，是「依靠」不得的。因此，為人處世，舉止言行就得小心謹慎，低人三分。加上大祖父是地主，大祖父唯一的兒子在臺灣，全家人都被籠罩在政治陰影之下，忍氣吞聲受窩囊氣，吃啞巴虧。莫言記事的年齡，正是中國反右以後的第二次大折騰——大躍進年代。因為大煉鋼鐵，樹木被砍光，鍋、笞、擔杖鉤、門吊環、抽屜把手，凡是帶金屬的東西統統被收繳了去，化成一塊塊黑裏透黃，黃裏透紅，既不是鐵、更不是鋼，一砸就碎的大疙瘩。人們被迫離開了自己的家，男女分居，軍事化，食堂化。小莫言與堂姐跟著年老的奶奶今天住東村，明天住西村。地裏的糧食收不上來，家裏的家底全糟蹋光了。食堂裏的飯，經過幹部先「共」了一番「產」之後，分到社員碗裏的已是大鍋清水湯以及野菜黴爛瓜乾之類的難以下嚥的東西。從1958年到1963年，高密年年風調雨順，根本沒有什麼自然災害，但老百姓卻吃不飽肚皮。1960年，牲口大批餓死，天天死人，村村出殯，人口銳減。這是中國近代史上的第一次出現人口負增長。當時，我家有14口人，多虧爺爺和父親能幹，奶奶和母親精打細算，一家人總算沒餓死。這麼大的一個家庭，要維持下去，就必須有人委曲求全，忍辱負

重，任勞任怨。因此，我們小時候根本體會不到什麼父愛母愛，感受最多的是無人理睬，或者是父親威嚴的目光和打罵。莫言在我們兄弟中是最小的，在家中似乎成了多餘的人，由於饑餓，被認為「很饞」。但在農村這20年，莫言沒敢放開肚皮吃過飯，更沒有吃過一頓好飯。

莫言是1961年進本村小學讀書的。學習成績不錯，尤其是語文成績突出，寫的作文常常被老師當範文在本班或其他班上朗讀傳閱。他記性好，還有點表演才能。讀到四五年級，就能夠上臺表演節目：嘴唇和下巴上黏上幾撮棉花唱柳琴戲《老兩口學毛選》，逗得觀眾哈哈大笑。「十年浩劫」來臨時，莫言因給老師提意見受警告，從此輟學。此後，學校由貧下中農管理，常不上課，專搞「鬥批改」。儘管這樣，上學也要看成分，要貧下中農推薦。看到一起割草放牛的小夥伴背著書包上學去，莫言心裏有說不出的羨慕和難過。就這樣，莫言在饑餓和孤獨中度過了他的童年。

隨著年齡的增長，莫言成了地地道道的農民，耕、鋤、薅、割樣樣都得幹，一年到頭面朝黃土背朝天。幹到臘月二十九，吃了餃子再下手，美其名曰「過革命年」。生產隊裏，他看到人們為了半個工分和隊長打架；膠萊河工地上，他看到人整人，不把人當人。他做夢都想離開農村。但路在何方？雖然叔父給他在供銷社棉油加工廠謀到一份臨時工的差事，但幹的仍是苦力活。唯有當兵，才有可能改變現狀，衝出家鄉的高粱地。但中農子弟要當兵談何容易。從18歲開始，莫言年年報名，年年體檢合格，來接兵的解放軍也喜歡這個年輕人，但年年都被貧下中農子弟頂下來。直到1976年1月，經過父親和二哥的奔波，莫言才當上了兵。用莫言自己的話說，這次真正是「和野菜、地瓜乾子離了婚」。

從當兵到1997年轉業，莫言在部隊幹了21年。這二十多年中，莫言從一名普通戰士成長為副師職幹部、國內外知名的作家，既有個人的努力奮鬥，更離不開部隊首長、老師的培養和戰友、朋友的支持。

莫言剛入伍，在新兵連表現突出，被分到總參黃縣某部當戰士。由於吃苦耐勞，出公差、挖廁所都搶著幹，所以很快當上了副班長。不久，「四人幫」被粉碎，部隊興起了學文化的熱潮。只有小學五年實際學歷的

莫言自稱高中畢業，竟然邊自學邊當起輔導老師，還獲得了領導和戰友的好評。1978年9月，莫言被調到位於河北保定的上級機關搞新兵訓練，後擔任了保密員兼政治教員。先後給七九級學員、預提幹部學習班和三個區隊上過政治課，為連職幹部講過近代史。用的教材都是高校教材，這就逼著莫言讀了大量的馬列著作和其他書籍，並且惡補了一通中國古典文學，大大豐富了自己，思想水準、寫作能力都得到了極大鍛鍊和提高。從此莫言開始走上了艱難的文學創作之路。

1976年莫言入伍時

讀小說是輕鬆愉快的，但要自己寫小說，才知道「這魔道，看似容易實艱辛」。超負荷的工作，再加上文學創作，完全沒有星期天，每天晚上都要搞到深夜。冬天的寒夜，肚子餓了，就去地窖裏拿些大蔥吃。胃受到損害，頭髮大把大把地脫落，有時感冒、痢疾、鼻竇炎同時發作，但他仍然筆耕不輟，近乎拼命。儘管退稿信如雪片飛來，但皇天不負有心人。保定的文學雙月刊《蓮池》的老編輯毛兆晃慧眼識才，於1981年10月第五期《蓮池》上發表了莫言的一篇名為「春夜雨霏霏」的短篇小說，而且是放在卷首。《蓮池》的老編輯毛兆晃夫婦對莫言十分關愛，悉心培養，使莫言的作品《售棉大路》等七八個短篇分別在《蓮池》（後改為《小說創作》）及河北的其他刊物上發表。其中《售棉大路》於當年（1983年）7月被天津《小說月報》轉載。

莫言是1982年夏天被破格提幹的。其時莫言已超齡，部隊首長、戰友為莫言的提幹找總部、上北京，逢人便說莫言能教大學的課，會寫小說，終於感動了上級，莫言在一無學歷二未進教導隊的情況下被提為排級幹部（行政23級）。1983年6月，莫言被調到北京延慶總部任宣傳幹事，負責理論教育工作。為了取得一張大專文憑，他報考了黨政幹部基礎學科自學考試，共十門功課，學一門考一門。年底，哲學、邏輯學考試合格。第二年春天，黨史、政治經濟學考試合格。又要搞文憑，又要幹工作，還要搞創作，弄得他心力交瘁，「腦力、體力都有些不支」。此時，他在河北的《長城》、《小說創作》、《無名文學》和《解放軍文藝》上又發表了幾部中、短篇小說。其中發表在《小說創作》1984年第九期上的《大風》，當年被人民文學出版社的《小說選刊》選載，在1984年第七期《解放軍文藝》上發表的《黑沙灘》獲該刊本年度優秀小說獎。而發表於《蓮池》

1983年第五期的《民間音樂》得到了老作家孫犁的讚賞。莫言已經開始在文壇上嶄露頭角。

此前，莫言所發表的一些作品，用的一概是傳統筆法，以寫實見長，而《民間音樂》一篇是莫言力求突破的探索之作。就在這關鍵的時候，莫言考上了解放軍藝術學院文學系。從此，莫言才算真正地跨入了文學的大門。這不但使莫言終於扔掉了一個小學肄業生的帽子，更重要的是，為他成為作家打下了堅實的基礎，為他真正步入文壇鋪平了道路。

那是1984年7月，解放軍藝術學院首次設立了文學系，由部隊著名老作家徐懷中出任主任。別人早在5月份就開始了復習，而莫言直至6月下旬才得到消息報上名，僅復習了十天就參加了考試。考試結果，政治、語文、史地三門考了216分（其中語文90分）。考試成績佔百分之四十，交一篇作品佔百分之六十。莫言交的是《民間音樂》，大得徐懷中主任讚賞，結果莫言以較高分數被錄取。同時被錄取的有崔京生、朱向前、宋學武、錢鋼、李存葆等共35名文壇上嶄露頭角的部隊青年作家。大家互相學習，互相切磋，互相憋著勁寫小說。徐懷中主任學識淵博，思想解放，他對莫言全力栽培，鍾愛有加，莫言深情地說：「徐主任改變了我的命運！」

第一學期來軍藝講課的老師有王蒙、張承志、鄧友梅、劉白羽、丁玲等當代著名作家。莫言如饑似渴地聽講，潛心刻苦地讀書寫作。終於，一部中篇小說《透明的紅蘿蔔》如一顆重磅炸彈震動了當時文壇，給文壇帶來了新鮮空氣，被評論家們譽為「建國以來農村題材小說中不可多得的精品」。這篇小說在《民間音樂》的基礎上繼續進行了新的探索，無論從截取生活的角度還是從藝術手法上，都是別具一格的。讀了它，人們得到的是一種說不清道不明的藝術享受。主

人公黑孩子始終默默無言，沒說一句話，但卻給人留下了極深刻極難忘的印象。從1984年直到1986年暑假從軍藝畢業，是莫言小說創作的一個高峰。軍藝兩年中，在名師的指教下，在同學的激勵下，他嘔心瀝血地探索追求，如癡如狂地寫小說，以至於徹夜失眠，腦子裏常出現幻覺。數日一篇甚至一日數篇地寫。終於，1986年3月《人民文學》推出了他的中篇小說《紅高粱》。這是莫言蓄積日久、嘔心瀝血之作。此篇一出，文壇轟動，老作家叢維熙首先以《五老峰下蕩輕舟》為題，在《文藝報》上發表文章極力讚許。隨後，全國各大文藝刊物紛紛轉載。到了1987年，由他執筆改編、張藝謀導演、鞏俐主演的同名電影拍成，榮獲第三十八屆柏林電影節金熊獎之後，《紅高粱》更是名揚海外。1986年，莫言閃電般地完成了《紅高粱家族》中的其他四個中篇以及十幾個中短篇小說，以至於文壇上稱1986年為「莫言年」。《紅高粱》至今仍是莫言的代表作之一。一部《紅高粱》奠定了莫言在當代文學史上不可動搖的地位。

《紅高粱》是寫抗日戰爭的。它以新穎的藝術技巧，超時空的敘事方式，全新的視角和格局展現了抗日戰爭時期發生在高密東北鄉廣闊如海的高粱地裏波瀾壯闊的悲喜劇。它呼喚著壯美的人生，召喚著抗日的英魂，謳歌著中華民族的英雄主義和桀驁不馴、博大雄渾的英雄氣質。它塑造了全新的人物形象，洋溢著一股前所未有的蓬蓬勃勃瀟瀟灑灑的酒神精神。

1986年，莫言被分配回總參政治部文化部任創作員，同年加入了中國作家協會。

1988年莫言又考入了北師大與魯迅文學院合辦的研究生班，1990年獲文學碩士學位，仍回原單位工作。

繼《紅高粱家族》之後，莫言至今已出版的長篇小說還有《天堂蒜薹之歌》（1988年出版，修改後曾改名為《憤怒的蒜薹》，由北師大出版社1993年出版）、《十三步》(1988)、《食草家族》（1991）、《豐乳肥臀》（1996）。其中《豐乳肥臀》獲首屆「紅河・大家文學大獎」，再次在文壇引起了強烈反響，成為當年的暢銷書，並很快被翻譯成外文介紹到國外。1999年，莫言寫了一部反腐電視劇《紅樹林》，同名長篇小說

不久亦出版，受到好評。2001年，莫言的長篇力作——以描寫清末高密人民抗德為歷史背景的《檀香刑》，由作家出版社出版，又一次引起文壇的注意，並受到讀者的歡迎，初版即印8萬冊，成為當年的暢銷書之一。寫於1989~2000年的長篇小說《酒國》剛一出版即被譯成多種外文版本，並榮獲2001年法國（儒爾·巴泰薔）最佳外國文學獎。2003年，長篇小說《四十一炮》問世，2006年，長篇小說《生死疲勞》出版，又在世界文壇引起了轟動並獲獎。這三部長篇都曾全票入圍茅盾文學獎或魯迅文學獎。2009年，莫言的長篇新作《蛙》出版，這部寫了4年的小說，剛一出版就引起了讀者的關注，並因此於2011年榮獲茅盾文學獎。除《莫言文集》五卷本及十二卷本外，莫言還有《透明的紅蘿蔔》（作家出版社，1988），《爆炸》（崑崙出版社，1988）、《歡樂十三章》（作家出版社，1989）、《白棉花》（華藝出版社，1991）、《懷抱鮮花的女人》（中國社科社出版社，1993）、《神聊》（北師大出版社，1993）、《金髮嬰兒》（長江文藝出版社，1995）、《長安大道上的騎驢美人》（海天出版社，1999年），《師傅越來越幽默》（解放軍文藝出版社，2000）、《冰雪美人》（文化藝術出版社，2001）等多部中短篇小說集以及散文集出版，2007年還出版了《說吧，莫言》三卷，集中收錄了訪談錄和創作談。

　　莫言還創作了一些影視劇本。已拍成電影的除了《紅高粱》外，還有《太陽有耳》（嚴浩導演，張瑜主演），在1996年柏林電影節上，獲得了銀熊獎。根據小說《白狗鞦韆架》拍成的電影《暖》榮獲東京電影節金麒麟獎。小說《師傅越來越幽默》也被改編成電影《幸福時光》，受到好評。電視劇有《夢斷情樓》、《紅樹林》等。

　　另外，莫言創作的話劇《霸王別姬》，2000年底由北京人藝在京演出，一炮而紅，風靡京城，一再加演。北京演完，又赴上海、香港、新加坡等處巡演。評論界對莫言的這出話劇的語言極為稱道，認為「古典、優美，有莎士比亞的詩劇風格」。話劇《我們的荊軻》也受到很高的讚譽。初入話劇界，莫言便取得了其他人也許要花費幾十年才可能獲得的成功。

這兩部話劇不僅評論界好評如潮,票房也奇佳。

　　縱觀莫言的作品,人們發現莫言有著多種筆墨,有古樸原始的寫實,也有魔幻與荒誕。獨特的感覺,豐富的想像展現了一個萬花筒般迷離的藝術世界。透過莫言的小說,我們又發現,莫言在弘揚優秀的中華民族精神的時候,同時又具有一種高屋建瓴的批判意識。莫言無情地批判民族的劣根性,批判那種不知何年何月弱化成羔羊般的奴性人格。透過莫言的小說,我們還會發現。莫言對過去(原始勇武的中華精神)的召喚——深情地召喚「歸去來兮」;發現他對未來的嚮往——熱烈地嚮往那自由美麗的透明世界,以及對現在的批判——辛辣地批判現實中的假惡醜。

　　同時,莫言在文學創作道路上不斷探索,不斷創新,從內容到形式。其中中短篇小說如花團錦簇,令人眼花繚亂,應接不暇,禁不住發出驚歎;而十一部長篇也是部部不同,各有特色。《紅高粱家族》橫空出世,石破天驚,確立了莫言在中國當代文學史上的地位;《十三步》在結構上敘事方式上進行了探索,是一部帶有濃厚的試驗色彩的小說;《天堂蒜薹

之歌》則是一部有強烈感情色彩的現實主義小說；《酒國》則是一部荒誕的政治小說，帶著黑色幽默，反諷隱喻，變形誇張，類似童話；《豐乳肥臀》波瀾壯闊、磅礡大氣；《檀香刑》細膩流暢，場面森然，是部戲曲化的小說或是小說化的戲曲，看得令人毛骨悚然，欲罷不能；《生死疲勞》則是東方的、中國的魔幻現實主義，佛理的寓言。其他如《食草家族》、《四十一炮》亦各有千秋，引人入勝。而新作《蛙》，簡直就是一部新中國60年的生育史，觸及了一代人靈魂深處的傷痛，一出版，即榮獲上海市第二屆春申文學獎年度優秀作家獎，2009中國圖書勢力榜年度好書獎。莫言是高密人，齊魯文化的優秀傳統，高密大地上深厚的人文底蘊培育了他。故鄉是他的血地，是他的根。莫言的很多作品都誕生在這裏，如《天堂蒜薹之歌》是在大欄供銷社的一間倉庫裏寫的，《豐乳肥臀》是在南關家裏寫的。他一回到高密就有創作激情，寫東西就特別順利流暢。他的東北鄉系列小說都帶有深深的齊魯文化的印記，都具有濃厚的高密地方色彩。它們寫的都是高密東北鄉的故事，都帶有高密東北鄉的高粱氣味和泥土芳香，帶有高密東北鄉人身上的汗味和桀驁不馴、粗獷豪放的精神走向全國，走向世界。

　　從短篇小說《秋水》和《白狗鞦韆架》開始，直至最新的長篇力作《蛙》，莫言的作品都以高密東北鄉為背景，描寫近百年來的農村生活，已形成了一個龐大的「高密東北鄉系列」。至於真正的高密東北鄉，是指現高密市東北隅的河崖、大欄這一片遼闊的土地。高密東北鄉是沿用了明、清、民國時的叫法。這裏地勢低窪，是一馬平川的平原，膠河從這裏彎彎曲曲地流過，我們的家就在膠河南岸一個叫平安莊的村子裏。這裏與平度、膠縣接壤，南有順溪河、墨水河。直到20世紀60年代初期，我們村子南邊的順溪河與墨水河之間都是一片低窪的沼澤地。夏天，這裏一片汪洋，蘆葦叢生，野草遍地，青紗帳一望無際，水裏魚游蝦躍，天上水鳥飛翔。秋季，蘆花飛舞，枯草遍野，大雁在這裏棲息，狐狸、野兔在這裏出沒。這樣一塊地方，新中國成立前無疑是土匪活動的好場所。新中國成立後，這裏便成了兒童的樂園。夏天，孩子們在這裏撈魚摸蝦；秋天，獵人

們在這裏打兔子獵雁。小時候，我就多次吃過爺爺打的野鴨、野兔。待到莫言長到能割草拾柴火的時候，這裏的景物已不同從前。二十多年來滄桑巨變，隨著氣候的乾旱，膠河農場的建立，如今這裏已經成為一片良田，往日景象連一點痕跡也沒有了。

70年代以前，整個高密東北鄉一直貧窮落後。鄉親們面朝黃土背朝天，祖祖輩輩在這塊土地上刨食，從來都是半年糠菜半年糧。僅以我們平安莊為例，新中國成立前僅有兩戶地主，也基本不住在村裏，地主和其子女多住在縣城或青島。很多人出外討飯或闖關東。有民謠說：「平安莊不平安，十年倒有九年淹。」膠河年年發大水，十年九澇。儘管如此，人們還是不願離開這一方熱土，不願意離開膠河。老輩人說，我們這裏「十年九不收，收了吃十秋」。此話確有道理。每逢膠河發大水決了口，河水夾帶著大量腐殖質和泥沙，把地裏淤上厚厚的一層肥泥。秋天種上小麥。不用施肥，來年也可收一季好小麥，所以老輩人都說膠河是一條「富河」。而且河水清冽甘甜，魚鱉蝦蟹取之不盡用之不竭。

現在，鄉親們的生活富起來了，高密東北鄉因為地廣人稀，成為高密糧食和棉花生產基地。入夏，田野裏翻騰著金黃色的麥浪，打的小麥堆成山，一年打的三年吃不了。秋天，大豆搖鈴，棉花含笑，高粱紅了臉，穀子彎了腰，好一派豐收景象！我愛高密東北鄉。喝膠河水長大的莫言也時刻眷戀著這塊地方。

儘管莫言的「高密東北鄉系列」小說中的「高密東北鄉」與現實中的高密東北鄉有許多相似的地方，但莫言作品裏的高密東北鄉已經不再單是一個地理名詞，它已經成了一個文學背景的代名詞，正如福克納的約克納帕塔法縣和馬爾克斯的馬貢多鎮一樣 ❺。莫言曾經這樣寫道：「高密東北鄉是地球上最美麗、最醜陋，最超脫、最世俗，最聖潔、最齷齪，最英雄

注：❺約克納帕塔法和馬貢多分別為美國作家威廉・福克納的小說《喧嘩與騷動》，哥倫比亞作家加西亞・馬爾克斯的小說《百年孤獨》的故事發生地，莫言的文學創作受到過他們的影響。

好漢、最王八蛋，最能喝酒，最能愛的地方。」他還寫過：「高密東北鄉，生我養我的地方。儘管你讓我飽經苦難，我還是為你泣血歌唱。」莫言是從高密東北鄉的高粱地裏走向世界的。他的根在這裏，他對故鄉恨極了也愛極了。他是農民的子弟，他恨農民之所恨，愛農民之所愛。可以說，在某種程度上，莫言還是一個農民。

莫言，就像他的名字一樣，沉默寡言，多數時間愛半眯著本來就不大的雙眼坐觀身邊的世相。他外冷內熱，既敏感多情又孤僻冷傲；他性格內向，敢耽於幻想又極務實；他淡泊名利，既好學上進，而又愛恨分明。

莫言曾在1988年將妻子、女兒的戶口遷至縣城南關村，一住八年。他的《豐乳肥臀》就誕生在這裏。1995年妻、女隨軍遷至北京。2007年，他的愛女笑笑已從清華大學文學院研究生畢業，並就職於北京某高校。後來她又考上了在職博士生，不久就會成為我們家第一個女博士。而莫言現在供職於中國藝術研究院，過著北京市普通市民的生活。

早在2001年，莫言就提出自己不是為老百姓寫作，而是「作為老百姓寫作」這樣一個文學宗旨。「作為老百姓寫作」，就要站在老百姓的立場，用平常心，即老百姓的心，用老百姓的視覺觀察世界，反映世界，反映老百姓的所思所求，而不是高高在上，以所謂的「人類靈魂的工程師」或「人生導師」之類的身份寫作。綜觀莫言多年來的創作實踐，他確實是用自己的筆在身體力行著這一文學宗旨。他深入到人類靈魂的隱祕處，說著老百姓的話，想著老百姓的事，用心與老百姓交流。因此，其作品，其人格也受到了老百姓的稱讚和愛戴。

莫言今年已經57周歲了，他雖然早已學會了操作電腦，但多數時間還是在用筆寫作。他說用電腦寫作找不到感覺。我們祝願莫言有更多更好的作品問世，繼續用他的筆為國為民爭得更多的榮譽。

附：作者詩歌二首

詠蓮兼示莫言

一九九八年八月

根莖陷入污泥中，花葉挺出傲青萍。

任爾邪風惡浪起，只有香氣遠益清。

明志與小弟莫言共勉

一九九八年九月

世事紛紜似渾水，特立獨行勿逐隨。

翠竹一枝身有節，摧眉折腰誓不爲。

一本自我懺悔與自我救贖的書

　　莫言的長篇小說《蛙》榮獲了第八屆茅盾文學獎，我和大家一樣高興。我高興，不但是因為莫言獲得了一個早該獲得的國家級文學大獎，讓我看到了社會的進步、政治的進步而令人鼓舞；更重要的是，我是《蛙》的第一個讀者。大概在小說公開發表之前的半年多吧，莫言就把《蛙》的電子稿發給我了。我認真地讀了一遍，為其改正了一些錯別字和個別詞句，提了兩條意見。總的感覺，這部小說令我震撼，感情上有些壓抑，在很長一段時間裏不能擺脫這種壓抑感。因為我覺得莫言這是在寫他自己，寫他自己的一段經歷，寫他自己的思考，寫他自己心裏的痛，進行自我解剖，自我懺悔，自我救贖。某種程度上說，這是一部懺悔之作，救贖之作。

　　莫言早在23年前的首屆莫言作品研討會（高密）上就曾經說過：「其實對作家來說，重要的不是拯救萬民的靈魂，而是拯救自己的靈魂。」「我非常希望非常渴望，我的痛苦矛盾與民族的痛苦矛盾產生一種合拍。

如果我的痛苦與民族的痛苦是一致的，那麼無論怎樣強化我的個性意識，無論怎樣發洩我個人的痛苦，無論怎樣把我的一切噴吐出來，我的個性就能得到一種更大的共性，發洩得越厲害，爆發得越厲害，我就越了不起。只怕我做不到這一點。」❶ 二十多年來，莫言一直在遵循

　　注：❶楊守森、賀立華：《莫言研究資料》，第393頁，山東大學出版社1992版。

著自己的這種創作理念，直到公開亮出「作為老百姓寫作」這面大旗。期間的創作實踐證明，這一點，莫言不但做到了，而且越做越好，《蛙》就達到了一個新的高峰。在《蛙》裏莫言用「蝌蚪」的名義，在給日本作家杉谷義人的信中公開地承認：「我是為自己而寫作。為贖罪而寫作，當然可以算作為自己而寫作。」❷ 所以，「在寫作的時候，要觸及心中最疼的地方，要寫人生中最不堪回首的記憶。現在我覺得還應該寫人生最尷尬的事，寫人生最狼狽的境地。要把自己放在解剖臺上，放在聚光燈下。」❸ 蝌蚪是這樣說的，也是這樣做的。他的確把小說的主要人物姑姑和自己放上了解剖台，放在聚光燈下，用犀利的筆觸對他們的內心，對他們的靈魂進行了無情的解剖，觸及了他們各自心中的痛。蝌蚪在給杉谷義人的信中說到自己逼著妻子王仁美做人工流產而致死一事時說：「儘管我可以用種種理由為自己開脫，儘管我可以把責任推給姑姑，推給部隊，推給袁腮，甚至推給王仁美自己——幾十年來我也一直是這樣做的——但現在我卻比任何時候都明白地意識到，我是唯一的罪魁禍首。」❹ 我們知道，《蛙》中的主要人物姑姑和蝌蚪等，在現實生活中都是有其原型的。在很大程度上說，蝌蚪就是莫言，莫言是在說他自己。

說到這裏，我想提醒大家去閱讀一下莫言寫的一個中篇小說《爆炸》（寫於1985年，發表於1986年第三期《人民文學》），那是莫言根據現實生活中自己的一段經歷寫的，其內容與《蛙》的第二部第六至十二節的內容有相似之處。只不過在那篇小說中的「我」不是部隊幹部，而是一個「導演」。為了執行國家的計劃生育政策，為了不影響自己的進步和政治前途，回到故鄉說服乃至強迫自己妻子做人工流產，儘管遭到了父親的痛打和母親的哭罵，妻子也又哭又鬧，但還是堅持讓姑姑為妻子做了流產手術。那篇小說中的「我」並沒有像蝌蚪一樣懺悔，而姑姑卻說了一句其實

注：❷莫言：《蛙》，第179頁，上海文藝出版社2009年第一版。

　　❸同上。

　　❹同上書，第281頁。

是莫言自己想說的話。姑姑在接生了一個大胖小子之後準備給妻子做人工流產手術之前說：「這種事我幹一回夠一回，剛才是送子觀音，現在是催命判官。」❺ 可以說，這句話是莫言限於當時自己的認識程度以及所處的情勢及環境而採取的這種欲說還休的表達方式。值得注意的是莫言在這篇小說中巧妙地插入了一個人們追捕狐狸的情節。這隻狐狸是紅色的，跑起來像一團貼地滾動的火球，它巧妙地躲過了人們的圍追堵截。這隻狐狸寄託著莫言對自由生命的禮讚，對自由人性的某種美化和欣賞，而狐狸的處境和遭遇則暗示著人類無法掙脫的命運。對環境的無法擺脫與「我」的處境相似。而到了《蛙》裏，王膽、王仁美都好像這隻狐狸，或者說都具有這隻狐狸的精神。所不同的是在《蛙》裏所有的人物差不多都在進行不同程度的懺悔，蝌蚪公開地把解剖刀刺向自己的靈魂深處，進行公開的言猶未盡的懺悔，姑姑更是以沉重的負罪感說要像煎魚熬藥那樣翻來覆去地煎咕嘟咕嘟地熬來贖自己的罪。不但如此，他們還用盡各種手段對自己的罪過進行救贖。這大概是莫言自己在經歷了近三十年的理性思考，反省歷史，反省自己，經過了歲月的煎熬得出的結果——一個始終不能擺脫，現在終於可以宣洩的情結。

小說就是寫人的。我的老師，著名的文藝理論家，華東師範大學中文系錢谷融教授早在上世紀中葉就提出了「文學即人學」的觀點，當時遭到了文痞姚文元的攻擊誣陷，但現在這一觀點早已被國內外文學界所認可和推崇。莫言的《蛙》無疑是一部出色的寫人的作品。他寫了人類自身生與死的矛盾，寫了人與環境（社會的和自然的）的矛盾，寫了人的主觀努力與自然規律的矛盾，寫了人與人之間的矛盾，寫了人性與獸性的矛盾，寫了人類的愛與恨、文明與野蠻、現代科技與傳統倫理道德的矛盾，內涵豐富，令人掩卷深思。

其實，中國的計劃生育成為國策，是中國的獨特的國情造成的，是迫不得已制定的，它主要是針對農村的。因為早在上世紀60年代末我國的

注：❺莫言：《爆炸》，第42頁，崑崙文學出版社1988第一版。

莫言在上海書城簽名售書

一些經濟發展地區如上海等大城市中就有不少人已經自覺地實行了一胎化，我們應該認識到中國因為長期的封建統治，農村又長期貧窮落後，人們始終擺脫不了「不孝有三無後為大」等傳宗接代的愚昧落後舊觀念的束縛，這就造成了在中國實行計劃生育，尤其是獨生子女政策的難度。這也是小說中主要人物表現出來的根深蒂固的男孩情結的根源所在，也是他們實行計劃生育和被計劃生育後負罪感的來源。實行計劃生育30年來，中國起碼少生了2億人口，為國家為世界作出了貢獻。在取得成果的同時，又涉及諸如人權、人道、人性等敏感問題。事實是，在實行計劃生育政策的過程中確實發生了許多過頭的做法，傷害了不少人（包括眾多的不准出生的人），而且，嚴峻的現實和令人憂慮的趨勢又引發了人口老齡化、勞動力缺乏、獨生子女教育和國民素質的提高這樣一些既令人擔憂又敏感的問題。有人甚至會問：人口減少了，經濟就一定會發達嗎？日子就一定好

2011年9月19日晚，作協領導李冰給莫言頒茅盾文學獎

過嗎？大家都少生甚至不生（頂客），人類自身不是要滅亡了嗎？杞人難免憂天，究竟怎麼辦？我想決策者們、專家們都在思考。《蛙》也難以給人以正確的答案。值得一提的是莫言對這個問題一直是關注的，除了上文提到過的《爆炸》外，莫言在中篇小說《歡樂》和《棄嬰》中都寫到了計劃生育問題。但那都是以一種審視別人的態度寫的，唯有《蛙》才開始解剖自己，開始懺悔。作家手中的筆如同解剖刀，不但要解剖別人，更重要的是能解剖自己，要把自己靈魂深處的「小」字剝出來給大家看。《蛙》中的人物所做的解剖是徹底的，懺悔是真誠的。其懺悔固然真誠而深刻，但其救贖卻不可能徹底，甚至反而會產生出新的罪愆。因此，我們只可把《蛙》作為小說看，它就是一本小說，而不是一本社會學人口學的專業著作，更不是一本政治教材。

但就小說本身來講，莫言沒有重複自己。十一部長篇部部都能出新意，部部都有自己的特色。《蛙》在結構上也有新的探索，即書信體和話劇的結合。書信體莫言早在《酒國》中就有過嘗試，但這次把一部小話劇放在結尾，作為小說的一部分，可謂別開生面。這部話劇與正文互相補充，相得益彰，結合完美，渾然一體，對主題的深化和提升起到了畫龍點睛的作用。因為小說中前邊的幾封信中已經做出了鋪墊，所以結尾的話劇並不令人感到突兀，也沒有生拉硬扯或蛇足之感。這堪稱莫言的獨創。順便說一句，這部話劇給我的感覺是鬼影幢幢的，充滿著神祕氣氛，大有鬼神之氣。連同正文中姑姑陷入青蛙包圍的描寫，使人不禁聯想到《聊齋志異》裏的《青蛙神》。還有書中第310頁關於兔子即「吐子」的傳說，這的確是大爺爺和爺爺給我們講過N遍的故事，真正的民間傳說，莫言把它賦予了新意。足見莫言立足齊魯大地，立足高密東北鄉，對齊文化的傳承和發揚。拉拉雜雜說了這麼多，總的印象，《蛙》雖然好，雖然獲得了茅盾文學獎，但平心而論，我覺得它沒有《檀香刑》和《生死疲勞》好，無論是內容還是藝術手法。

題外的話

　　兩次莫言作品研討會都是在高密召開的。1988年那次我剛剛調回高密不久，正在高密一中教著兩個重點班的語文課，根本抽不出時間參加。這一次因到濟南、南京、上海走了一圈，歷時一個多月，所以也沒能參加，很是遺憾。但在外出的時間裏，在旅途中，我始終想著這次研討會，想著《蛙》，想著莫言，上文即是我一路思考的結果，算是一個遲到的發言吧。

　　我給《蛙》提過的兩條意見。一是書中關於賣魚的集貿市場的描寫。我認為一定要寫入公安稅務人來取締罰款的細節。因為當時是禁止自由貿易的，公社社員自行捕魚到自由市場賣，是要當作資本主義尾巴割掉的。這一點，莫言採納了。另一點是書中寫到姑姑在夜間陷入了青蛙的包圍，我認為寫得還不夠陰森恐怖，我甚至捉刀為其草擬了一段，莫言大概認為文字風格不太一致，所以沒有採納。

莫言小說創作背後的故事

尊敬的鄭院長、賀教授，親愛的同學們，大家晚上好！

先說說我當下的感覺。說文一點是班門弄斧，自不量力；說俗一點是孔夫子門前賣詩書，關老爺面前耍大刀。為什麼呢？因為山大特別是山大的文史科在我的心裏，十分了不得。當年，中文系馮陸高蕭，歷史系八馬同槽，聞名天下。1964年，當時的高教部組織所屬重點院校負責人來山大學習，我在上海讀大學聽到校系領導的傳達是：山大的教師埋頭做學問，山大的學生發憤學習，連校園裏的樹木都有股蓬勃向上的生氣。這是原話。過去了將近五十年，現在的山大更是了不得，不但優生雲集，名流薈萃，連工大、醫大都囊括麾下。山大真是大啊！相比之下，我個人太渺小，水準太低。我曾對賀立華教授說過，一個人即使飽讀詩書，滿腹經綸，長期不用，也會退化。我大學畢業後，從事中學教育三十多年，現有水準，充其量也就是一個中學語文教師的水準。一個中學教師面對重點大學本科生、研究生，還有院長、教授，我的感覺大家一定能理解。好在鄭院長、賀教授給我布置的作業題目是《莫言小說創作背後的故事》。面對這個題目，我如同一個中學生寫作文一樣，先審了題：一是要談與莫言的小說創作有關的故事；二是要談「背後」的故事，這就含有爆料的意思了。我就想，爆自己兄弟的八卦，我不會，也不忍。談理論，一來題目沒有要求，二來也是我的弱項。因為我讀書時大學中文系一年級有一門重點課叫「文藝理論」。當時，華東師大採用的教材是葉以群主編的《文學的基本原理》，打開書，一片黑體字（毛主席語錄）；而山大中文系更革命，教材的名字直接叫什麼《毛澤東文藝思想》。總之，我學的都是《在

2012年11月作者與山東大學文學院院長鄭春教授、賀立華教授

延安文藝座談會上的講話》那些內容。於是我就只好遵鄭、賀二位之命，
不談理論，只講故事。儘管只是故事，但絕對真實，是真實的故事。希望

大家聽了我的故事後，對你們的學習和研究工作能有所啟發，有所幫助。能做到這一點，對我自己來說，則不虛此行；對同學們來說，則沒有白白浪費如此良宵。

下邊開始轉入正題。

我今晚談的問題，是莫言怎樣走上文學創作道路的有關故事。

我們高密莫言研究會孫惠斌會長對此進行過探討，歸納了「四個莫言」，即「天才的莫言」、「勤奮的莫言」、「高密的莫言」、「世界的莫言」。前邊三個就概括了莫言之所以成為莫言的原因。第四個是我們當時的希望，現在也實現了，莫言終於走向了世界，得到了世界的認可和讚揚。現在先說「天才的莫言」。

過去，我們是不承認有天才的。但我認為，搞文學和搞科技發明不一樣，是要有天賦的。有一些與生俱來的東西，後天是學不來的。莫言對文字很敏感，情商很高，感情很細膩，具有超人的觀察力、豐富的想像力和對語言的駕馭能力。他的小說，敘事狀物，極盡鋪陳渲染之能事，汪洋恣肆，如行雲流水，如江河奔騰，狂瀉不止。這東西是學不來的。要知道，莫言的第一學歷是小學五年級肄業。在農村，一般的青少年上五年學，幹幾年活，基本上就是一個半文盲。但莫言輟學後，充分利用中午晚上和農閒時間看書學習。但比起在學校學習的學生，條件差得很遠。他們時間充足，有良師益友教導幫助。莫言可完全是自學的。我第一次看他寫的東西是1976年他當兵之後給我的一封信。在那封信裏，他訴說了自己當兵的經過以及部隊的情況、自己的心情。信寫得不但文從字順，而且文采斐然，感情真摯，十分感人。當時，我在湖南常德一家企業的子弟學校教書。那時，「讀書無用論」甚囂塵上，中學生都不會寫作文，要寫也是「碰到困難，學習語錄，問題解決」。這種空洞教條的老模式，毫無感人之處。我告訴學生，寫作文儘管可以瞎編，但必須做到文中有我，要有真感情。為了舉例說明，我把莫言的來信在班上念了。然後問：「這封信寫得好不好？」學生齊叫：「好！」我說：「這是一個小學沒畢業的人寫的，他讀書的年頭比你們還少，可見作文並不難。」結果，班上學生齊喊：「老師

騙人！」我說：「我沒騙人，寫信人是我弟弟。」後來，我才知道，早在1973年，莫言18歲時，被生產隊派到膠萊河工地（住在昌邑縣圍子公社）。大冷天，冰凍三尺。晚上睡覺，脫掉鞋子，第二天早上，鞋就凍在地上，拔都拔不起來了。幹活時間長，活又重，如果不出力，幹部非打即罵。就在這樣的環境裏，莫言竟然嘗試著寫小說。小說的名字是「膠萊河畔」，寫男主人公，為了修膠萊河，推遲婚期，老地主搞破壞，砍斷馬腿之類。這雖是當時流行的題材和樣式，但莫言能寫到這種水準，足見他的智力和文化水準，比一般的農村青年要高出一大截。

第二，莫言是勤奮的。一是如饑似渴地閱讀。當年，我留在家裏的初、高中課本，我買的小說《林海雪原》、《呂梁英雄傳》，他很快讀完了。我們上初中那會，語文課本是分為「文學」和「漢語」的。那文學課本編得十分有趣，什麼《牛郎織女》、《岳飛槍挑小梁王》，劉紹棠的小說《青枝綠葉》（當時劉本人還是中學生），很吸引人。到了高中，則按文學史順序編，從《詩經》、《楚辭》開始學，直到明清小說，很有水準。我和莫言認為那套教材是至今最好的。我留在家裏的作文本莫言也讀，他至今還記得我的一篇寫拾棉花的作文上被老師畫出的句子：「天上的白雲像棉花，地裏的棉花像白雲。」總之，有字的東西，他都要看看。連糊在牆上的報紙也看，字典也看。他不光是看了，我覺得他是真讀懂了，對書裏面的詞語和成語也都理解了其含義和用法。為了看書，他幫有書的人幹活換書讀。為了看書，怕大人罵他看「閒書」（小說），就躲進草垛裏看，被蟲子咬腫了臉。他還常和二哥搶書看。二人為了就燈（全家只在客堂間掛一盞燈），晚飯後把燈掛在客堂和房間之間的門框上，他們二人就站在門檻上湊著燈看書，天長日久，把門檻都磨出了一個凹槽。如此苦讀，自然豐富了他的知識，提高了他的水準，為日後寫作打下了良好的基礎。第二，是廢寢忘食練習寫作。當兵後，他繼續練習寫作。一開始寫了幾個小短篇，其中一篇是《異化》，寫一個長工愛上地主家的小姐，小姐也愛長工，後來在階級鬥爭的生死關頭，小姐救了長工，類似於前蘇聯的小說《第四十一個》，自然被退稿。還寫過一個話劇《離婚》，寄到

莫言在保定

《解放軍文藝》，也被退稿。人家還附了一封退稿信，讓他寄給《劇本》等雜誌試試。惹得單位領導和他開玩笑，說：「行啊，小夥子，折騰得人家《解放軍文藝》都給你回信了啊！」

　　到保定後，他更加努力勤奮，當時他擔任保密員和政治教員。為大學生上政治課，用大學教材。一個小學生，要講這些東西，必須從頭學起，惡補馬列。他同時還要搞創作，經常通宵不睡，餓了去地窖弄點大蔥充饑，睏了，用雪擦擦臉。結果胃潰瘍、鼻竇炎、感冒有時同時發作，頭髮大把大把地掉，他仍然堅持寫作。當時退稿信如雪片飛來，他雖然十分苦惱，有時幾近絕望，但仍筆耕不輟。所以用堅忍不拔、百折不撓、含辛茹苦之類的詞語來形容他，一點都不為過。終於，1981年，他創作的小說《春夜雨霏霏》在保定地區的文學刊物《蓮池》上發表了。小說寫一個駐

守海島的戰士的新婚妻子對丈夫的思念，以細膩的心理描寫見長。但莫言說這是他心血來潮，一個中午寫成的，許多嘔心瀝血之作卻都被槍斃了。說起此事，要提一下當時《蓮池》的老編輯毛兆晃老師，他很喜愛莫言，親自為他改稿子，介紹他去白洋淀體驗生活。莫言聽說毛老師喜歡奇石，專門從狼牙山上找了兩塊大石頭，裝進麻袋裏，坐了幾十公里路的汽車，把石頭背上了五樓，讓毛老師好感動。

1984年，莫言考上了解放軍藝術學院文學系。他是很晚才得到消息的，來不及復習了，政治、語文、歷史、地理等文化課還是考得很好，交了一篇作品《民間音樂》，徐懷中主任一眼就看中了。在軍藝，他系統地學習了文學創作理論。當時，同學們互相別著苗頭寫作。那時，他的同學李存葆等人已名揚文壇，鋒頭正勁。他的中篇小說《高山下的花環》一炮打響，《山下那十九座墳塋》也正走紅。莫言年輕氣盛，竟對此不以為

莫言在高密民俗民藝展覽中心

然，這就逼著他拿出好作品來證明自己。於是，有了《透明的紅蘿蔔》。之後，又有了《紅高粱》。有一次他一天一夜不休息，寫出三個短篇《石磨》、《大風》、《五個餑餑》。他經常開夜車，餓了就吃速食麵，以致在以後的幾年時間裏，莫言看到速食麵就噁心。他們住的是集體宿舍，每人用蚊帳隔成一個小天地，躲進去趴在小凳子上寫作。半夜時，有人就敲臉盆：「收工了，收工了！」大家才熄燈休息。他在軍藝就這樣過了三年緊張又充實的生活。

1995年莫言在縣城南關的家中寫《豐乳肥臀》。右手中指磨起了厚厚的老繭，莫言的手稿字體工整清秀，一絲不苟，一遍成功。這都是勤奮的見證。

莫言當兵後一般一年只能回家一到兩次，他總是抓緊利用這短短的假期進行創作。白天家裏人多比較熱鬧，他就晚上寫，常常寫到深夜或凌晨，早晨回來稍事休息，有時還到供銷社的空屋子裏去寫。這用去了他大半與妻子、孩子歡聚的時間。

第三，「高密的莫言」。這個要講得多一些，要從正反兩方面講。莫言生在高密，長在高密，喝膠河水，吃紅高粱、地瓜乾長大。一方水土養一方人，沒有高密，就沒有像莫言一樣的莫言。莫言屬於高密。研究莫言必須研究高密，研究高密的風土人情，民風民俗，政治經濟等等。高密，秦時立縣，歷史悠久，文風綿長，文化底蘊深厚，屬齊文化的範疇。我覺得，齊文化和魯文化，應該分開。魯文化，是以孔子為代表的儒教文化，非禮勿言，非禮勿動，子不語怪力亂神。而齊文化反其道而行之。春秋時，齊國首都臨淄不但經濟發達，人多得摩肩接踵，揮汗如雨，文化也十分繁榮，稷下學宮，百家爭鳴，百花齊放，開放包容，狂放不羈。管仲富國強兵，發展工商經濟，煮鹽冶鐵。九合諸侯，一匡天下，自己也充分享受生活，與孔子提倡的「居陋巷，一簞食，一瓢飲」不以為苦不同。齊文化的代表作之一是蒲松齡的《聊齋》，其中有妖魔神怪，鬼狐花妖，語言精美，生動傳神。高密的民間傳說，自然是屬齊文化，與《聊齋》一脈相承，堪與比美，連黃鼠狼都成了仙，笤帚疙瘩都成了精。人們口口相傳，

代代相傳，形成了爺爺們的故事。我爺爺、大爺爺都是講故事的高手。爺爺雖不識字，但大到歷史朝代更替，小到民間民俗故事都知之甚詳，而且講故事的技巧很高。什麼預埋伏線、前後照應，花開兩朵、各表一枝，駕輕就熟。又善用比喻、象聲詞，繪聲繪色。夏日的河堤上、樹蔭下，冬天的炕頭上、草鞋窨子裏，勞動的間隙，生產隊的記工屋裏，都是講故事聽故事的好場所。莫言就是在這種社會文化環境中成長起來的。齊文化為他提供了豐厚的文化底蘊，濃烈的文化氛圍，為他提供了大量的創作素材，為他的創作打下了基調。所以我認為，研究莫言應該從齊文化裏尋根。儘管齊文化沒有多少經典傳世，但我覺得，齊文化的根在民間。

　　舉兩個民間故事的例子，都是爺爺講過的，莫言原封不動地寫進了小說，或略作改動。這樣的例子是很多的。

　　一個故事是說八個外出幹活的泥瓦匠碰到下大雨，大家一起去土地廟中避雨。只見大雨瓢潑而下，電閃雷鳴，一個個大火球圍著土地廟打轉。一個老人說，我們這裏邊肯定有人做了傷天害理之事，要遭雷劈，雷公怕傷及好人，下不了手，所以只好圍著這兒轉。我看，一個辦法是誰做了虧心事誰自己跑出去；另一個辦法是由神靈來判決，每個人都把頭上的草帽撇出去，誰的草帽被風吹回來，誰就出去！大家都同意第二個辦法，就撇草帽。按常理，撇出去的自然不會再飄進來，可巧得很，一個青年把自己的草帽撇出去，正好碰上一陣旋風，草帽又被吹了回來！這青年一見，馬上跪下向大家求情，不想出去，其他人當然不同意，硬把這青年架了出去。青年剛出去，只聽「喀喇」一聲巨響，廟內的七個人全部都被劈死了，只剩下那青年一個人還活著。這使我想起了《聊齋》中的《孫必振》。孫必振確有其人，是諸城人，順治年間的進士。《聊齋》上說：「孫必振渡江，值大風雷，舟船蕩搖，同舟大恐。忽見金甲神立雲中，手持金字牌，下示諸人。共仰視之，上書『孫必振』三字甚真。眾謂：『孫必振犯有天譴，請自為一舟，勿相累。』孫尚無言，眾不待其肯可，視旁小舟，共推置其上。孫既登舟，回視，則前舟覆也。」這兩則故事，真有異曲同工之妙，足見齊文化之傳承。還有一個故事，是爺爺講的，我多次

聽過，莫言把它改頭換面寫進了《檀香刑》。那就是茂腔班主孫丙與縣太爺錢丁「鬥鬚」的故事。該故事原來是說關公與周倉鬥法。話說：周倉出身山大王，武藝高強。歸降關公後，給關公扛著大刀，跟著關公的赤兔馬腚後跑，心裏不服氣，被關公看破了。就問周倉，你不服氣是不是？你覺得自己力氣大，我看你連一根雞毛都丟不過房頂去！周倉不服氣，就捉了一隻雞，從雞身上拔下一根雞毛，用力向房頂上拋去，雞毛出手，不足二尺高，就飄飄搖搖落了地。再拔一根，再拋，還是如此。連拋三次，都是一樣。關公說：「小子，怎麼樣？看我的！」關公拿過雞來，把整隻雞一拋，就拋過了屋脊。關公說：「怎麼樣？你一根雞毛都丟不過去，我丟了多少根？你數數！」氣得周倉直翻白眼，還嘀咕：「你是美髯公，我的鬍子也不差！」關公一聽，說：「你那不叫鬍子，是『搶食毛』。意思是說，吃飯時，嘴沒碰到飯，鬍子先碰到了。周倉不服氣。關公讓人打來一桶水，把自己的美髯往水中插去，但見根根如同鋼針，直插水底。周倉見了，也照樣來，只見他的鬍子一往水裏戳，就都飄了起來。周倉只好認輸，一輩子為關公扛大刀，跟著馬跑。

說到這裏，我明白了，為什麼同樣是鬼狐花妖、神魔鬼怪，在紀曉嵐的《閱微草堂筆記》裏是那麼蒼白無力，流傳不廣，而在蒲松齡的《聊齋志異》裏卻是那麼鮮活生動，廣為流傳；同樣的民間故事，到了莫言的筆下，為什麼會賦予了新的生命力。我想，這與蒲松齡科場失利，屢試不中，終老林下，看透了官場腐敗，參透了人間冷暖有關。而紀曉嵐科場得意，官運亨通，自然達不到刺貪刺虐的思想深度。莫言和蒲松齡的思想是相通的，他們都是「作為老百姓寫作」的，這也是齊文化的傳統。說到這裏我又想起了一個爺爺講的故事，說出來給大家聽聽，可以幫助大家進一步理解什麼是「作為老百姓寫作」。話說乾隆爺下江南，船過長江，忽然狂風大作，只見江面上一片鼇頭，眾鼇妖齊聲討封要官。乾隆爺龍心不悅，心想：此等物事，哪能為官？一旦為官，百姓豈不苦也？但又不敢發作（怕翻船），於是靈機一動，說道：「爾等皆想為官，朕心甚喜，但時下暫時無缺，待天下的燈頭都朝下時，爾等個個皆可為官。」眾鼇聽了，

十分高興，紛紛下潛游走，龍舟得以順利過江。乾隆爺時，家家點豆油燈，有錢人家點蠟燭，燈頭自然都朝上。哪曾想，後來有了電燈，燈頭全都朝了下。這個故事，言外之意，當時的為官者皆龜也！反映了當時人們對貪官的不滿。

另外，我們的家鄉，地處高密東北隅，過去稱高密東北鄉。那裏地廣人稀，是高密、膠縣、平度三縣交界處。舊社會土匪橫行，拉驢的、綁票的、游擊隊、黃皮子都有，亂世英雄起四方，有槍就是草頭王。夏秋兩季青紗帳無邊無際，冬春兩季，荒草連片。在這裏，上演了多少驚天地、泣鬼神的故事，流傳著多少引人入勝的傳奇故事！這裏是滋生文學的土壤，是莫言「高密東北鄉」文學王國誕生的地方，是《紅高粱》、《豐乳肥臀》故事的背景。

以上是從正面的解讀。從反面講，新中國成立前後，高密大地上，階級鬥爭十分尖銳。土改時，我們家鄉那一片屬於膠高縣。據黨史縣誌記載，當時執行了華東局（康生）的極左政策，搞了擴大化，亂鬥亂殺，地富掃地出門，還侵犯了中農的利益，時間長達四十多天。事後雖然糾偏，但人頭不像韭菜，割掉的長不出了，掃出去的人也回不來了。我們那兒解放軍和國民黨搞拉鋸戰，小小高密城就解放了三次，可見鬥爭之殘酷。所以還鄉團這一特別產物只在山東、蘇北一帶出現。解放軍撤走了，還鄉團回來後就反攻倒算，殺害了跟著共產黨走的農會幹部和貧下中農，共產黨隊伍回來後就鎮壓了還鄉團。由於戰爭，我們那兒的一切古舊建築毀滅殆盡，高密僅存的一座寶塔也在上世紀70年代初的「文革」中被拆除，與南方對比差別很大。土改中，我家是中農，也被分了糧食，成了「被鬥戶」，雖然後來糾偏了，但在村裏人眼中我們還是成分高。貧下中農掌了權，中農只是團結對象，說話沒底氣，處處低人一等，呼吸不暢。環境對人的影響是潛移默化的，對人性格的形成影響是巨大的，莫言感到孤獨，這種感覺我也有過。

莫言在高密大地上生活了20年，20年中，他念了5年書，幹了十幾年農活，當兵前還在高密第五棉油加工廠當了2年臨時工。在這20年裏，莫

言是在饑餓、孤獨中度過的。有人說，饑餓和孤獨的童年是作家的一筆財富。我不太同意這種說法。我認為，幸福的童年也是一筆財富，吃好穿好，起碼可以使身體、大腦發育得更加好啊！應該說，坎坷的經歷，吃過苦頭，受過挫折是一筆財富，但幸福的童年也是一筆財富。此有先例。曹雪芹的童年是幸福的，他生於詩禮簪纓之族，長於鼎鳴鐘食之家，穿的是綾羅綢緞，吃的是山珍海味，衣來伸手，飯來張口，出門有健僕小廝跟隨，回家有丫環美女侍候，夠幸福的。他家後來敗落了，最後窮困潦倒了，他才寫出了《紅樓夢》。我想如果沒有他童年時的幸福生活和他後來的悲慘經歷，他是寫不出這部名著的。魯迅也是這樣，家道敗落了，吃了苦頭，才參透了人生，要以文救國。如果家道不敗，很可能就是一個公子哥兒到老。

莫言的童年，為什麼會是饑餓和孤獨的？現在的青年同學是很難理解的。對此，我在前邊已經提到了一些，不想展開來講了。

大家都讀過莫言的小說《枯河》和《透明的紅蘿蔔》，其中的黑孩子為偷隊裏的蘿蔔挨打是莫言的經歷。那是莫言失學之後，與隊裏的大人一起到滯洪閘工地幹活，那滯洪閘就在我們村西膠河北堤之上，大家如果去高密東北鄉，此閘是必經之地。莫言因為饑餓，去生產隊的蘿蔔地裏拔了一個小蘿蔔，被人發現揪到毛主席像前（那時社員幹活都帶一塊有毛主席像的牌子，插在地頭）請罪。莫言說：「毛主席，我有罪，我不該偷隊裏的蘿蔔……」放工了，同在工地勞動的二哥感到莫言給家裏丟了臉，一路上不斷用腳踢他，數落他。回到家一說，氣得母親也從草垛上抽了一根棉柴抽他。父親回到家，更是火冒三丈，用鞋底打，用繩子抽，直抽得小莫言躺在地上，一聲不吭。六嬸見事不好，就跑去把我爺爺請了來，爺爺一見，說：「不就是一個狗屁蘿蔔嗎？值得這樣！要他死還不容易？還用費這麼多事？」父親一聽這話，知道爺爺生了他的氣，這才罷手。

當時，我們家是一個大家庭，父親和叔叔不分家，一共七個孩子，再加上爺爺奶奶，全家十三口人一起生活，物質是那麼匱乏，有時面朝黃土背朝天幹了一年，年終結算，還倒欠隊裏的錢。日子過得很艱難，很窘

迫。母親為了顧大局，自己捨不得吃，捨不得穿，要讓給別人，任勞任怨，忍辱負重，孩子們享受不到父母的愛，要細心去體會。莫言輟學後，小夥伴們都去上學，自己卻去割草放牛，父母又沒有好臉色，父親又特別嚴厲，他能不孤獨嗎？他只好眼望天上的白雲，對牛羊說話。隨著年齡的增長，青年期的到來，這種孤獨感越來越強烈。正因為生活苦，無人關注，無人理睬，才特別地想改變環境，跳出農門。這一強烈願望幾乎是與生俱來的。記得莫言出生那天，我正上小學五年級，中午放學回家，幫忙的大奶奶對我說，你娘又生了一個給你拉小車的！「拉小車的」是指男孩，但也說明我們倆一個拉一個推，都當農民。聽了這話，我是很生氣的，感到晦氣，心裏想：你怎麼知道我們要當農民？我才不幹呢，所以至今記得。說明我們要跳出農門願望之強烈，從小就有。

　　農村、農民、農業生產，現在叫「三農」，這些年來，中央已經十分關注。連續多年，每年的一號檔都是談「三農」的。為什麼？因為長期以來，我們的政策是對不起農民的。我們共產黨是靠農村包圍城市，靠農民子弟當兵，靠農民支前奪得天下的。新中國成立後，又是靠農民種地，滿足人們的吃穿的。當時，一斤小麥才一毛錢，買塊手錶要一百二十元。巨大的剪刀差，使農民活得夠苦。尤其是統購統銷之後，農民不但要交公糧（農業稅），還要賣餘糧，留的口糧只夠「糠菜半年糧」地維持生命，根本談不上溫飽，農民根本沒有生產積極性。1958年公社化後，幹活大呼隆。出工前，隊長敲了半天鐘，人到齊了，分了任務，再回家取工具，到了地頭，先吸一袋煙，然後才幹活，上午還得休息兩次，下午也休息兩次，一天下來幹不了多少活。再加上上世紀六七〇年代，我們家鄉十年有九年澇，人們對此束手無策，有好多年頭顆粒無收，靠國家的一點救濟糧。這就是為什麼那時地比現在多，人比現在少，卻沒有糧食吃的原因。一個農村戶口，把人牢牢釘在土地上，連趕集都要向生產隊長請假，更不要說遷居移民，經商打工。農村青年要想跳出農門，過上城裏人的日子，只有考大學和當兵。後來「文革」了，大學多年不招生，招生了也是靠推薦，對莫言來說，那就只剩下當兵這一條路了。莫言能當上兵，也是鑽了

莫言舊居北的滯洪閘

生產隊的空子，他是在棉油加工廠報的名，當時生產隊的幹部上了膠萊河工地，他才終於如願以償。

當兵後，他進了機關，是個技術部門，他只能站站崗，眼看著站滿三年崗就得復員，回家還是當農民，要想不回農村，只有提幹才行。1978年後部隊已不從戰士中直接提幹了，怎麼辦呢？1979年，對越自衛反擊戰打響了，莫言寫了血書要上前線，他想：在戰鬥中犧牲了，給家裏掙個烈士家屬待遇，讓父母好挺胸抬頭做人；沒犧牲，肯定能夠立功提幹。但領導沒批准他上前線。

過了不久，領導讓他考大學（軍內院校，在鄭州），他苦苦準備了半年，全家總動員，全力幫助他。誰知在考前不久的一天，領導對他說，不要去考了，名額沒有了。這事對莫言也是一個打擊。怎麼辦呢？他愛好寫作，只剩下寫小說、當作家這一條路了。

「當作家一天能吃三頓餃子」的故事，確有其事。我們有一鄰居，新中國成立前是村裏最大的地主。土改時被掃地出門，逃亡青島。這家有一

子，他從青島考入山東師院中文系，1957年被打成右派，「文革」中被開除公職，發配至老家當農民，管制改造。農閒時，他對莫言說，濟南有一個作家，一本小說得了七八千元稿費，一天吃三頓餃子。在北方人的理念裏「舒服不如倒著，好吃不如餃子」，餃子是最好吃的東西。十一二歲的莫言自然信以為真，立志當一名作家，過上一天吃三頓餃子的日子。這目的並不高尚，但與他後來的創作理念「作為老百姓寫作」也是一脈相承的。莫言雖說成了世界名人，當了作協副主席，但他仍是一個老百姓，用他自己的話說，他只不過「是一個會寫小說的農民」。此話不應單單理解為謙虛。

莫言從事文學創作之初，我是反對的。反對的原因並不是小瞧他水準不夠，而是覺得這條路充滿艱辛與風險。特別是在「文革」中，一篇文章、一句話，隻言片語，斷章取義，就可以羅織罪名，無限上綱……此時「文革」剛結束，我還是心有餘悸。

後來莫言自己堅持走這條路，我也只有同意。我確實為他改過稿子，但僅有幾篇。我告訴他要形成自己的風格，不要跟風隨大流，要特立獨行，板凳坐得十年冷，才能有朝一日上青雲。

囉嗦至此，我講的第一個大問題就結束了。由於時間關係，具體到每部小說「背後」的故事，今天就來不及講了。

（本文係作者於2012年11月9日在山東大學文學院的演講稿）

莫言家書

哥：

寄的材料收到，多謝！

現將我所需書目列於下，您手邊有的，可借我閱，手邊沒有的，能否想法替我買？購書所需款項後寄。

一、《辭海》或《辭源》的關於政治、經濟、哲學、歷史、文學的各分冊。

二、大學的政治經濟學教材（您以前在校時學沒學？）。

三、您認為有參考價值的各類書籍。

這是我能否達到目標的最後一次「垂死掙扎」，是破釜沉舟的背水一戰，成敗在此一舉，希望您能給予我支持。

祝

好！

弟：謨業

80.5.4

所謂的「西元」是怎麼一回事？我們訓練隊的好多大學畢業生們都不知道。

謨業弟：

「五・四」來信收到，所要書籍，我去常德新華書店看了一下，《辭海》、《辭源》無貨，分冊已經不出，只好待日後再說。

現寄上蘇聯列昂節夫《政治經濟學》一冊，于光遠的一冊，是我們在大學裏的課本。另有《劉禹錫詩文選注》一冊，是在評法批儒時我參與編寫的，雖然略有「文革」遺色，大內容是不錯的，起碼沒有知識性錯誤。

你目前工作甚忙，提幹壓力大，教學任務重，還要寫小說。人的精力是有限的，因此要注意身體，如果身體搞垮了，其他東西還有什麼意義？

在文學創作上，我提不出什麼意見。現在時代正在轉變。我在大學裏學的都是毛主席延安文藝座談會上的一套，雖不能說過時，但也陳舊了些。依我看，作品要發表，總要有自己的特色。以前你寄來的幾篇，我感到很有點孫犁的味道，你在保定離白洋淀近嗎？有機會可以去看看。

不要灰心喪氣，一切都會好起來。

前天收到了父親來信，說家中一切都好。我想，再好，辛苦勞累是免不了的。

我們都挺好，勿念。

祝

進步！

大哥大嫂

80.5.15

關於西元

所謂「西元」即西曆紀元，也叫基督紀元。以傳說中的耶穌基督的誕生年為西元元年。常以AD（Aanno Dominl之縮寫，即主的生年之意）表示之，始創於西元六世紀，今為世界上多數國家所採用，故稱「西元」。

又，西元前則以BC（英文Before Christ之縮寫，即「基督以前」之意）表示之。

信是我自己封好又拆開過的，為了解答「西元」。書又加了兩冊《哲學名詞解釋》，捆作一包，收到請來信。

大哥又及。

哥、嫂：

久沒去信，還望見諒。

我的提幹問題，局黨委已通過，因情況特殊，轉報部黨委審批。近日又聞，部裏也不能批，又轉報總參。這真是小題大作。按說戰士提幹，局裏即可批，沒想竟搞得如此麻煩。總參是審批師級幹部晉升事宜的，竟把我也劃拉了進去，令人感慨不已！此事成敗與否很難預料，謀事在人，成事在天。我是不敢抱過大希望的。老天爺，人生多歧路，坎坷何時平。

前些時患痢疾，折騰了十幾天，現已痊癒。每年夏秋之交總要鬧幾天肚子，成了慣例。

暑假裏，我寫了一篇小說，已在保定《蓮池》發了首篇，這是瞎貓碰了死耗子。這篇東西費力最少，一上午寫成，竟成功了，有好多「嘔心瀝血」之作竟篇篇流產，不知是何道理。

據父親來信講，家鄉大旱，種麥困難，十分憂慮，然也愛莫能助。芹蘭分娩之期日近，我竟也要替人做父親了，這簡直不可想像。往事不堪回首，幾十年，一場夢幻。我馬上也要卅歲了，再不努力真的就完了。

祝福我吧，你們！

即頌

平安！

弟：謨業

10.7

謨業弟：

你好！

得知提幹有望並處女作發表，又兼芹蘭分娩在即，你馬上要做父親，三喜臨門，讓我們萬分高興！

請馬上把刊登你作品的《蓮池》寄給我，讓我們分享你成功的快樂！這真是「皇天不負有心人」啊！萬事開頭難，希望繼續努力！

痢疾要抓緊根治，否則，弄成習慣性的就麻煩了。

我這裏一切都好。只是冬天，死冷（無取暖設備），夏天酷熱。從來此報到第一天起我就想調走。前些年知識份子「臭老九」，哪裏也不歡迎。現在知識份子又要「吃香」了，廠裏又不肯放人了。真是世事無常，三十年河東，三十年河西，捉弄死人！

家裏來過信了，都好！

我準備明年暑假回家探親，希望能見到你。

祝

不斷進步！

大哥、大嫂

81.10.18

謨業弟：

好久沒有給你寫信了，主要是有點忙。（兩個人帶兩個小孩，下班比上班忙，星期天比平時更忙。）忙而沒有名堂是很可悲的。調到北方的事難度十分大，關鍵是此處不放人。廠裏分管學校的頭兒說：你若前些年調走也就罷了，現在粉碎「四人幫」，人才難得，你往哪裏走？要走可以，

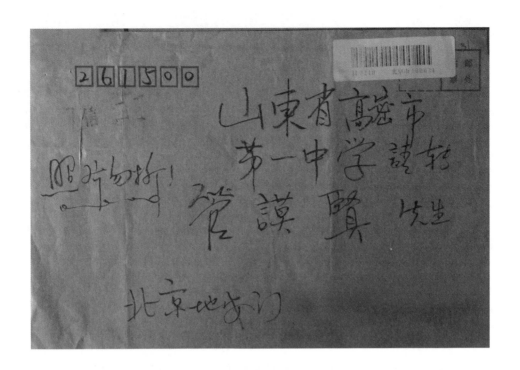

你找兩個華東師大畢業的來替換你！這話簡直是放屁！氣煞我也。

　　我祝賀你不斷有作品發表，這是你奮鬥的結果。我看你的作品雖然還幼稚，但十分親切；雖然還沒有形成自己的風格，但已經開始探索。尤其是在心理描寫和景物描寫上已有相當高的水準，但我覺得，你應該在文史方面狠狠地下點工夫補補課，尤其是古典文學方面。從《詩經》、《楚辭》一直到明清小說，要通覽一遍；《左傳》、《史記》等史書也要讀幾部。尤其是《史記》，郭沫若稱其為「無韻之離騷，史家之絕唱」，讀過你就知其中之妙。再說，你畢竟不是科班出身，在這方面是欠缺的。魯、茅、郭等老一代作家可都是博古通今底　深厚的，就連錢學森、華羅庚、楊振寧這些搞自然科學的，國學功底也是十分了得的！所以希望你永遠不滿足。學習、學習、再學習！進步、進步、再進步！

　　我弄了一套胡繩的《從鴉片戰爭到五四運動》，你要不要，要的話給你寄來。這是官方認可的。

　　我們都好，勿念。

即祝

永遠進步！

大哥、大嫂

82.10.24

哥、嫂：

來信收到。

謝謝你們能耐著心看完我的不像樣子的東西。信中對我作品的分析可能出於親情而多溢美之詞，其實連我自己都曉得水準是很凹的。譬如，濃厚的小資情調，明顯的模仿都是非常露骨的毛病。目前我正在醞釀一個小中篇，已基本成熟。但苦於課程太累，不能動手。元旦前黨史課新民主主義革命部分可望趕完，到時又有一段空閒來完成我的計畫。今年我偷空寫了十幾個東西，但都不能發表，其主要原因是題材的陳舊或者是對舊題材沒有新突破，至於語言文字當然也不足，但都是次要的。

胡繩的《從鴉片戰爭到五四運動》我已有一套，不需寄了。襄華、襄明還好嗎？需要我幫他們辦什麼事嗎？這兒去北京的人還是經常有的，買東西較方便。

雖已是嚴冬，但並不甚冷（與去年相比），但願這樣下去才好。

即祝

安好！

弟：謨業

11.12

我們哥仨的當兵夢

上世紀六七〇年代，我和二弟謨欣、三弟謨業（莫言）漸次長大成人，當兵成了我們共同的夢想。尤其是我，因為從小愛好文學，聽書看戲讀小說，滿腦子是投筆從戎、報效祖國、馳騁疆場、馬革裹屍的故事，把運籌帷幄之內、決勝千里之外的能臣良將作為自己學習的榜樣，很想做一名職業軍人，永遠身穿綠軍裝，為人民放哨站崗。

機會終於來臨了。

那是1961年7月底8月初。當時我正忍著饑餓堅持在高密二中讀高一，聽說部隊要從學校招兵，就迫不及待地報了名，經過反覆體檢、政審，7月底，我從學校領導手裏接過了入伍通知書。同時接到通知書的還有鄰村大欄的一個比我高一級的同學。

這張入伍通知書父母竟然為我保存了四十多年，至今完好無損。它長20釐米，寬12釐米，粉紅色帶小白花的道林紙，內容是預先印好的，字是大紅色的，單位名稱及姓名等是用毛筆寫的，鄒體。據我揣摩，很可能還是鄒龍友先生的親筆。但是拿到了入伍通知書的我卻沒能入伍當兵。

別提當時是多麼激動和興奮了，只記得眼淚淌著，手哆嗦著，話也說不清了。能當一名解放軍，是我從小的願望，電影裏小說裏的戰鬥英雄一直是我崇拜的偶像，現在就要穿上軍裝，手持鋼槍，保衛祖國，多麼神氣！多麼光榮！尤其聽說是當海軍，我的那份高興更是難以形容了。我想像著自己穿上了水兵服，乘上軍艦，航行在波濤洶湧的大海上，去參加解放臺灣的戰鬥，大有壯懷激烈憑欄處的氣概。更何況，當了兵就可以吃飽飯。到了部隊一定好好幹，少說話，多幹活，經常寫寫稿，怎麼也得入

黨提幹，再也不回農村了。再說給家裏掛上一個「軍屬光榮」的牌子，就是犧牲了，也能給家裏掙一個烈屬待遇，讓父母在人面前能夠抬頭挺胸做人，也不枉父母生養我一番。這麼想著盼著，只恨時間過得太慢。

終於盼到了8月5日。一大早吃了飯，去大欄叫上了同伴，他的哥哥當時在羊口鹽場當保衛科長，專門請了假回來送他，於是我們三人一起趕往縣城。

由於心情激動急切，一路小跑，四十多里路走下來也不覺得累。時近中午，我們找到了縣人民武裝部。聽說我們來報到，當時的人武部部長史得同志親自出來接待我們。史部長細高個子，戴一副近視眼鏡，像一個大學教授，一見到我們，開口就說：「你們倆回去吧，今年別去了！」我一聽，真如掉到冰窟裏一般，眼淚「刷」地流出來了。史部長說：「小夥子，別難過了，你們倆是甲等體格，留下來等明年招飛時去驗飛行員，當空軍！回去好好學習，鍛鍊身體。部隊歡迎有文化的年輕人，只要想當兵，肯定能當上！」我們聽了史部長的話，而且知道我們倆的名額已由兩個乙等體格的同學頂替，事情已無挽回的餘地，只好吃了午飯回家。

回家的路上，我們三人誰都不說話，垂頭喪氣，沒精打采，慢騰騰一步一步往家挪。回到家裏已是黃昏時分。全家人見我回來，一驚，問：「怎麼回來了？」我把情況一說，母親第一個哭起來。我說：「娘，我走的時候你有說有笑，家裏連送都不送。我回來了，你怎麼反倒哭起來了？」母親說：「傻孩子，你還不懂世事，也不懂娘的心啊！」我心裏想：我懂，我什麼都懂。實際上，當時的我真的還不懂世事，也不懂娘的心。真的弄懂了，已經是若干年之後的事了。

第二年，我和我的同伴真的都參加了飛行員的體檢。在縣裏初檢複檢，三番五次，過關斬將，沙裏淘金，整個高密縣只剩下我們七八個人到濰坊去做進一步體檢，住在當時還是市郊田野裏的結核病醫院，晚上在軍分區大院看了一場電影，吃飯不要錢，窩窩頭管飽，心裏很高興。但這次體檢要求更高，儀器更先進，到了五官科，我們倆就被淘汰了，當天就回了高密，心裏十分喪氣和絕望。那一年，我的同伴考上了山東農學院，

只上了四十幾天就退了學，非要考北京大學物理系，否則，寧肯去當兵。於是，我們又一同上了高三。高三畢業前，我們又一起報名應徵，身體也都合格。當時政策規定，凡體檢合格者，如考上大學則優先上大學，考不上大學就當兵。結果我考上了華東師大，去上海上學，我的同學沒考上北大，就去當了兵。

直到大學畢業那年，父親才告訴我，當年我考上大學，村裏竟有人以「貧下中農」的名義寫信到縣裏告我，說我出身中農，還有一個二叔在臺灣（其實當時我這個堂叔生死未卜），為什麼能上大學？信轉回了大隊。幸虧支書在這件事上還明白，罵罵咧咧地說：「人家上大學是考的，你他娘的有本事，自己考去，真他娘的沒事找事！」說著就把信撕了。聽了這事，我心裏不寒而慄。聯想到當年當兵沒走成，又想到1962年暑假前我已填了入團志願書，支部大會已通過，就差團委批准了，但暑假後，開學了，竟然沒了下文。通過這件事，我對當時的社會才有了深刻的認識，對母親的哭才有了真正理解。就這樣，拿到入伍通知書的我，竟然沒有撈到當兵。

我雖然上了大學，但心裏對當兵仍然十分嚮往，對部隊、對解放軍十分崇敬、熱愛。記得在大學三年級的時候，我曾有幸與同學們一起以華東局「四清」工作隊隊員的身分赴安徽省定遠縣參加了兩期「四清」工作。尤其令人難忘的是第二期在三和公社的時候，我被調到公社隊黨委對敵鬥爭組擔任秘書工作，那些與解放軍朝夕相處的日子。組裏的田廷連、王漢卿都是陸軍179師即「光榮的臨汾旅」的排級幹部，年輕熱情，活潑幽默，工作認真，很對我的脾氣，不幾天我們就成了無話不說的好朋友。當時定遠總團黨委書記是時任滁縣地委書記軍分區第一政委的山東老鄉李彬（直到1987年我調回高密，才知道他是高密康莊人），雖然只聽過他一次報告，但其雄辯的口才亦足以令人折服。平日，經常見到的是三和公社工作隊黨委書記、時任滁縣軍分區副司令的丁亞同志（原陸軍81師副長），黨委副書記、陸軍179師副政委王積德，黨委委員中有該師參謀長、全國戰鬥模範、著名偵察英雄李來龍，該師炮團政委王耀炳等同志。其中丁亞

同志是老紅軍，參加過濰縣戰役、濟南戰役、淮海戰役、渡江戰役及抗美援朝，戰功累累，身上的傷疤有十幾處。據說在打濰縣時，他擔任華東野戰軍第27師79團參謀長，身先士卒，第一批攻上城牆，腰部受了傷，仍在西突破口指揮作戰。戰後，該團被授予「濰縣團」光榮稱號。抗美援朝時，已是團長的他，還榮立過三等功。他對部下生活上十分關心，工作上要求嚴格，尤其反對形式主義。他自己做報告，曾不要祕書寫稿子，只在香煙盒上寫幾個字，一講就是大半天，幽默風趣，邏輯嚴密。因此，也反對開會發言讀講稿。當時盛行學毛著講用會，不管是誰，上去念講稿，他就說：「假的，把講稿丟了講！」弄得好多人當場下不了臺。王積德是標準的山東大漢，個頭足有一米九〇標準的軍人，劍眉虎額，莊重嚴肅，立如松，坐如鐘，走路一陣風，小夥子都追不上，冬天再冷不烤火，夏天再

1970年2月作者在烏蘭浩特

熱不打扇。李來龍在解放臨汾時，化裝成國民黨軍官，進城偵察，機智勇敢，屢立奇功，參加過1950年全國戰鬥英模大會。如此傳奇人物卻淳樸如老農，機警詼諧，平易近人。王耀柄，山東老鄉，性格直爽，一言九鼎，可親可敬。他們都是我崇敬的對象。不管是開會研究各大隊上報的對敵鬥爭的材料還是他們給我們做指示的時候，我都十分謙敬虛心地聆聽他們的發言，虛心向他們學習。他們的一言一行，都使我獲益匪淺。所以，當「文化大革命」爆發，工作隊分成嚴重對立的兩派，我冒著回校挨整的危險，毅然決然地站在了解放軍一邊。因此，我與解放軍建立了深厚的友誼。回校後，我與他們保持通信聯繫多年，王積德副政委還專門給我寄過一本毛主席著作選讀精裝本。到了1967年1月，上海因造反派奪權，局勢大亂。學校內兩派內戰，混亂無序，眼看畢業無期，深感前途黯淡。於是想當兵的念頭更加強烈了。為此，我特地坐火車到了安徽滁縣當時179師的師部大院找王政委。但當時中央軍委還未下達「支左」命令，對地方事宜一概不能介入，王政委不能接見我（事後曾親自寫信向我致歉意）。我便到軍分區去找丁亞副司令，表達自己悲觀的心情，提出想退學當兵的要求。丁副司令留我吃飯。他的夫人于華是我們山東老鄉，親自下廚做了一條大鯉魚招待我。丁副司令說，在校大學生當兵，上邊沒有政策，你先回校，等到畢業時再說。如果因在三和時和解放軍站在一起的事影響了分配，我們不會不管的！王政委在後來給我的信中也表達了同樣的意思。告別了丁副司令，連夜到了南京，想去找在三和認識的南京軍區政治部的何居岩同志。到了軍區接待處，除了站崗的，一個解放軍也見不到。只見滿屋子紅衛兵，鬧鬧嚷嚷，牆上大大小小密密麻麻地寫滿了「我要當兵」。我一時熱血沸騰，拔出筆來，在一張宣傳畫上寫下了幾個大字：「許司令，我也要當兵！」旁邊又加了一行小字：「華東師大中文系一個紅衛兵」。然後出挹江門，來到長江邊上，用江水洗了一把臉，對著江面大喊：「投筆從戎，保衛祖國！毛主席萬歲！」發洩完畢，坐上火車，黯然回滬。爭取當兵的最後一搏到此結束，我當兵的夢想至此徹底破滅。

誰想大學畢業後，我卻有過在部隊生活了一年的經歷。當時我被分配

到一機部所屬的一個內遷廠，先要到部隊鍛鍊一年，於是我到了瀋陽軍區旅大警備區守備三師師直學生連，從遼寧莊河轉戰黑龍江勃利縣七台河特區寶山農場，再到烏蘭浩特（當時劃歸吉林省）。雖然和解放軍朝夕相處，自己也當了班長（排長以上的均為解放軍），但當時知識份子已淪為「臭老九」，成了「再教育」的對象。儘管我鋤地一個能頂一個排，殺豬打鐵這些許多戰士幹不了的活，自己都搶著幹，為此也受過表彰，得過嘉獎，但心情始終是鬱悶的，情緒是低沉的，情感上是對立的，只是敢怒而不敢言罷了。當兵的自豪感是一點也沒有的，有的只是屈辱和消極。想起我的那些當了兵的同伴和同學，他們早已提幹，拿著比我高的工資，而且成了全國人民學習的榜樣，而有的同學還正當著「軍宣隊」改造著像我一樣的「臭老九」時，真是後悔考上了大學而沒去當兵。

1999年10月10日莫言重尋當兵時故地黃縣唐家泊。離開此地已23年，昔日營房已成民舍，但當年莫言寫在牆上的數學公式猶在。舊地重遊，感慨萬千。

為了表達當時的心情，我曾偷偷地寫過這樣一首詩：

北大荒裏氣蕭森，歌聲唱處是青衿。

斫木燒草開荒地，種豆割麥煉紅心。

一日三餐吃冷飯，四時八節住野村。

來此接受「再教育」，「老九」不是解放軍。

在部隊窩窩囊囊地幹了一年多，然後回到遠在湖南的工廠。直至粉碎了「四人幫」，才算甩掉了「臭老九」的帽子，入了黨，提了幹，算是工人階級的一員了，但從心底裏還是對解放軍十分羨慕和崇敬。有時候回首往事，總覺得沒撈到當兵是今生最大的憾事。如果人生真有來世，讓我重活一回，我最大的心願還是當兵。

就在我大學畢業後的那幾年，我的二弟謨欣也高中畢業了。當時正是「文革」時期，大學不招生，農村青年要想離開農村就只有當兵一條路。因此他與其他的農村青年一樣，也是做夢都想當兵。從18歲那年開始，年年報名年年體檢合格，但年年都走不成。有兩年來帶兵的解放軍都看中了他，上門做過家訪，也還是沒有用。有多少幹部子弟親戚、貧下中農的後代在等著，哪裏輪到我們中農子弟啊！中農僅僅是團結對象，在那極左的年代，連三歲的小孩都心知肚明，對你冷眼相對。所以老二也沒有當上兵。雖然高中畢了業，學習也不錯，別說當兵，連當一名民辦教師或赤腳醫生都沒有他的份。

轉眼間，三弟謨業（莫言）也長大了，雖然他連小學沒撈到上完就輟了學，但由於天資聰穎，刻苦好學，文化水準早已比當時農村聯中的中學生還高了。當時的農村連溫飽都沒有解決，大學又不招生，所以當兵就更加成了農村青年夢寐以求的事。莫言也是從18歲開始年年報名，年年體檢合格，年年都參不成軍，入不了伍。轉眼到了1976年，莫言已經21歲，如果這一年再走不成，第二年就超齡了。

當時，莫言正在縣第五棉花加工廠（河崖）當臨時工，工作認真負

責，開會積極發言，工餘時間寫表揚稿、辦黑板報，還為職工上課，幫大家學文化，幹活又賣力，因此受到領導表揚。年初徵兵工作開始，上級說符合條件的臨時工可以在廠裏報名，莫言馬上第一個報了名。事先，他和有關領導的孩子交了朋友，報名後，他託這朋友給有關領導捎去了自己迫切當兵表決心的信。廠裏領導也幫了忙，部隊上來帶兵的領導也喜歡他。此時，因為全公社的勞動力都去了離家百多里地的膠萊河工地，大隊支書、大隊長、民兵連長全上了工地，沒有人出面刁難阻攔。當莫言得知自己已經被批准入伍時，十分高興，興奮得恨不能找個地方大哭一場！過了春節，有一天，我們大隊的民兵連長從水利工地上回來了，騎著自行車路過棉花加工廠，氣呼呼地大喊莫言的名字，見到莫言，把一張應徵入伍通知書「唰」地扔在莫言面前，一句話沒有說，騎上車子就走了，那意思不言自明。在宣布入伍名單時，有的貧下中農竟然公開罵：為什麼不讓貧下中農子弟當兵卻讓中農子弟去當兵？但莫言終於還是拿到了入伍通知書。鑒於我的前車之鑒，全家人提心吊膽、戰戰兢兢，盼望著莫言早一天走，免得夜長夢多。

到了走的那天，別的大隊敲鑼打鼓送新兵。我們大隊沒人送，好歹地讓一個小學教師給做了一朵紅紙花戴著。到高密集合後，莫言來到了位於黃縣的總參謀部當兵。這期間，雖然我們大隊的貧下中農寫信給部隊說莫言出身中農，有個叔叔在臺灣，但部隊沒有理睬。這些自然都是後話。

莫言當兵的消息是莫言自己寫信告訴我的，這也是我第一次看到莫言寫的東西，當時就讓我吃驚不小。因為那封信寫得太好了，不光是文理通順，而且文采飛揚。信中把自己當兵的經過，當兵的心情，部隊的環境，自己的決心寫得生動感人。當時，我正在教一個高中班，學生因受「文革」的影響，作文一律是「碰到困難，學習語錄，問題解決」的「三段論」模式，毫無真情實感。為了教學生作文，我在班上把莫言的信讀了，然後告訴學生，寫信的是一個小學沒畢業的人。可見作文不難，關鍵是要用功。學生一片聲地起鬨說老師騙人，這封信大學生也寫不出來。我說，老師不騙人，寫信的人是我弟弟，他只讀了五年書。這件事，對學生教育

很大。所以事情已過去了三十多年，我至今記憶猶新。

總之，莫言當了兵，圓了我們哥仨的當兵夢。從此，莫言在部隊鍛鍊成長，在領導的關懷和戰友的幫助下，莫言入了黨，提了幹，成了國內外知名的作家。我想，如果當初莫言當不了兵，或者部隊領導聽信了某些人的「揭發」把莫言從部隊上退回來，莫言絕成不了作家！所以，解放軍是一所大學校的說法是絕對正確的！

我永遠熱愛中國人民解放軍！

莫言詩序

　　莫言在小說創作之餘，練書法，開微博，題字留言，唱和應答，多有詩作。其詩讚家鄉，敘友情；議時政，論創作；憶往昔，瞻未來；談人生，參佛法；內容豐富，內涵深刻；語言生動，形式活潑；沖淡深邃，出於自然；信手拈來，不拘一格。莫言自謙，統稱之為「打油詩」。

　　莫言寫詩，完全是業餘愛好。寫舊詩，更是自學成才，無師自通。自稱其詩為「打油詩」，我想不外乎三點：其一，莫言於詩詞格律，無暇精研，其詩作有些與律未合，故不能稱「律」稱「絕」；偶有詞作，亦於詞牌前加一「仿」字。其二，舊詩詞格律嚴謹，須講平仄，又要對仗，一不小心，什麼「失黏」、「犯孤平」等錯誤就會出現，尤其要讓現代詞語入詩，是很難的，因此，容易束縛人的思想。莫言或許是有意要衝破這些束縛，率性而為，以表意為要，無暇顧及其他。其三，從詩的內容看，不少篇什是即興創作，朋友之間搞笑逗樂，故幽默詼諧，滑稽通俗者甚多，是所謂嬉笑怒罵皆成文章也。

　　眾所周知，所謂打油詩，本是一種俳諧體詩。傳說是唐人張打油（亦有說是元人者）所創，他最著名的一首詩就是那首盡人皆知的寫雪景的：「江上一籠統，井上黑窟窿。黑狗身上白，白狗身上腫。」（見明代楊慎《升庵外集》）其詩多用俚俗語，且故作詼諧，有時暗含譏諷，後人便把這種通俗滑稽的詩稱為「打油詩」。莫言的詩，從內容到形式，與其暗合，稱為「打油詩」，亦甚得之。

　　當然，莫言之詩，並非一味打油，全是下里巴人，其中並不乏莊重典雅的陽春白雪。既有「大江東去」的豪放，也有「楊柳岸曉風殘月」的

婉約；既有直追元白的長篇歌吟（如《烏鱧吟》、《林海山莊聽賈嫚撫琴》），也有像煞古人的雋永小詩（《衡陽蓮湖賞月》、《武夷山詩抄》等）。既有俚俗調皮具稼軒韻味的長短句，也有對仗工整、頗肖義山意境的《無題》。這正如其小說，並非一味的情感的宣洩，語言的狂歡，其主旨還是重在寫人，寫人性，寫歷史。隱喻反諷只是技巧，結構創新亦非炫技，寫大事件、大主題才是主流。讀莫言的詩，雖不需去發掘什麼微言大義，但也不要被「打油」二字瞞過。

莫言寫詩，是其整個文學創作活動的一部分，是其小說創作的補充，是以詩人之眼觀人觀物。故其詩作與其小說有異曲同工之妙，是其文學功力和才藝的展現。我們可以說，莫言是文壇的多面手，是全才。因之，我們應該把讀莫言的詩作為全面了解莫言的一個視窗，這些詩，應該是全面研究莫言的第一手資料。

余固不敢以言詩自任，然亦自知詩之難言。莫言的「打油詩」，從搜索整理到編輯注釋，余皆親與其事，故得先睹為快。其中真味，余亦略知。故不揣淺陋，勉為之序。

文章千古事　苦樂我自知

　　從讀初中開始偏文科，至高中時尤甚。上大學自然就學了文，這就注定了一生要與文章打交道。然而文章之於我，有苦有樂。其中況味，非今之青年朋友所能理解者。今作此文，略述本人弄文之甘苦，作今昔之對比，庶可使今之文學朋友有所啟發。

　　先說弄文之苦，說兩件事。一件是私改毛詩，差點惹下塌天大禍。

　　那是1960年春天，我在高密二中讀初三下學期，剛剛17歲。當時正值全國大饑荒的年代，雖然人人餓得浮腫，衣服上長滿了蝨子，體育課都上不動了，只好利用體育課時間去廁所捉蝨子，但晚自習還是照上不誤。學校規定第一節學數學，第二節學理化，任課教師各班巡視輔導。那時的二中還沒有電燈，每到晚自習，前後兩排四張課桌拼在一起，中間放兩塊磚頭，磚頭上面放一盞用墨水瓶自製的小煤油燈，幾個同學圍坐在一起，看書學習。整個教室黑煙騰騰，人走在教室裏，上半身根本看不清，只能看到桌面之下的兩條腿在移動。兩節自習上下來，每個人的鼻孔都是黑的。剛開學不久的一天晚上，第一節晚自習，因為作業已經完成，數學書實在看不下去，肚子又餓，就拿了一本小說心不在焉地翻看。不知怎麼地，忽然想起了同班同學張湘源，他是張家官莊人氏，多才多藝，吹拉彈唱皆能之，學習也不錯，但因他母親有歷史問題，其時尚在東北某地勞改，家中只有老父親，父子二人相依為命，艱苦度日。張同學是走讀生，每天中午

帶飯來吃，他用一個小瓦罐裝一罐野菜或地瓜葉加一點玉米麵或地瓜麵做的菜團子，讓食堂給蒸一下吃。如此條件仍堅持求學，我很為之感動。老想寫點東西歌頌他一下。於是鬼使神差，就想到了毛澤東的《長征》詩，略一思索，將毛詩改為：

> 湘源不怕求學難，腹饑路遠只等閒。
> 春雨何時翻作浪，果腹每日有菜丸。
> 廁所摀虱身上暖，陋室思母心中寒。
> 更喜冬梅綻如雪，烏雲過後盡開顏。

打好腹稿，即抄在一個小本上，準備第二天給張湘源看看，鼓勵他一番。剛剛抄好，就覺得教室裏忽然特別安靜了。抬頭一看，只見煙霧中一條黑影矗在面前，有兩條大人的腿清晰地貼在我的課桌邊上。直覺告訴我，這是班主任數學老師來了。還沒等我反應過來，老師已經一把把我的小本子抓去了，湊在燈下一看，十分嚴肅而又凶狠地叫著我的名字說：「跟我到辦公室裏來！」我立即跟著老師到了辦公室，剛想檢查自己晚自習不看數學的錯誤，老師卻說：「不用你現在檢查，你知道你犯的是什麼性質的錯誤嗎？讓我提醒你：一、毛主席的詩，是能隨便改的嗎？第二，張湘源是什麼人？他的家庭情況你了解嗎？你在歌頌什麼人？你這是政治問題！立場問題！你回去考慮一下吧。這件事我是要向學校黨支部彙報的！」這幾句話，真如晴天霹靂，驚得我渾身發抖，說不出一句話，眼淚「嘩」地就流下來了。稀裏糊塗出了數學組辦公室，直接回了宿舍，爬上雙層床，放聲痛哭起來。一直到第二節自習下課，同學們陸續回了宿舍，我才停止了哭泣。

那年頭，大家都窮，被褥少，氣候又冷，因此到了冬天，同學們便協商合鋪通腿而眠。時值初春，春寒料峭，與我合鋪的是蠻子官莊一個姓郭的同學。睡下後，他一會兒就進入了夢鄉，而我卻怎麼也睡不著，禁不住翻來覆去胡思亂想：我想班主任如果將此事向學校黨支部彙報，我就可能

像1957年反右、1959年反右傾那樣被打成反動學生，挨批鬥，然後押送回鄉勞動改造，什麼升高中考大學全會變成泡影，今後的日子就沒法過了。不如第二天就跑到東北去，一來可以吃飽肚子，二來可以逃過這場災難。想到這些，淚水又流下來了，枕頭都被打濕了。夜半時分，合鋪的同學發現我仍未入睡，問我原因，我只好把班主任的話和自己的打算告訴了他。他幫我分析道：班主任很有可能是嚇唬你，因為你偏科，老是在數學課上看小說。他對你有意見。你想啊，班上出了個反動學生，老師自己也不光彩啊，老師才不傻呢！何況單憑這點事，怎麼也打不成反動學生啊！聽他說得有理，心中略有寬慰，但總是憂心忡忡，一宿沒合眼，直到天明。第二天，早上到食堂打飯，看到深入伙房抓生活的學校領導，書記校長的臉依舊平靜而慈祥；數學課上，班主任依然侃侃而談，沒有異樣；下課後，班上同學照舊和我說說笑笑，沒用異樣眼光看我。見到張湘源，把昨晚的事告訴了他，他也說：不會出現你所說的情況吧？真要那樣，我和你一起去闖關東。一天過去了，平安無事；兩天三天過去了，無事平安。事情就這樣不了了之。但我再也不敢在數學課上看小說，再也不敢在晚自習時間幹別的了，再也不敢舞文弄墨亂寫東西了！直到初中畢業，考上高中，班主任再也沒找過我的麻煩。但這件事對我的刺激太深刻了，時至今日，事情已過去了近半個世紀，當時的情景仍然歷歷在目，仍然心有餘悸，弄文有風險的陰影幾乎伴我一生。所以，當年莫言決定搞文學創作時，鑒於當時的政治氣候及極左年代裏一句話一本書就可以把人打倒搞臭的現實，鑒於我的這一段經歷，我是不贊同他的。支持他，鼓勵他，那只是後來的事。現在想來，如果莫言當初聽了我的話，就成不了今天的莫言；如果我沒有經歷過這件事，大膽地搞寫作，今生也許走的就是另一條路。

順便說一下，這位班主任老師後來調高密一中工作，等1987年我調回故鄉時，他已身染重病。後來老師調回了原籍，不久後去世。在此，我要說：老師，你雖然折騰得我一宿沒睡，但是現在我並不恨你。

第二件事是半夜出發採訪，差一點丟了一條命。

大學畢業，駐校工宣隊把我分配到一機部位於湖南常德的一個三線工

廠，先要到部隊鍛鍊一年，我於是來到了旅大警備區守備三師師直學生連。全連二百多人，大都是來自全國各重點大學的理工科畢業生，學中文的就我一個。當時集會較多，不管是師裏開大會還是在連裏開小會，連長都讓我寫稿上臺發言。連長表揚我，說我寫稿子快，念稿子響亮、帶勁。因為珍寶島事件剛發生過，中蘇、中蒙關係緊張。為加強戰備，我們連隨師部由遼寧莊河青堆子移防至內蒙古烏蘭浩特（當時劃歸吉林省），連部設在烏市中學裏，連裏的戰友三兩個人組成一組，以「軍宣隊」的名義下到城裏各單位去搞「鬥批改」，連長卻通知我一個人到師政治部宣傳科報到。我去報到的當天下午，宣傳科首長即要我當晚出發去索倫公社勝利四隊採訪，說那裏的「鬥批改」搞得好，讓我寫一篇調查報告。要總結出經驗，以供在農村「支左」的幹部戰士參考。我連背包都沒解開，開好介紹信，連夜就出發了。火車是從白城子開往中蒙邊境的阿爾山的，一天就一班。半夜兩點從烏蘭浩特上了車，車上空蕩蕩的，只有師裏的兩個小戰士在啃凍梨。他們見我上了車，十分熱情地塞給我一隻。我咬了一口，太涼，牙疼，不敢再吃。兩個戰士見我不吃，說：「吃啊！吃著不打瞌睡！」我說：「不會。」三個互相交談了一會，我把我要去的地方告訴了他們。因為白天跑了一整天，特別累，瞌睡還真上來了。我對兩個戰士說：「夥計，要是我睡著了，到索倫叫我啊！」兩個戰士滿口答應說：「放心吧！」感覺才一會兒工夫，睡夢中被兩個戰士搖醒了，其中一個問我：「你帶邊境證沒有？」我迷迷糊糊地搖了搖頭，他倆就說：「對不起，索倫站已經過了，前邊是金銀溝，停車一分鐘，你快下吧！」剛說完，火車就停下了。在我的印象中，不管是北京、上海，還是高密、蔡站，凡稱得上火車站的，總有一個長長的月臺，有一座票房。所以我背上背包就從火車上跳下去了，只覺得一腳踏空，隨即昏了過去。

不知過了多久，零下三十多度的嚴寒和灌進脖子裏的雪把我凍醒了。睜眼抬頭一看，我才發現，這裏根本沒有什麼月臺和票房，只是一個岔路口而已。我是摔落到鐵路旁邊將近兩米深的溝裏了，溝裏是齊腰深的雪。我站起來向上爬，因為腳著軍用大頭毛皮鞋，頭戴大皮帽，身穿軍大衣，

又背著笨重的背包和挎包，人已凍得半僵，所以爬了半天也爬不上去，最後還是拽著溝邊的荒草和樹枝才爬了上去。定睛一看，不遠處有一間小屋，就一頭鑽了進去。這大概就是站房吧！沒有門窗，沒有桌椅，更沒有燈光。我獨自一人，半夜三更，面對著室外黑黝黝的群山和凜冽的寒風，耳邊傳來令人毛骨悚然的狼嗥。我心想：完了！今夜非死在這裏不可了！不是被凍死，就是被狼吃掉！我多冤啊！死在這裏有誰知道？最多算個因公犧牲，連個烈士也算不上吧？我感到無助、絕望和孤獨，真想放聲大哭一場！但冷靜下來一想，總不能在此等死，此刻哭是沒有用的。這裏既然是個小站，總會有住戶或鐵路工人吧？想到此處，便出了小屋，沿著一條山間小路走去。走了大概有里把路，忽然看到山腳下似乎有燈光！我大喜過望，小跑起來，心想：這下死不了啦！一口氣跑到山腳下，果然看見兩間小房子，裏面有火光，門沒關。輕輕推門進去，看到外間一個大爐子，爐火熊熊，裏邊一間是鋪炕，炕上睡著一個人，正打著呼嚕。我放下背包，坐在爐子邊上，幸福的淚水禁不住往下流。真有死而復生的感覺啊！大概是在外邊受了涼吧，我咳嗽了一聲，裏間炕上的人「呼」地一下坐起來，摸起一把大扳手，問：「誰？」我趕緊站起來，拿出介紹信，向他說明了自己的身分和遭遇。他鬆了一口氣，放下扳手，說：「我還以為是蘇修特務呢！原來是部隊上的！上炕吧。」我爬上他的炕，交談了幾句，認了山東老鄉。老鄉更熱情了，披衣下炕，從一隻竹殼熱水瓶裏倒了一杯水給我。我喝了幾口，倒下身子就睡著了。第二天上午，我告別了老鄉，沿著鐵路往回走了兩個多小時，到了索倫，去公社找到了寇里的黃幹事，轉了介紹信，步行近二十里，獨自去了勝利四隊。到那裏一看，完全不是那麼一回事。社員們還沉浸在挖「內人黨」的陰影裏，連飯都吃不飽，哪裏搞過什麼鬥批改？我在那裏召集了幾次社員大會，走訪了幾戶貧下中農（牧），胡編亂造地寫了一篇三千字左右的調查報告，五天之後，回到師裏交了差。此後再沒有寫作任務。過了不久，師直學生連宣布解散，我們各自回到了預先分配的單位。臨走前，我把這事告訴了連長。連長說：誰叫你會寫文章呢！不過算你運氣好，撿了一條命。這一番經歷過去整整

四十年了，什麼時候想起來，什麼時候後怕。想想連長的話也沒錯：誰讓我是學文的，偏偏又會寫點東西呢？

再說弄文之樂。也說兩件事。一件是當了大學校報主編，「騙」到一個老婆。

因為酷愛文學，喜歡寫寫弄弄，雖然有了一次因文罹禍的經歷，總還是難免有技癢難耐的時候。記得是高一下學期，有一次學校去膠河農場北分場開荒，搞生產自救。當晚回家，就著母親納鞋底的小煤油燈，趴在一個小板凳上寫了一篇不足千字的稿子，名曰「開荒記」，寄給《大眾日報》。不久，竟在該報「學校生活」專欄上登出，掙了幾元錢稿費，一連高興了好幾天。1963年，考上華東師大中文系。報到的第二天，校報的編輯向新生約稿，當天我就交了一篇。幾天後，我的稿子被抄成大字，貼在學校辦公樓前的櫥窗裏，令同學們刮目相看了一番。平常上寫作課，老師出了題目，一般來說我都是當堂交卷。所以到了1967年，學校革委會成立，校報改名為《新師大戰報》，宣傳部要中文系出一名筆頭快、寫作能力強的人任主編，系裏便推薦了我。正好，系裏班裏兩派鬥爭激烈，我樂得出去躲清閒，便愉快地赴任了，直到畢業。其間不但工作得心應手，而且成了師大紅衛兵的代言人，每逢碰到毛主席的最新指示發表或重大事件，如打下美國U-2飛機之類，《文匯報》的記者張自強或中央人民廣播電臺對台廣播部的一個軍隊記者，就來約稿，有時是當場要拿走，有時甚至就在電話裏跟他們說，這種任務都是我來完成。那時已沒有稿費，但是得了一些《毛主席語錄》和毛主席像章，自己很以為榮。更重要的是在這段時間裏，我認識了一位同在校革委會宣傳部工作的化學系女生，她就是我現在的老伴。我們二人由相識到結婚，都與我弄文有關。四十年來，我們一起走南闖北，同甘共苦，教書育人，教子成才，如今已年過花甲，安度晚年。時下政治清明，文化繁榮，我有時高興，也動筆寫點東西自娛。

衣食不愁，老有所為，其樂也融融矣。

第二件事是發表了一篇文章，調回了故鄉。

1970年3月，部隊鍛鍊結束，我到遠在湖南常德的工廠報到。常德，湘西重鎮，魚米之鄉。漢時稱武陵，唐時稱朗州，歷來還是朝廷流放犯人的地方。大詩人劉禹錫就曾因參與「永貞革新」被流放至此，一住十年。我到常德時，時值春末，因為 是夜間從長沙坐卡車進來，所以當天就迷了向！廠門明明是朝東，我卻以為是朝北。看著太陽每天從「北」邊升起，到「南」邊落下，心裏甭提有多彆扭！一年之後，經歷了夏天和冬天，愈加覺得常德不是我待的地方。這裏夏季酷熱，冬天死冷。熱起來氣溫高達四十度。尤其是夜間，一絲風沒有，天地間像個大蒸籠，人們渾身黏汗，如同刷了一層漿糊，無法入睡。冷起來潮濕陰森，又無取暖設施，手腳長滿凍瘡。早晨起床，被頭上結滿了白霜！加上離家鄉太遠，交通不便，所以我就動了調離的念頭。隨著年齡的增長，這念頭越來越強烈。但在那種「我是黨的一塊磚，任黨挪來任黨搬」的年代，調動工作談何容易！1979年，我打了第一份請調報告。按當時的規定，要調走，必須本單位同意，先發商調函至接受單位才行。記得第一次交請調報告時，分管學校工作的黨委副書記說：「老管啊，你若前幾年調走倒也罷了。現在粉碎了『四人幫』，知識份子又吃香了，放你走是不可能的了。要走可以，你去找兩個華東師大畢業的來換你。」我一聽心裏那個氣呀！心想：我又不是教育部長，上哪兒去弄兩個華東師大畢業生呢！這不明明是刁難嗎？心裏雖然不高興，但工作還得照幹。這之後，我入了黨，提了幹，先是教導主任、副校長，而後是校長，但我仍然年年上交一份請調報告，以至於在入黨審批會上以及每年的年終總結裏，我都要就此事做自我批評。好歹熬到了1984年，廠裏原來的老領導都退了休，上來一批大學生當領導，平時都比較了解，關係較好，我有空就到他們辦公室去談調動的事，他們表示理解，但也沒有馬上答應我。轉眼就是1986年，政治氛圍更加寬鬆，我們的學校也在升學率等方面上升到常德地區前列。我覺得腰桿硬了一些，就寫了一篇文章，發表在廠報上，題目是：曹操、人才及其他。文章不

長，轉錄如下：

前些時候，《光明日報》就常德紡織機械廠總工程師兼副廠長謝中秋擅自離職出走並被湖北省某縣聘用的消息，展開了關於人才交流的討論。

於是，我想了很多——我想到了曹操在搜羅人才方面的氣度和教訓。

那曹操處於群雄割據的年代。他懷抱雄才大略，用人唯才是舉，思賢若渴，手下謀士成群，猛將如雲。這是他與群雄逐鹿的資本。所以，當關羽被圍困土山之時，他採納張遼的建議，決定收買軟化關羽。他把關羽待爲上賓：「三日小宴，五日大宴」（開小灶），「撥給府第」（解決住房），「上馬一提金，下馬一提銀」（增加工資），「美女十人」（解決婚姻問題？），贈錦袍、髯囊、赤兔馬（生活上關心，工作上給方便），初封爲「偏將軍」，繼封爲「漢壽亭侯」（解決了職務、職稱），條件可謂優厚之至矣！但儘管這樣，關羽仍說出「但知劉皇叔去向，不管千里萬里，便當辭去」的話，乃至最後過五關斬六將，那曹操也不追究，隨他去了。關羽一去，無疑是加強了曹操的敵對力量，這是何等氣概！

那徐庶也算得上是個人才，幫劉備立足新野，取了樊城。此事被曹操得知，於是便動了挖牆腳的念頭。他用了程昱的計策，騙來了徐母，僞造了徐母親筆信，把徐庶挖了來。誰知徐母竟因此憤而自殺。徐庶雖然留了下來，但「徐庶進曹營——一言不發」，終生不爲曹操出謀劃策。相反，在赤壁鏖戰之際，還充當了一次內奸。可見留人沒留住心，曹操白白養活了他。這又是多麼沉痛的教訓！

於是我又想到了當今。

當今，知識重要，恐怕已沒有什麼人公開表示異議了。知識份子由「臭老九」變成了「搶手貨」，這無疑是中華民族的一大進步。在經歷了十年動亂，徹底否定了極左路線之後，人們終於發現，在人類之中，頭腦被知識武裝著的那一部分也是工人階級的一部分，是重要的一部分，而且是與祖國命運、人類的前途生死攸關的一部分。一些有了自主權互相競爭著的企業，當家人痛感吸收人才，挽留人才是決定企業生死存亡的關鍵，

於是到處發生了或發生著類似謝中秋出走的事件。

於是我想，我們是社會主義國家，人才是國家的人才，「鐵打的營盤，流水的兵」，人才應該流動，只要不是流向國外，（即是流到國外，學了本領再流回來也未必就是壞事）都是爲社會主義服務。專業不對口者，家庭有本單位無法解決之困難者，不妨放之；雖不安心，但本單位可以在職稱、待遇、生活等方面予以解決困難者，不妨挽留之；確有眞才實學，本單位無此不可者，不妨優厚聘請之。該歸山的歸山，該歸廟的歸廟，人人心情舒暢，各得其所，不愁企業（單位）不活；企業（單位）搞活了，發達了，不愁人才不來。

我希望，在人才交流上，我們不妨像曹操那樣有點大家氣派。

1986.11.18

文章中提到的謝中秋事件，是指當時的常德紡織機械廠工程師謝中秋辭職受聘於鄉鎭企業的事，在當時湖南省內影響很大。《光明日報》專門爲此開展了人才交流話題的討論。我的文章一出，廠裏領導就找我談話了。他半開玩笑地說：「老管，想不到你還有這一手啊！怪不得毛主席說搞革命要靠兩桿子呢，你這筆桿子可派上用場了。我們研究過了，同意放你走。但是你要培養好接班人，保證學校工作不受影響。」我當場答應：「沒問題。」

之後，我與組織部門協商，調整好學校領導班子，第二年就調回了故鄉。

我想，我能調回故鄉，雖然有很多同學朋友幫忙，但我的這篇文章還是起了不小的作用，這也算是弄文之樂吧。

大江健三郎的高密之行

　　2002年1月，莫言給我打電話說，日本的NHK電視臺要派人來中國採訪他，有可能要到老家來，而且要活動幾天，大江健三郎先生要全程陪同。

　　對於大江健三郎，我過去缺乏了解，只是到了1994年他獲得諾貝爾文學獎之後，才在《世界文學》等雜誌上讀了他的作品，並對他的身世有了些了解。

　　大江健三郎於1935年1月31日生於日本南方四國島上的愛媛縣一個掩藏在崇山峻嶺中的小山村——喜多郡大瀨村（現名內子町大瀨村）。村子周圍是遮天蔽日的森林，村子下面的山谷裏有河水流過。大江在此長到15歲，他經常把自己的故鄉稱作「峽谷裏的山莊」。

　　1954年，大江健三郎考入了東京大學文科，專修法國文學。從「峽谷裏的山莊」一下子來到繁華的大都市，生活空間和時代風潮發生了很大變化，但故鄉的記憶並沒有從他的心裏淡漠。特別是面對複雜的現實時，故鄉世界就成了他思考的原點和有力的參照。

　　1955年，他的最初試筆之作《火山》獲得了校園內的「銀杏並木文學獎」。

　　1957年5月，又以《奇妙的工作》獲《東京大學新聞》設立的「五月祭獎」。

　　1957年8月，他的小說《死者的奢華》得到川端康成的讚許，被推舉為當年度「芥川文學獎」候選作品。

　　1958年，大江在大學裏寫的中篇小說《飼育》榮獲日本文學界聲譽最

作者（抱大孫子者）、莫言與大江健三郎

高的「芥川文學獎」。這是他的成名作。故鄉的風景也就在這時進入了他虛構的世界，構成了其作品情節展開的空間。

大江在東京大學求學期間，就接觸了沙特、卡繆、福克納、梅勒等人的作品並受到影響。他曾說：「我青春的前半是在沙特的影子下度過的。」因此，他在上個世紀50~60年代的小說，大都在訴說人生的荒謬和無奈。

1963年6月，他的長子出生，因為頭蓋骨異常動了手術，術後智力發育不好，成為弱智人。這件事對大江打擊很大，此事在他的幾部作品中，都有所反映。

1964年，他的長篇小說《個人的體驗》獲「新潮文學獎」。

1967年，他又以「峽谷裏的山莊」為背景，創作了長篇小說《萬延元年的足球》。

1994年，大江健三郎成為日本繼川端康成之後又一名諾貝爾文學獎獲得者。

大江健三郎在上世紀60年代初和80年代曾多次來華訪問，受到過毛澤東、周恩來、胡耀邦等人的接見。他對中國人民有著深厚的感情，對莫言十分讚賞。就在他出席諾貝爾文學獎授獎典禮時所致的演講中，也沒忘記對中國的莫言稱讚一番。正因為如此，大江先生以67歲的高齡，為了莫言，為了世界文學事業，不遠萬里又一次來到了中國。

大江先生是2月9日到北京的。江澤民主席因有重要外事活動，無暇接見他。李鐵映先生宴請了他。莫言陪同大江先生會見了著名導演張藝謀，日本NHK電視臺進行了採訪。2月11日，就是陰曆大年除夕那天，聽說大江先生一行要來，我和老伴帶著回家休假的長子、長媳、次子和小孫子一早就趕了回去。上午十時許，大江先生、NHK電視臺的製片、導演（二者均為日本人）以及攝影、翻譯等一行九人在莫言陪同下來到了我們的老家——高密市河崖鎮平安莊。他們一行人一踏進我家大門，我一眼就認出

2002年莫言陪大江健三郎到舊居

了大江先生：中等偏下的個子，滿頭白髮，面孔白皙，皺紋很深，戴一副深度近視鏡，看上去人比較弱，一副飽經滄桑的樣子。（後來聽莫言說，大江一到北京就感冒了。）我上前握住了大江的手，翻譯毛丹青先生（旅日華人作家，1999年曾陪東京佛教大學副校長福田富夫先生來過，所以也算是老熟人）馬上進行了介紹。我們互相對視良久，我說：「大江先生，你很像中國的一位文學巨人。」他笑著說：「是魯迅，對嗎？不過要除去我這對招風的耳朵。」於是眾人大笑。落座後，翻譯毛丹青介紹說，莫言大哥60年代畢業於上海華東師範大學中文系，對莫言走上文學道路影響甚大。大江先生立即說：「我也有一個大哥，喜歡寫詩，對我幫助也很大，可惜現在已經不在了。他在世時，也沒有完全看到我的文學發展。看到莫言大哥的慈祥面容和對莫言的關愛，我很羨慕。我覺得我的大哥在天之靈正在為我們的相會而感到快慰，他在向我們微笑。」這時莫言的二哥走進來倒水，莫言說：「這是我二哥，他小時候很調皮，老打我。」大江笑著說：「我也有一個二哥，小時候也很頑皮。」大家一起大笑。翻譯毛丹青說，您二位相似的地方太多了。言談間，大江先生知道我一直在中學從事語文教學工作，便問中國的高中語文課本中哪幾位現代作家的作品最多。我說，第一是魯迅，郭沫若、曹禺、茅盾、老舍的作品也有。大江先生說：「除了魯迅，你說的幾位我都見過。有一年曹禺先生和女兒萬方一起訪日，我在日本見過。我的母親對魯迅的作品很熱愛，可惜我的母親也去世了。」看到大江先生神情有些黯然，我趕緊說：「大江先生是諾貝爾文學獎獲得者，是世界級的文學家，作為一位文學前輩，又是日本人，為了莫言，不遠萬里來到高密。我作為莫言大哥，代表全家人向大江先生表示感謝。」大江先生神情莊重地說：「1994年，當我獲得諾貝爾文學獎的時候，我的母親對我說，這個獎應該是中國人的。中國的文化源遠流長，有那麼多的好作家。我這次來，就是為完成母親的遺願。我熱愛莫言的作品和為人，我們倆共同之處甚多，我想莫言也應該得這個獎。」

大江轉過頭來問我們的老父親，什麼時候發現莫言有文學天才的。父親說，天才談不上，只發現他小時候作文寫得好。大江又問我，我說：

「莫言比我小12歲，等到他上了小學，我發現他非常喜歡聽故事，愛看小說，作文寫得也好，會編順口溜。但等他進了部隊，要走文學創作這條路時，鑒於當時的政治形勢和我對新中國成立後文壇的了解，我是堅決反對的。」大江表示理解。他說，自己上小學的時候，曾因為寫作文挨過老師的批評。原因是他寫到自己村子裏有一個大灣，事實上是沒有的，老師說他撒謊。可見大江先生從小就富有想像力。

這時，我的大兒子拿出了三本他從市新華書店買的大江先生的書《個人的體驗》請大江先生題字。大江先生看到這三本兩種不同版本的書，很激動地說，在這偏僻的縣城裏能買到我的書，而且是兩種版本，感到很幸福。於是分別為我的大兒子、小兒子和我題了字。在我的一本上，大江寫著：「管謨賢先生正。二〇〇二·二·十一·敬愛的莫言先生令兄·高密·先生故居·大江健三郎。」

轉眼到了吃午飯的時候，高密市密水街道辦事處的單際慶書記特地趕來拜訪大江先生。席間，單書記用國酒茅臺向大江敬酒，令大江先生十分感動。下午稍事休息，大江一行來到當年拍攝電影《紅高粱》的地方，兩人站在小石橋上合影留念。橋的後邊，一片空曠的田野，電影中那茂密狂野的高粱早沒影了，但我不禁聯想到，莫言的「高密東北鄉」，大江的「峽谷裏的山莊」，加西亞·馬爾克斯的「馬孔多鎮」，威廉·福克納的「約克納帕塔法縣」，都是作家們自己創造的「文學王國」，都在世界文學的版圖上佔有一席之地。

按家鄉的風俗，除夕的下午，要去給死去的長輩親人上墳。農家街院裏，田野裏青煙嫋嫋，鞭炮聲聲，家家貼對聯，包餃子，「年味」瀰漫了整個村莊。莫言的二哥已在堂屋牆壁上掛好了寫有祖宗名諱的「軸子」，擺起了供品。天黑下來了，接財神，放鞭炮，吃年夜飯，看電視。到了「一夜連雙歲，五更分二年」的時分，忽然鞭炮大作，紙燒得火光沖天，香煙繚繞。人們起來過年了，整個村莊，整個世界都沉浸在一種既喧鬧又神祕的氣氛中。大江先生不顧一天的疲勞，饒有興趣地看著這一切，體驗著這一切，不時陷入沉思中。下餃子時，看到莫言的媳婦拉著風箱燒火，

2002年春節莫言與大江健三郎在老家

2002年莫言與大江健三郎一起過年

大江說：「看到這樣的情景，我的心裏很溫暖。」灶膛裏的火光映紅了大江的臉，這一切都被攝影師攝入了鏡頭。此時我忽然發現，大江先生的雙眼在鏡片後閃著慈祥的光，是忠厚長者眼裏的那種光。為了莫言，為了文學，大江先生能從日本來到中國的農村，過一個中國年，實在令我敬佩。我在心裏想了一句話，想寫一個條幅送給他，可惜老家沒有宣紙，筆墨也不方便。這句話是：「中日間友好使者，國際級文學大師。」

正月初一上午，是專門拍攝大江與莫言對話的時間，地點就在我們家的院子裏。下午又轉移到我們家的舊房子裏，那是莫言出生的地方，真正的「莫言舊居」。低矮破爛的五間屋，已經瀕臨倒塌，十幾個人在裏邊折騰了大半天。大江先生爬上了房後的膠河河堤向遠處眺望，我想此時他一定想起了自己村子裏的那條河。初二，大江先生一行移師縣城，參觀了博物館，觀看了市容，高密市委有關領導和莫言的朋友在招待所設宴招待他們。席間，大江先生說：「五年之後，讓我們在這裏重新設宴，慶賀莫言獲得諾貝爾文學獎」！大家不禁熱烈鼓掌。下午，大江先生在翻譯毛丹青和製片的陪同下先行離開高密去了青島，飛往北京，接著轉機飛回日本。其他人仍留在高密，又忙活了整整兩天。期間，在河崖鎮拍了高密市茂腔劇團唱戲的鏡頭。

大江先生已平安回到了日本，NHK電視臺新拍的片子將於4月初在日本播放，之後要推向歐洲。我們暫時還看不到，但是我們希望大江的預言能夠早日成為現實。

與藤田玲女士網上談莫言

　　藤田玲女士，日本國東京大學人文社會系研究科研究生，一個溫文爾雅，秀麗單純，約二十出頭的日本姑娘。去年8月24日，為了準備寫自己的畢業論文《莫言文學與故鄉》，她帶著其導師日本東京大學人文社會系教授，《酒國》的日文版翻譯者藤井省三的介紹信，由其父親日本國香川縣觀音寺市議會議員藤田芳種先生陪同，來到高密考察莫言的故鄉，訪問莫言的親友，參觀了剛剛開館的莫言文學館。我在館裏接待了他們父女。其實，他們已經去過我們的老家，見過我們的老父親和我的二弟，並去過舊居和孫家口當年游擊隊打日本的小石橋。採訪中，藤田女士操著半生不熟的漢語和我交談。採訪的題目大都是由其父用日語在紙上寫出來（其父不會漢語），藤田女士譯成漢語再向我提問。我回答時，她一邊錄音一邊記錄。問了大約有二十幾個問題，之後，直到實在暫時想不出什麼問題的時候，才意猶未盡地和我告辭。當時我很自然地想起了當年藤井先生來高密採訪的情景，心裏想：真是有其師必有其徒啊！為了文學，為了學問，不遠萬里來到中國，來到高密，其執著的精神，「打破砂鍋問到底」的勁頭，讓我十分感動。

　　藤田女士回日本後不斷給我發來「伊妹兒」，表示謝意或談其論文寫作的情況。年底，竟連發三四次「伊妹兒」，又提問了十幾個問題。我都一一進行了回答。有些回答不了的，我又打電話問了莫言，然後再轉告她。現將藤田提問的主要問題和我的回答整理如下，供莫言作品的愛好者和研究者參考。

　　問：莫言過去和現在住在什麼地方？住房情況是什麼樣子？

作者陪日本留學生藤田玲參觀莫言文學館

作者為來訪的日文版《酒國》翻譯者藤井省三題詞

答：莫言1979年結婚後，其妻女一直與父母住在老家平安村（現屬高密市膠河疏港物流園區）。當時的房子除了你們看到的五間正房外，還有兩間東廂房，再早，還有兩間西廂房。莫言於1989年在縣城南關買了一處老舊民房，經過重新翻建，改為正房四間，東西廂房各兩間（都是平房）的一個小院落，大門口朝東，現為密水街道天壇路26號。莫言把妻女遷往北京時，已將此處住宅轉賣他人。

莫言是1995年將妻女遷往北京的，開始住在小西天，後遷到平安里現在的住處，都是總參的幹部宿舍，都是樓房。另外，莫言在我所住的樓上（第5層）購置了一套住房，離南湖植物園很近，環境較好，莫言回高密時就住在這裏。

問：莫言對住樓房和平房有什麼想法？

答：這個問題我沒有問過莫言，但我覺得莫言作為一個在農村長大的人，總是住慣了平房的。幾間平房，帶上一個小院，小院裏種上點蔬菜花

草，有點田園風味。但現在人在城市，就只有住樓，住樓衛生，安全，也有比平房好的地方。

問：莫言出生農家，喜歡幹活嗎？

答：當年在農村長大的孩子，喜歡幹農活的恐怕不多。但那個年代，不幹農活就沒有工分，沒有工分就分不到糧食柴草，就沒有飯吃。現在莫言從事腦力勞動，經常失眠，如果能幹一點小農活，對身體會有好處，但人已過五十，農活也幹不動了。別說住在城裏，就是住在鄉下，農村已經實現了機械化，即使想幹農活也不多了。

問：莫言愛吃什麼？

答：當然最愛吃餃子了。高密有一句俗話：「舒服莫如倒著（睡覺），好吃莫如餃子。」北方人改善生活總要吃餃子，莫言也不例外。其他像饅頭、火燒、小米粥、家常小菜如大蒜拌黃瓜油條等都是他愛吃的。

問：莫言喝酒嗎？酒量大不大？

答：原先莫言還是能喝一點白酒的，酒量還可以。但現在也上年紀

莫言舊居

了，有胃病、高血壓，所以基本上是滴酒不沾了。

問：你和莫言之間在衣食住行方面有什麼值得回憶的事？

答：我比莫言大了12歲，是一個大哥哥。在我眼裏，他始終還是個小弟弟，小孩子。在住的方面，因為我在莫言兩歲時就外出求學了，所以真正住在一起就是寒暑假期間，有時帶他出去玩。在穿的方面，那時家裏窮，孩子又多，小孩的衣裳都是「老大穿了老二穿，縫縫補補又三年」。莫言的衣裳一般都是哥哥姐姐穿過的，很少給他做新衣裳。至於吃的方面，印象最深的就是1960年前後挨餓的年月，飯桌上只有野菜粥，他吃不飽，圍著飯桌轉，哭鬧，十分可憐。有一年大年夜吃餃子，當地風俗，過年的餃子裏包著硬幣，傳說吃出硬幣的人來年會發財，莫言連吃兩大碗，吃撐了，拉肚子。這些回憶都是辛酸的，不堪回首。因為我倆年齡差距大，他又很尊重我，所以我們之間從未發生過吵嘴打架的事。

問：我看到舊居院子裏種著蘿蔔，那是誰種的？

答：那是我們的老父親種的，在他們那一代的農民眼中，土地就是生命，就是財富，讓土地荒蕪哪怕只有一點點，就是罪過，所以我們的老父親在舊居院子裏種蘿蔔或豆子。現在，市裏決定要對舊居進行修整，所以今後可能就不能再種東西了。

問：你和莫言互相怎麼稱呼？

答：我叫他原來的名字「謨業」，他叫我「大哥」。

問：莫言想不想到外國去生活？

答：中國有句古老的俗語：「兒不嫌母醜，狗不嫌家貧。」莫言的根在這裏，讀者在這裏，我想莫言沒有到國外的打算。再說，他又不懂外語，到國外生活也不方便啊！

問：莫言下輩子打算幹什麼？

答：這問題還真不好回答，人有下輩子嗎？（這問題後來與莫言通電話時說起過，莫言說，如果有下輩子的話，想當音樂家，搞作曲。）

問：莫言除了寫作之外還幹什麼別的工作？

答：除了寫作之外，莫言現在還做不少別的工作，參加了不少社會活

動、外事活動等。

問：我來高密後，已經愛上了高密。莫言作為高密人，打算如何向世人推薦高密？

答：莫言作為一個作家，已經和正在通過他的作品向外界推薦高密。另外還參加不少外事活動，到全國各地和全世界宣傳中國，宣傳高密。今後他仍然會這樣做。高密的父老鄉親們也會把高密建設得更好，讓更多的朋友愛上高密。

2010年1月2日

莫言獲諾獎後我的隨想……

莫言得了2012年度諾貝爾文學獎。

百年諾獎，中國本土第一人。消息傳來，舉國上下話諾獎，街頭巷尾說莫言，不只是高密人高興。10月13日，我到杭州參加大學同學聚會，在杭州南站（蕭山）一下火車，見馬路兩邊的電子看板上不斷地滾動播出「慶祝中國作家莫言榮獲諾貝爾文學獎」以及介紹莫言生平、作品的內容。遠在湖南澧縣的同學給我打電話，說在澧縣的大街小巷掛滿了橫幅和標語，寫著「慶祝中國作家莫言獲得諾貝爾文學獎，中國加油」之類的口

2012年12月10日莫言在斯德哥爾摩領取諾貝爾文學獎

號。福州的同學說，福州的街道上也是如此。我從杭州到千島湖，一路上有的遊客竟把我當作莫言。當知道我是莫言的大哥時，遊客們爭相與我合影留念。我們下榻的杭州「新年禧酒店」的老闆娘蔣海菜女士竟讓我為她的餐廳命名。可見。全中國人民都為莫言得獎高興。莫言為家鄉爭了光，為中國人爭了光。我作為兄長，當然為之高興，不禁寫下如下雜感。

一、天上掉下個林妹妹。

前幾年就有預感，覺得莫言有得諾獎的希望，但沒有想到來得這麼快。當莫言提前20分鐘告訴我瑞典有關方面已來電話告知他得獎時，還是免不了喜出望外。晚上7時前，莫言一家就來到我家和我們一起收看鳳凰資訊台的節目。

7時整，電視臺準時轉播了斯德哥爾摩的現場。主持人話語一落，我們全家人高興得站起來鼓掌。我當時真有「天下掉下個林妹妹」的感覺。諾獎對我們來說，是那麼陌生，又那麼熟悉，那麼令人企盼。現在，她就來到了我們面前。

二、平靜後的思考

很快，我心中的熱潮就平靜了下來。首先，我覺得，這個獎雖然是莫言多年勤奮努力得來的，但從文學的角度來說，並不能說明莫言的作品就是最優秀的。只能說，中國文學得到了世界的承認，這是中國當代文學的進步，這是中國改革開放的成果。這說明中國在進步，世界在進步，人類在進步。這個獎是頒給莫言的，也是獎給中國文學的，她屬於整個中國作家，屬於中國人！

其次，莫言獲得諾獎，也就是得了一個文學獎而已。只不過這個獎影響大一些，獎金多一些。諾獎設立百多年來沒有中國本土人的份，莫言是中國的第一個。作為莫言的親人，莫言的鄉親，特別高興也是理所當然

的。這些天來高密的人處於高度興奮之中。感到莫言為高密帶來了聲譽，帶來了機遇，個別同志做出了各種發展高密文化經濟的設想，這也無可厚非，不能看作在「消費莫言」。莫言生於斯，長於斯，喝膠河水、吃紅高粱長大，沒有高密這方水土的養育，沒有齊文化的薰陶，沒有高密師友長輩們的教誨，就沒有今天的莫言。如今他為家鄉爭光，為家鄉做事，是應當的。我希望大家趕快冷靜下來，以平常心對待莫言得獎這件事，認真研究，少說空話，多做實事，多做對高密老百姓有益的實事。

三、不存在中日PK

在一片喧囂聲中，有人說莫言PK掉了小日本，要慶祝「抗日勝利」。我要告訴大家，儘管事先有的博彩公司把莫言放在第一位，有的把日本的村上春樹放在第一位，而最終莫言得了獎，這其中並不存在二人PK的問題。人家瑞典皇家文學院的院士們一向是只看作品不看人的，是從純文學的角度出發的。當此日本將中國的釣魚島「收歸國有」激起中國人民的民族義憤，中日兩國關係降到建交四十年來的低谷之時，人家瑞典皇家文學院絕不會介入其中。更何況，日本的村上春樹與大江健三郎一樣，一直公開認為釣魚島是中國領土。村上春樹甚至認為，日本的野田首相玩弄釣魚島「國有化」的把戲是在玩火，好像一個人喝醉了酒，酒醒之後，會只剩下頭疼。當然，莫言獲獎，長了咱們中國人的志氣是真的。願中國的作家們繼續努力，願莫言繼續努力，寫出更多的有世界影響的好作品。

四、莫言的作品不是「魔幻現實主義」

自莫言登上文壇之後，不少評論者把莫言的作品說成是「魔幻現實主義」，我認為這是不正確的。不錯，莫言寫作之初是受過拉美魔幻現實主義的影響，但據我所知，莫言連馬爾克斯的《百年孤獨》都沒有讀完。

早在1986年，莫言即曾在《世界文學》上發表過一篇文章《兩座灼熱的高爐》。文中說：「我對自己說，逃離這兩座高爐（指馬爾克斯和福克納），去開闢自己的世界。」「我如果繼續迷戀長翅膀的老頭，坐床單升天之類鬼奇細節，我就死了。」事實證明，莫言在此後的寫作實踐中，樹立起自己對人生的看法，開闢了一個屬於自己領域的陣地——高密東北鄉文學王國，建立了一個屬於自己的人物體系，形成了一套屬於自己的敘述風格。這是獨一無二的。這才是莫言獲獎的真諦。

不錯，在媒體報導的瑞典文學院的頒獎詞中，確實提到了「魔幻現實主義」，但據諾貝爾文學獎評委前主席謝爾・埃斯普馬克說：那是中國人翻譯錯了。他們說的是「hallucinationary realism」，應譯為「幻覺的現實主義」，而不是「magic realism」（魔幻現實主義）。這就對了，因為「魔幻現實主義」是拉美的，而「幻覺的現實主義」是從中國古老的敘事藝術中來的，這是莫言對中國神話、民間傳說尤其是齊文化的傳承和創新。莫言崇拜蒲松齡，喜愛《聊齋》，自幼聽了爺爺們無數的民間故事，有些在作品中引用過。於此亦足見古典民間傳說的世界意義。所以我一向認為，研究莫言，應該從齊文化裏尋根。

五、「無冕之王」真厲害

從10月9日開始，國內外上百家媒體的數百名記者，開始雲集高密，背著「短槍長炮」（攝影工具）滿大街亂竄。我們家的所有電話幾乎被打爆，莫言只好關閉了手機，躲在家中不敢出門。記者們發揮「牛皮糖」精神，連我也黏住不放，圍追堵截不放鬆。老家的老父親已經90歲，也成了記者追尋的對象。莫言二哥更成了莫言的「代言人」，半個月下來，口乾舌燥，嘴起燎泡。連住在沙口子村的小姑家也每天都有記者登門。有時候，記者們半夜三更敲門。一清早，單元門口就聚滿了記者。老家的老房子來了一批又一批的參觀者，老父親種的胡蘿蔔已經被參觀者拔光。我們老兩口外出六七天，剛到家，就被記者堵在了單元門口！我不禁感歎，無

冕之王——記者，真厲害啊！令人可笑的是，在網上，在報刊上，有的記者竟然捕風捉影，道聽塗說，連我們老父親都改姓了「莫」，大哥也變成了二哥！還有更可怕的，有的記者竟張冠李戴，移花接木，斷章取義，無事生非，發了一些莫名其妙的消息。還有的記者，根本沒有讀過或沒有讀懂莫言的作品，把莫言散文裏的一些情節當作事實寫進了報導文章，鬧了一些笑話。我在這裏要說，莫言的散文也是小說，不能當真的。散文是創作，允許虛構，這也是傳統。容我在下段多說幾句。

六、莫言的散文也是小說

散文可以虛構，這是中國散文的傳統。范仲淹沒到過岳陽，寫出來的《岳陽樓記》膾炙人口，流傳千古。楊朔的散文《雪浪花》裏的老泰山，《秋色賦》裏坐火車大發詩興的老農民，一定是虛構的。莫言的散文也一樣。莫言在到俄羅斯之前就寫過《俄羅斯散記》。平安莊雖有基督徒，卻沒有帶著「高高十字架」的教堂，大欄一帶更不存在什麼「雪集」。村裏有一個門老頭，是一個老黨員、老光棍、老五保戶，他沒有能力搞到幾十萬隻酒瓶子，即使搞到了，也早就當廢品賣了換了酒喝，絕捨不得用來砌牆（見《會唱歌的牆》）。而在《第一次去青島》一文裏，說他背了二十斤花生米、二十斤綠豆、二十斤年糕，到青島去送我。送我去青島，確有其事，他在青島迷了路也是真的，但背的東西純屬虛構。那還是1973年春節的事。那時還是計劃經濟，花生是油料作物，禁止買賣流通，綠豆和蒸年糕的粟子，都是小雜糧。這三種作物，當時生產隊裏種得極少，家裏到哪裏去搞這麼多稀有珍品？即使搞到了，上火車也會被查出來，把我們當糧販子抓起來。再說，三樣東西重達六十斤，我還抱著一個不足三歲的孩子，穿了一身厚重的棉衣，送行的人又不能送進碼頭，我一個人哪來的神力把這麼重的東西背上輪船？這些事，莫言只是從寫文章的需要出發，他姑妄言之，我們姑妄聽之可也。萬不可當真，更不能將其引入自己的文章，當作實事進行宣傳。

七、莫言作品進教材

早在1989年，濰坊市教研室有關同志就通過我將莫言的短篇小說《大風》編入了主要供中學生閱讀的《濰坊古今詩文選》（鄭華主編）。後來，人教社又把莫言的散文《小說的氣味》編入了中學閱讀教材。我認為，把作家的作品編入中學教材，這算不上一種獎賞。但莫言作為諾貝爾獎獲得者，其作品編入中學及高校文科教材，應該是題中應有之義。我認為，莫言的中短篇小說，有些寫得比其長篇還要好，如果要選的話，《大風》、《枯河》、《斷手》、《透明的紅蘿蔔》應該是首選。

總之，藉莫言得諾獎之機，讓我們多讀一點他的作品，多讀一點好書，才是正理。

莫言獲諾獎是中國社會的進步，
是人類的進步

—— 在山東大學「莫言文學創作學術研討會」上的發言

首先感謝山大宣傳部李部長、文學院鄭院長、賀立華教授對我的邀請，使我有機會出席這個座談會，讓我聆聽了各位專家教授的發言，真是獲益匪淺。另外，作為莫言的長兄，我代表我們全家對各位專家教授長期以來對莫言的支持、關心和厚愛表示衷心的感謝。

我談的第一個問題是對莫言獲獎的感想。我覺得莫言能獲得諾獎，是中國文學的進步，是中國社會的進步，是人類的進步。下邊分別進行闡述。

中國文學的進步。改革開放以來，國外各種文學流派的理論及著作紛紛進入中國，大批中國作家得到了更多的借鑒和學習的文本，衝破了文藝「雙為」方針的局限，站在純文學的角度寫出了大量好作品，得到了世人的承認。莫言在這些作家中不能說是最好的，但絕對是一流的，是他們的代表。在這些作家中，鐵凝、賈平凹、劉震雲、閻連科、畢飛宇、余華、蘇童等，我都很喜歡。因為他們的作品都寫得很好，不再是為配合合作化運動，也不再是歌頌反右、大躍進、人民公社，甚至歌頌「文革」的那種為中心服務的令人生厭的作品。

中國社會的進步。回顧莫言的創作道路，那真是充滿風險的，一路走來，無限坎坷。想當初《金髮嬰兒》被說成是精神污染；《紅高粱》被無限上綱；《豐乳肥臀》被大批判，被告發到解放軍總政總參首長面前，甚至還遭到人身攻擊。為了怕有人對號入座，莫言有時不得不特地在作品

2012年10月11日晚莫言得諾獎後在高密新聞發布會上接受採訪。

發表時於文末加上「高密東北鄉不是地理名詞，是文學背景，請勿對號入座」之類的話。

現在，莫言終於得到了理解，得到了包容，去年得了「茅盾文學獎」，當選了中國作協副主席；今年得了諾獎，李長春同志、中國作協都發來了賀信。這說明中國在進步。當然，也還有雜音，「左」的嫌莫言太右，右的說莫言太左，指指點點，說三道四。但這終歸無關大局。

人類的進步。瑞典文學院把文學獎發給了一個曾經是中國軍人，現在是中共黨員、中國作協副主席的「體制」內的人，說明西方人逐漸擺脫了冷戰思維（起碼是諾獎評委們），從純文學的角度出發，從人的角度出發來審視中國文學，審視莫言的作品，這不能不說是一大進步。當然這與中國的國際地位的提高大有關係。

我談的第二個問題是莫言作品的定位問題。我認為，莫言不屬於魔幻

2012年10月13日上午，莫言在高密家中接受部分媒體採訪，他說：「一人（提）一個問題」（《中國新聞周刊》記者陳濤攝）

現實主義，而屬於中國本土的、傳統的現實主義。至於叫什麼名詞，我不會說。現在文學理論的名詞太多，有的文章我也看不懂。其實叫什麼並不重要，關鍵是要能概括地表述其實質。理由如下：

1. 諾貝爾文學獎評委會前主席謝爾·埃斯普馬克說，給莫言的諾獎頒獎辭裏說的不是「魔幻現實主義」而是「幻覺的現實主義」。我不懂英文，如果真是如此，那就對了。眾所周知，魔幻現實主義是拉美的，代表人物是馬爾克斯，代表作是《百年孤獨》。莫言自己說，這部名著他並沒有讀完。而且莫言早在1986年就曾在《世界文學》上發表過一篇題為《兩座灼熱的高爐》的文章。文章中說：「我如果繼續迷戀於長翅膀的老頭，坐床單升天之類的鬼奇細節，我就死了。」這說明，莫言確實受過拉美魔幻現實主義的影響，但早就有意識地進行了逃離。事實證明，在此後的寫作實踐中，莫言樹立起了自己對人生的看法，開闢了一個屬於自己的文學領地──高密東北鄉文學王國，建立起了屬於自己的人物體系，形成了一套自己的敘述風格。一句話，形成了自己獨特的莫言風格。

2. 莫言的幻覺的現實主義，是從中國古老的敘事藝術中來的，這是莫言對中國神話、民間傳說，尤其是齊文化的傳承和創新。莫言崇奉蒲松齡，喜愛《聊齋》，在小說中多次直接引用爺爺們講的民間故事。行文風格大有莊子之風，汪洋恣肆，如行雲流水，一瀉千里；如楚辭漢賦，狀物敘事，極盡鋪陳宣洩之能事。美在民間，民間有「寶」，莫言對民間的東西所進行的挖掘和繼承，具有世界意義。所以我一再說，研究莫言應該從齊文化裏尋根。

3. 莫言作品中幾乎所有的人物或事件，在現實生活中都有原型或事實，有的甚至是其親身經歷的事件，只不過進行了文學的演繹而已。莫言堅持寫人，寫人性，他宣稱自己是在「作為老百姓寫作」，是「把好人當壞人寫，把壞人當好人寫，把自己當罪人寫」，總之不離一個「人」字，直刺人性的深處，既弘揚人的大善，也挖掘人的大惡。這使我想起了我的老師錢谷融先生，他老人家早在上世紀50年代末60年代初就發表了著名的《論文學即人學》的文章。當時受到了文痞姚文元的批判，也得到了周

揚的支持。人的醜惡的一面，如果被誘導出來是很可怕的。現實生活中，尤其是「文化大革命」中，人們暴露出來的「惡」（舉例略），是不亞於《紅高粱》裏的剝人皮和趙甲的「檀香刑」的！長期的階級鬥爭對人性的戕害，是無法估量的。揭露它，就是希望不要再發生這種事情。

　　時間關係，發言至此，謝謝大家！

2012年11月10日

第二章
莫言與故鄉

身居平安裏心憂天下；神遊東北鄉筆寫華章。

唯有根植故鄉，莫言問鼎諾貝爾；

只管潛心寫作，且說學習高爾基。

如椽筆筆寫天下事；且尋根根植東北鄉。

高密大欄東北鄉乃莫言之文學王國；

棉花蘿蔔紅高粱須記取非種樹之書。

且攬密邑勝景，看鳳凰名園，南湖風月；

若論古今人物，有三賢事蹟，莫言文章。

莫言作品中的高密方言土語例釋

　　作家在寫作時，為了塑造人物，敘述情節，會不經意地或特意根據需要使用自己所熟悉的方言土語。在老一輩當代作家，周立波即是使用方言土語的高手。其代表作《暴風驟雨》滿篇都是東北話，而《山鄉巨變》中則都是其家鄉話──湖南益陽方言。現今走紅的作家中，賈平凹的作品中，不時地會出現陝西方言。而莫言的作品中，也經常出現高密的方言土語，方言土語的使用，使其營造的「高密東北鄉」文學王國更加真實，使人物更加生動，栩栩如生，讀來倍覺親切，有普通話辭彙所不能替代的趣味，可意會而不可言傳。但方言土語亦有其局限。因為它只流行於某一個地方，到了其他不是該方言區的地方，則很可能讀不懂，往往要加以注釋。莫言所使用的高密方言土語也如此。現舉例解釋之，供讀者參考。

1. 棉花地去年秋天就耕過了，凍了一冬，現在很暄。──《白棉花》

　　暄：$\binom{ㄒ}{ㄢ}$鬆軟。

2. 嗤哼鼻子。──《野種》

　　原指很響地哼鼻子或喘粗氣，形容一個人很驕傲，自命不凡的神態，並不一定是鼻子發出的聲音。

3. 老余我口才天生強。──《野種》

　　強：$\binom{ㄑ}{ㄤ}$，比××好，厲害的意思。

4. 與哪個放牛的小覓漢同吃同住同勞動。──《紅耳朵》

　　覓漢：長工，雇工。

5. 支使你的狗咬了我。──《懷抱鮮花的女人》

支使：一般寫作「指使」，唆使、指派之意，一般用作讓某人去幹一件壞事。受指派者是被動的。

6. 紫荊是一溜十八村的「茶壺蓋子」。——《金髮嬰兒》

茶壺蓋子：是指某一處婦女中最漂亮的一個。

7. ……是男人的耍物。——《金髮嬰兒》

耍物：玩具。

8. 聽煙頭灼燒皮膚的欻啦聲。——《金髮嬰兒》

欻（ㄔㄨㄚ）啦：也寫作「欶啦」，象聲詞。

9. 養了這個膘兒子。——《模式與原型》

膘：也寫作「彪」，是傻、呆、憨的意思。

10. 你考不上大學我反倒歡氣。——《球狀閃電》

反倒：反而；歡氣：高興，開心。

11. 別扯著不圓圓，拽著不長長。——《球狀閃電》

與「不爭氣」、「朽木不可雕」、「爛泥糊不上牆」、「扶不起來的劉阿斗」等俗語同意。長讀ㄔ。

12. 把你姐姐帶賴醜了。——《從照相說起》

帶賴：一般寫作「帶累」，連累。由於甲的出現或言行，使乙變壞，或受累不利。

13. 我自己不賺人喜。——《從照相說起》

不賺人喜：不討人喜歡。

14. 是你哥上大學，又不是你上，燒包什麼——《我的大學》

燒包：因某事而沾沾自喜，得意忘形，到處賣弄，統稱為燒包，燒的。

15. 你這一疤棍子把你爹擂倒了。——《美麗的自殺》

疤棍子：木棍子，木頭棒子。

16. 又給我折騰了一腚饑荒。——《美麗的自殺》

一腚饑荒：很多債務。

17. 你不就是闖好了嗎？——《也許是因為當過財神爺》

闖：指在外工作，闖蕩世界。

18. 你別用這樣的話來嗝應俺了。——《也許是因爲當過財神爺》

   嗝應：使人噁心、嘔吐，讓人難堪。

19. 立正站在灣崖上——《歡樂》

   灣：池塘。

20. 給全村人服脾寒藥。——《歡樂》

   脾寒：瘧疾。

21. 把個腦子硬給踢蹬了——《歡樂》

   踢蹬：弄壞，完蛋。

22. 一個小，一個嫚。——《歡樂》

   小：男孩；嫚：女孩。

23. 她吃著我送的糖，恣得格格笑。——《歡樂》

   恣：高興，舒服，開心，愉快，舒坦。

24. 鱗刀魚——《牛》

   鱗刀魚：「刀」（ㄉㄠ），即帶魚，又稱刀魚。

25. 你以為老子善嗎？老子不善——《戰友重逢》

   善：簡單、平常、一般；不善則是不簡單，不平常，不一般，很厲害。

26. 心臟卻焦躁得彷彿皺皮的鹼嘎渣。——《築路》

   嘎渣：乾結的硬皮。鹼嘎渣即因流汗多在衣物上結的白色硬皮，或指鹽鹼地上乾結的硬皮，人體上傷口處的硬皮，煮米飯的鍋底，饅頭等食品上的焦皮，都可稱為「嘎渣」。

27. 不是丫頭誰家割捨得扔？——《棄嬰》

   割捨：ㄐㄩㄝ ㄕㄜ，捨，捨棄。

28. 不是你太嘎咕，戤上我的火，我也不會揍你。——《三匹馬》

   嘎咕：不講理，胡攪蠻纏，難對付的怪脾氣。

29. 腰卡卡的，膀乍乍的——《三匹馬》

   卡（ㄑㄧㄚ）卡：細。乍乍：寬。形容男子腰細肩寬，身材健美，有力

氣。

30. 您聽到了吧，殺倒秫黍閃出狼來了——《豐乳肥臀》

殺：砍；秫黍：高粱；閃：閃現，空出，露出。

31. 司馬庫赤裸著躺在材天上——《豐乳肥臀》

材：棺材；材天：棺材蓋。

32. 都在笑張扣因歌唱而咧得極大的嘴，能楦進個餑餑去。——《天堂蒜薹之歌》

楦：原意是做鞋用的模子，此處用作動詞，填，塞之意；餑餑：圓形饅頭。

33. 把手裏的麥子分成兩撮，擰成一個要子——《天堂蒜薹之歌》

要子：亦寫作「腰子」，收穫作物時，以作物秸稈為之，用來捆紮。

34. 給你戳弄壞了，俺可賠不起——《天堂蒜薹之歌》

戳弄：瞎鼓搗，亂動。

35. 你願意嫁給個「棺材瓤子」——《天堂蒜薹之歌》

棺材瓤子：形容一個人身體極差，長年生病，時刻都有進棺材的可能。

36. 你這個「劈叉子」，年紀輕輕就這麼狠！——《天堂蒜薹之歌》

劈叉子：對小姑娘的污辱性稱呼。

37. 爹說，只要我喘著一口氣，就撇不了大把。——《天堂蒜薹之歌》

撇不了大把：指辦事牢靠，不會太偏離了原則和規矩。

38. 也有懶月的，老婆說。——《天堂蒜薹之歌》

懶月：指女人生孩子超過了預產期。

39. 這小子真頂打。——《天堂蒜薹之歌》

頂打：抗打，耐打，打不死，不討饒。

40. 實在活不下去了，尋思個方方死。——《天堂蒜薹之歌》

尋思：想；方方：方法，辦法，手段。

41. 杏花爹爹煞著胳膊。——《天堂蒜薹之歌》

　　夯煞：（ㄏㄤ ㄕㄚ）張開，多指橫向裏張開。有時也用以諷刺某人驕傲自滿，自我膨脹，如「夯煞」得你不輕。「夯煞」得奇厲害。

42. 狼也不喜得吃。——《酒國》

　　不喜得：喜（ㄒㄧ）；得（ㄉㄜ）。不喜歡，懶得，討厭。

43. 用70℃的水，屠殺掉他的毛髮。——《酒國》

　　屠殺：殺豬或雞鴨時，用開水燙後褪毛。

44. 舒服到雲彩眼裏去了。——《酒國》

　　這句話的意思是舒服到極點，欲仙欲死。

45. 爹不是個善茬子。——《檀香刑》

　　不是個善茬子：不是個簡單的一般人物，是個大有來頭，心狠手辣，非同一般的厲害角色。

46. 才剛拉過啦！——《食草家族》

　　才剛：「剛」讀ㄐㄧㄤ，即剛才。

47. 那匹馬奇俊。——《食草家族》

　　奇：副詞，很，挺，非常。

48. 聽到他在院子裏整夜出溜。——《食草家族》

　　出溜：動作輕盈地走來走去。

49. 心急喝不到熱黏粥。——《紅高粱》

　　黏粥：以大米、小米、麵粉做成的粥，稀飯統稱之為黏粥。

50. 她打的什麼譜？——《紅高粱》

　　譜：計畫，安排，盤算，主意，也叫「譜氣」。

51. 你不用夯煞著眼翅毛跟我裝聾作啞。——《紅高粱》

　　眼翅毛：「翅」讀ㄓ，即眼睫毛。

52. 你茂不茂，呂不呂，什麼歪腔邪調。——《紅高粱》

　　茂不茂，呂不呂：茂腔不像茂腔，呂劇不像呂劇。茂腔，呂劇都是山東的地方戲。其中茂腔多流行於青島、高密、膠縣、諸城一帶。

53. 小黑馬扽挓著尾巴。——（同上）

挓挲：同奓煞。

54. 穿著一身洗得板板錚錚的白洋布褲褂。——《紅高粱》

板板錚錚：一般寫作「板板正正」或「板板整整」，亦說成「板整」「板正」。即整潔、漂亮之意。

55. 他知道我奶奶年紀雖小，但肚裏長牙……——《紅高粱》

肚裏長牙：形容一個人工於心計，膽子大，點子多，有城府，不簡單。

56. 你擠圪著尿罐眼淌臊水就能讓我不殺你嗎？——《紅高粱》

擠圪著尿罐眼：圪讀如（ㄐㄧㄚ），是罵人愛哭之意。

57. 俺村來「倒地瓜」的不光我一個。——《紅高粱》

倒地瓜：原意是指在收穫過的地瓜（紅薯）地裏再用鐵鍬翻一遍，尋找落在地裏的地瓜，進行第二次收穫。此處指到受過戰火災難的村子裏撿洋撈、搶東西。

58. 都是那個小娼婦調弄的。——《紅高粱》

調弄：教唆、調唆、指使、唆使，搬弄是非。

59. 「洪書記，俺血裏有毒，別沾了您啊。」——《生死疲勞》

沾（ㄓㄢ）：弄髒。

我的高密東北鄉的四季田園

　　我在很小的時候，大概長得又黑又胖，有點可愛。常到我們家找酒喝的村幹部杜大爺，給我起了個外號叫「小黑牛」。「小黑牛」大概也不笨，三四歲的時候，就能把家裏門上的對聯讀出來。大門上是：「忠厚傳家久，詩書繼世長。」堂屋門上是：「向陽門第春常在，積善人家慶有餘。」爺爺房門上是：「壽似南山不老松，福如北海水長流。」《千家詩》上的「春眠不覺曉」之類的詩也能背幾首，所以很得長輩們的寵愛。爺爺每逢去趕集，總要懷揣一個熱火燒回來給我，我捨不得獨吞，總要讓奶奶先吃。大姑因為沒有孩子，一直拿我當親兒看待，不但幫母親給我做衣裳，而且每逢大欄集，往往要給我買火燒，買花生。冬季的集日上，吃著火燒，就著花生，鑽到人堆裏，聽說書人說山東快書「武老二」（武松），是我童年的最大幸福。那說快書的找一個避風向陽的地方，把手中的鴛鴦板一打，走著圓場。人們就湊過來，或坐或站，成一個圓圈，然後他就開說。說書人往往是先說一個開篇，人到得差不多了，才正式說書。記得有一個開篇是：「天怕烏雲地怕荒，當官的就怕民不順，民人就怕官貪贓，小學生就怕考大考，老師就怕整思想。」句句是至理名言。書說到緊要處，說書人就賣關子：「要知後事如何，且聽下回分解。」或是：「說到此處算一段，潤潤嗓子咱再談。」然後端著帽子（或盆）轉圈要錢。有人此時想開溜，說書人就變著法兒編故事罵他，那想溜的人只好交錢。錢不在多，三分五分皆可。小孩子不用交錢，夾在人縫裏聽就行。

　　小時候最盼的就是過年。一進臘月，就掐著指頭算，心心念念地盼。那時的冬天冷啊，交了九之後，冰封大地，地都凍裂了。雪大得封住了

門，屋簷上掛著長長的冰淩。膠河裏結了冰，凍透了，我們在冰面上溜冰，打陀螺。青年人聚在一起「打撿兒」，誰輸了就「摸乎」。一群人跟著鬧鬧嚷嚷。好熱鬧，好開心。所謂「打撿兒」，是用一塊圓木，兩頭削尖，即是「撿兒」，然後用一根木棒打擊「撿兒」的一頭，當它彈起時，再攔腰一擊，視「撿兒」落點決定打幾棒，預先要好距離，幾棒子打下去，然後像跳三級跳一樣用大步去量，如果達不到所要的距離就被淘汰，達到距離可接著打，誰打得遠，誰贏，輸了的就要「摸乎」。「摸乎」也是預先講好的，比如說，摸村東頭的大槐樹。去摸的人要用布把眼睛蒙上，自己憑感覺走去摸。最搞笑的是，蒙住眼睛的人要被贏家抬起來轉三轉，摔三摔，推推搡搡十幾圈，再搗幾拳，直到把他鬧得暈頭轉向，然後再讓他去摸。大家就跟在他後邊看笑話。那個瘋啊，真是既鍛鍊了身體又開心。到了晚上，村子就成了孩子們的天下，大家一起在街上瘋玩，躲貓貓，擠大個，滿街亂竄，直到家長喊回家才散夥。

臘八到了。早上，母親用八種糧食及乾果熬了滿滿一鍋「臘八粥」。大家喝了，就開始掃屋除塵，屋裏屋外，犄角旮兒都掃得乾乾淨淨，準備過年。孩子們唱著：「喝了臘八粥，就把年來數；辭了灶，年來到。」臘月二十三，是辭灶日。爺爺早就買好了「灶馬」。所謂的「灶馬」，實際上就是一張木版年畫，大部分是公婆廟（今東風村）印的。「灶馬」共分三部分。最上邊的是一長條，上印一個戴官帽的人騎在飛奔的馬上。那戴官帽的人就是灶王，正騎馬上天去述職。中間一部分是「灶馬頭」，就是一張表格狀的年曆，每月的大小，每月的農事都列在上面。還有關於旱澇、收成等的預測，如「九龍治水」、「三人四餅」、「三姑看蠶」之類。農村人平常說的「人多亂，龍多旱，老婆多了晚了飯」就是從這裏來的。如果「灶馬頭」上說，今年「九龍治水」，則今年將乾旱，反之則澇。「灶馬」最下邊一部分最大，畫著一張供桌，供桌上擺著供品，後邊坐著一個老頭，蟒袍玉帶烏紗帽，這就是灶王。他身邊坐著兩個太太，也都是鳳冠霞帔，十分慈祥。關於灶王爺，濰坊地區傳說他姓張，有一齣戲叫《張郎休妻》就是說他沒有福氣，休了賢妻，討飯來到前妻灶前，凍餓

而死，死後成了灶王。所謂「辭灶」，就是灶王要暫時告辭，上天去述職，報告戶主一家的凶吉禍福，然後在除夕夜再回來繼續任職。為了防止灶王上天胡說八道，人們除了要包餃子上供賄賂他之外，還要供一種麥芽糖做的「糖瓜」。「糖瓜」是黏的，灶王吃了「糖瓜」就把嘴黏住了。我心裏想：把灶王的嘴黏住了，壞話自然不能講了，但好話不是也講不成了嗎？拿這話去問母親，挨了母親的罵。灶王雖然官小，但也是神啊，神是不能褻瀆的啊！「灶馬」的三部分是這樣處理的：最上邊的一條，辭灶時放在紙錢裏燒掉，意味著灶王上天；中間的「灶馬頭」貼在炕頭牆上或房門後，作日曆用；最下邊那張灶王畫像，辭灶那天晚上把它貼在鍋灶旁邊的牆上，以暫時代替離職的灶王，除夕夜過年燒紙時把它揭下來燒掉，因為此時灶王已經從天上回來復職，這張畫像就失去了作用。

過年還要買年畫，儘管牆已被熏黑，但貼上幾張年畫，也能增加幾分喜氣。先前的年畫都是木版年畫，什麼「麒麟送子」、「連年有餘」之類。後來新年畫出來了，印張大，畫面新，畫的人或物十分逼真，木版年畫買的人就少了。有一年，爺爺買了一張「梁山一百零八將」，足有一張紙那麼大，畫上一百零八名梁山好漢栩栩如生，貼在牆上佔了半邊牆。沒事我就湊在畫上看。爺爺就講什麼「梁山一百單八將，九十六名在山東，領頭的好漢是宋江，有個軍師叫吳用」，什麼「武松單臂擒方臘，滅了梁山一盞燈」，講得讓我入了迷。有一年，叔叔買回了一張「西廂記」，畫面上是張生爬牆會鶯鶯。我看不懂，母親就給我講紅娘撮合張生和鶯鶯的故事，聽得我十分神往。貼了年畫，還要封窗，買來新的白紙，把窗戶重新糊過，四角貼上奶奶或母親剪的窗花，兩邊貼上「窗旁」，上方貼上「窗仰視」。「窗旁」和「窗仰視」都是木版年畫，上邊印著花瓶，花瓶裏插著鮮花，大紅大綠，十分喜慶。

然後就是買鞭炮了。那時候，有一種「沙溝」爆仗，雖然不大，但特別響。這種爆仗用白紙捲成，中間一圈紅紙，點著之後，先噴火花，然後是一聲巨響，震耳欲聾。還有「二踢腳」，拿在手裏放，一聲在下邊響，還有一聲竄到天空去炸響。這些都是爺爺年前到各集市賣木貨時順便帶回

來的。看看年貨辦齊了，我們心裏就忍不住激動起來。特別是看到母親為自己縫製的新衣服時，儘管年關已到，還是有些急不可耐起來。

過年是隆重而神祕的。除夕（大月臘月三十，小月廿九）那天下午，一個家族的男人們，成群結隊去野外死去的先輩墳墓前上墳，燒紙，放鞭炮，磕頭。這次上墳是請先輩們回家過年的意思。回家後，掛起「軸子」（一張寫有祖宗名諱的撲灰年畫），擺起了供。供桌上有擺在一起的五個大餑餑和雞鴨魚肉做的菜，一般是八大碗，菜肴上都插有一棵碧綠的菠菜，青翠可愛。除香爐蠟燭之外，還要蒸一碗小米飯，飯裏插上一根桃枝，枝上掛滿銅錢，叫「搖錢樹」，旁邊還擺上一把斧頭，預示來年有錢有福。對聯也貼起來了。除門上之外，供桌上方要貼一大「福」字，供桌旁要貼「新年大吉」，炕頭上要貼「新春如意」，箱櫃上要貼「金銀滿箱」、「彩彩衣裳」，圈裏要貼「六畜興旺」，石磨上要貼「一心主正」，大門口要貼「出門見喜」，門上方要貼五張「過門錢」。所謂「過門錢」是用五張彩紙刻出來的吉祥圖案，中間是一銅錢狀的圓，圓上有字，分別是「天、官、常、賜、福」。廂房裏供著財神，一般都是供文財神，也有供武財神的。財神也是一張撲灰年畫，文財神是一頭戴王冠、身穿蟒袍玉帶的長髯老者，旁邊是招財童子。武財神就是關羽，一邊是周倉，一邊是關平。供桌上也是香爐蠟燭餑餑點心之類，有時還會放上一把算盤，大概是給財神算帳用的。

爺爺說，文財神是比干。比干是商紂王的叔叔，宰相，因為給商紂王提意見，被紂王扒了心。沒有心也就沒有偏私厚薄，所以讓他當財神，最公平。武財神為什麼是關羽呢？因為關羽降了曹操，曹操對他「上馬金，下馬銀，美女十群」，關羽卻不動心，一聽到劉備消息，就離了曹營。關羽不愛財，不貪色，所以讓他當財神，最無私。財神是要接的。接財神的時間有的人家是在天黑之後，有的人家是半夜時分。我們家就是半夜時分接財神。接的時候要先看「灶馬頭」，那上邊有今年財神所在的方位。如果「灶馬頭」上印著今年「財神正南」，那麼父親就會用一個木盤端著一碗剛出鍋的餃子和一杯酒走到胡同裏，放下盤子，燒一捲紙，然後用酒奠

莫言和母親、文學評論家朱珩青、記者陳雷

過，向正南方磕頭，磕完頭回家，財神就接到了。小時候，我心裏就想：財神只有一個，家家都接，肯定早接比晚接好啊！我們家何必要等到半夜呢？拿這個問題向爺爺請教，爺爺說，接財神不在早晚，關鍵看接的人是不是誠心誠意，還要看這家人家是不是積德行善，和睦團結——家和萬事興，和氣才生財呢！接來財神就過年了，菜肴早已擺上了炕桌，還有黃年糕。餃子下出來了，爺爺率領我們在院子裏設的天地諸神供桌前燒紙、磕頭、放鞭炮，然後回到屋裏，在供桌前面向「軸子」依次磕頭。爺爺只給祖宗磕一個就上炕吃餃子了。然後是父親，他除了給祖宗磕一個之外，要給爺爺奶奶磕。一邊磕嘴裏還要說：「給大磕頭，給娘磕頭。」再依次排下去是叔叔，我，弟弟們，只要比自己大的，都要磕到。磕的時候，給祖宗磕的一個不用說話，給長輩磕的，一邊磕，一邊要說出來。長輩們會說：「不用磕了，上炕吃餃子吧。」女人們似乎是不跪下磕頭的，有時候是行電視劇裏清宮裏的那種「萬福」禮，雙手放在腰間，略一下蹲而已。

磕完頭就上炕吃餃子了。吃餃子之前先吃年糕。年糕放上了很多紅糖，又香又甜。餃子一般是素餡的，有的裏邊放進了一枚銅錢（硬幣），那銅錢（硬幣）都事先用鹼水煮過，擦得鋥亮。如果誰吃到了包有銅錢（硬幣）的餃子，預示來年有錢花。這對小孩子最有吸引力，為了能吃到一枚銅錢（硬幣），往往會吃撐著了。

　　除夕晚上，大人白天忙了一整天之後，吃了晚飯是可以抓緊時間睡一覺的。但好容易盼來一個年，睡覺似乎太可惜。小時候很願意和只比自己大五歲的六叔一起「守歲」，不睡覺，看供桌，防貓來偷吃。此時蠟燭、燈籠都已點上，照得屋裏屋外一片通明，院子裏鋪上了一層乾草，意思是給騎馬回家過年的先輩餵馬。我發現，這樣做大概還有防盜的作用，因為人走在乾草上會發出「咯吱咯吱」的聲響。我們倆興奮地跑進跑出，把爺爺給買的鞭炮拿出來看了又看，單等半夜時分燃放。「一夜連雙歲，五更分二年。」夜半子時一到，奶奶和母親、嬸嬸先起床，叫醒弟弟妹妹們。平時長輩對孩子們都是直呼其名的，唯獨此時，不能叫孩子們的乳名，因為先輩們都回來過年了，萬一哪一個先輩和孩子重名呢？畢竟年代久遠了，列祖列宗大名是知道的，乳名卻無從查考了。孩子們起床後，換上新衣新帽新鞋子，心中高興。感受到滿堂生輝，雞不叫狗不咬，神聖而莊嚴的氣氛，自然興奮莫名。母親們下餃子，一般都是燒豆秸，因為「燒豆秸，出秀才」；或者燒芝麻秸，寓意是「芝麻開花節節高」，日子越過越好。吃完餃子就放鞭炮。小時候，放鞭炮的活都是叔叔幹，叔叔膽子特別小，半天點不著一個，後來我就奪了權，點得比他快多了。但膽子大就有吃虧的時候。有一年正月到外婆家去，舅舅給了兩個大炮仗，放了一個，還有一個引信不好，沒響。帶回家之後，把炮仗的頭上剝開，露出了火藥，用香去點，老也點不著，就湊上去用嘴吹，「轟」的一聲，炮仗是點著了，但我的臉卻成了張飛，眉毛和前額上的頭髮都燒了。還好，炮仗沒爆炸，眼睛沒傷著。我被父親一頓臭罵，一連幾天都沒有出門。

　　那時候窮人多，一到冬天要飯的就多起來了。奶奶和母親每天都給要飯的人準備一點乾糧，有來要的就給。要飯的人穿得都很破，蓬頭垢面，

看了讓人怕。小時候我最怕沙口子村一個叫「大老劉婆子」的老女人，再就是廣饒、安丘一帶的女人。大人開玩笑說，她們是我的「西奶子娘」。只要我調皮，他們就嚇唬我：「你『西奶子娘』來了。」我就提心吊膽。有要飯的上門，我就呵斥她們，這時，母親就讓我拿塊乾糧打發她們走。然後告訴我：要飯的也不容易，不是餓極了，誰肯拉下臉皮走幾百里路趕著來要飯啊！大年夜裏，要飯的也不閒著，他們會在人家剛過完年不久，站在大門口唱：「財神正北坐，金子銀子兩大垛。」「快拿快拿，金子銀子往家爬。」「快搶快搶，金子銀子往家淌」，人們稱他們是「送財神的」。送財神的人站在門口一吆喝，母親就讓我拿幾個餃子給他們，往往是這個走，那個來，多達七八個。天亮了，有時會在街上碰到他們，一個個要得籃滿罐滿。他們滿口吉利話給你送來財神，誰還會得罪財神啊！

初一早上是上廟拜年的時間。所謂「上廟」，是到村頭上的土地廟去燒紙，放鞭炮；拜年則是給鄰居長輩拜年。到了初二，就要「發馬子」送年了。一般都是在傍晚，下了餃子供上，燒香燒紙之後，就把「軸子」捲起來，意思是過完年了。那麼先輩們到哪裏去了呢？去祠堂了。所以初三那天，一個家族的男人都要集中到祠堂裏，燒紙燒香磕頭，然後吃宴席，把供品都做著吃了，這就叫「樂永」（落影？）。「樂永」的開支是年前由族長挨家挨戶收取的。我們家「樂永」是到王家屋子去。那村裏有幾家管姓人家，也是從管家苓芝搬下來的，他們輩分高，所以「樂永」的事，每年都由他們操辦。我們家一般都是大爺爺和爺爺帶著我去參加。「樂永」之後，先輩們就該歸山者歸山，該歸廟者歸廟了，年也就真過完了。

小時候，因為家裏開著木匠鋪，所以過年後要挑一個好日子（一般是正月初八）開市。開市那天，找一張紅紙寫上「開市大吉」四個字貼在大門外，然後燒香燒紙放鞭炮，中午吃餃子。如果有活的話，爺爺就開始幹活了；如果沒有活，爺爺也要找一塊木頭來砍上幾斧子，以示開工。那時正月裏，各村都有戲班子唱戲。每逢這時候，最高興的是婦女和兒童，可以到處玩。戲臺子前，有賣糖的，賣花生的，賣糖球的，賣泥老虎等玩具的，又便宜又實惠。跟著大人走親戚也是一件樂事。小時候常跟奶奶一起

到東王家芎芝父親的外婆家去。那時父親的外公外婆都還在，八十多歲了。老外婆個子很高，老外公的白眉毛長得蓋住了雙眼，聾得什麼也聽不見。父親的二舅有兩個妻子，吃飯時，都是那個小舅媽在忙，給全家人盛了飯自己才能吃。後來，老人們都去世了，奶奶也就不去了。跟母親一起到外婆家去也很高興。外婆和姨性格開朗，還沒有進他們家的大門口，就可以聽到她們在家裏說笑。外公是幹農活的行家裏手，家裏拾掇得乾乾淨淨，有條不紊。舅舅是小學教師，很會說笑話，所以我願意去。姑家就在譚家荒，很近。他們村的戲班子戲唱得好，姑又喜歡我，所以有空就想往姑家跑。

轉眼就是元宵節了，從正月十四開始就上燈。奶奶讓我提上燈籠到處照，重點是照倉庫、牛欄、水井、廁所，一連三天。小孩子們就放「花」，放「滴滴金」。「花」，又叫「鍋子花」，是用泥巴做成各種動物的形狀，裏邊裝上黑火藥，點著引信後，噴出紅白色的焰火。「滴滴金」一般都是用宣紙、毛邊紙等舊書捲成的，裏邊也是黑火藥，點著後可以拿在手裏，「啪啦啪啦」地冒火花，很好玩，但無數的舊書古籍也就這樣化為了灰燼。元宵節一般是吃餃子，只有豐收的年頭，特別是粟米豐收的年頭才能吃到元宵。

正月十五過了，孩子們就盼天暖和了。「一九二九不出手，三九四九凍死狗，五九六九沿河看柳，七九河開，八九雁來，九九加一九，耕牛遍地走。」一出正月，柳條變綠了，河裏冰化了，地暄了。「二月二，龍抬頭。」過了二月初二，下雨就打雷了。二月二那天，爺爺和父親早早起來，用草木灰在院子裏畫上一個個大圓圈，圈旁邊還畫上梯子。那圓圈就是糧囤，意思是打的糧食滿了囤，要踩著梯子才能夠得著呢！有童謠曰：「二月二打囤子，你舅背著你妗子……」奶奶和母親她們早就炒好了糕豆、黃豆。吃了炒豆牙齒好，牙好胃口就好，吃嘛嘛香。

清明佳節三月三，小夥伴們提籃背筐，來到田野裏挖苦菜、曲曲芽、齊齊毛、「酸拌酒」、野蒜，回家做菜充饑。空閒時間，在曠野墳地間埋好夾子捉鳥。嘴裏學著鳥叫，騙那鳥兒來上當，什麼斑鳩、竄竄雞、蘑菇

油（鳥名），夾住了就是一頓美餐。天空飄著孩子們放飛的風箏，上有八卦、孫悟空、老鷹、燕子。有的風箏上掛了風鈴，嗚嗚地叫著，引得行人們駐足觀看。再下去，陽光和煦，野馬奔騰，大地鬆軟，草色遙青，青草發芽了，長高了。小燕子從南方飛回來了，修補著堂屋樑上去年的舊巢，準備著產卵孵雛。爺爺奶奶說，誰家的日子過得興旺，燕子就到誰家做窩；家裏不團結，日子過差了，燕子明年就不來了。燕子有兩種，一種紅脖梗的是遊燕，它不愛衛生，把屎拉在家裏；一種白脖梗的是家燕，它講衛生，把屎拉在外邊。不管哪種燕子，到誰家誰家都歡迎。看它們成雙成對飛進飛出，人們臉上泛著關愛之情。特別是當小燕子孵出之後，老燕子忙著捉蟲哺雛，小燕兒呢呢喃喃，給家裏添了許多情趣。

清明節的早上，家家都吃單餅捲雞蛋。人們會折一點松枝戴在衣襟上，如果家裏養了狗，連狗脖子上也要帶上，寓意是在這一年裏清清朗朗。莊上好事的人架起了秋千，秋千上也插著松枝，男男女女爭著搶著打秋千。有一種轉秋千，是平地豎起一根大木頭，木頭頂部拴幾根長繩，長繩末端綁一個牛索頭當座位，共兩組或四組，大木頭下邊綁上推桿。好多人跑上前去推著轉圈，牛索頭上坐著的兩個或四個人，就被甩起來，下邊的人越推越快，人就會平著飛起來。坐在上邊的人就驚叫起來，十分驚險，小孩子是不敢玩的。

夏天轉眼就到了。先是洋槐花開了，空氣中瀰漫著槐花的甜香。鐵匠們來了，小響錘一敲，人們圍上來，請鐵匠給打把新工具。更多的是修理舊工具，磨禿了的，加一加鋼，用短了的，接一接長。那鐵匠姓牛，是爺兒仨。紅爐盤起來，大風箱擺開來，老牛掌鉗，大牛大錘，二牛二錘兼拉風箱。老牛的小響錘打哪，大牛打哪。有時二牛也參加進來，那聲音是「噹、噹、噹叮噹，噹叮噹叮噹叮噹」，像鑼鼓點，好聽極了。孩子們圍過來看，只見爐火通紅，那鋼塊從火裏鉗出來，紅得發白，似晶瑩透明，一錘下去，鋼花四濺，美極了。鐵匠常吃的飯是小米乾飯，就在紅爐上自己做，香極了。爺爺說，鐵匠的活兒重，小米營養好，乾飯抗餓，做起來方便，這是他們祖輩流傳的經驗。正因為這樣，鄉里人罵那些光能吃不能

幹的人是「讓你拉風箱你拉不動，讓你上門要錢你怕狗咬，讓你吃乾飯你哧溜哧溜一碗一碗又一碗」，說的就是鐵匠。賒小雞的也來了，挑著兩個特製的平底大籮筐，小雞兒在裏邊擁擁擠擠，唧唧地叫成一片。一進村子，賒小雞的就吆喝：「賒——小雞兒！」聲音婉轉嘹亮，如唱歌一樣。大娘嬸子們圍上來，你十個，她二十，挑挑揀揀，選了又選。令人驚奇的是，小雞兒難分公母，賒小雞的人卻能保證你賒的小雞當中出的母雞不少於多少隻。更令人驚奇的是，不見賒小雞的人記帳。他一路走來，多少村子，賒雞的婦女住在哪裏，賒了幾隻，他都記在心裏，秋後來收錢，從來不會搞錯。還有那收廢品的，也吆喝。你聽：「拿麻繩子換針來！」「拿頭髮換針來！」這是收廢品的。你把那些斷了的舊麻繩子，婦女梳頭攢下的頭髮交給他，上秤稱了，他就給你幾根或幾包縫衣針。還有貨郎，搖著貨郎鼓，「撥隆咚，撥隆咚」，引得孩子們跟著跑。貨郎擔上吃的用的全都有。有一年，從南方來了一個賣梳子篦子的，吆喝起來聲音很怪：「刮子刮子賣刮子！」一個勁地喊。人們出來一看，原來刮子就是梳子和篦子，覺得很好玩。後來，村村有了供銷社，這些手藝人，買賣人也不來了，鄉村裏也少了不少鄉野的歌唱和情趣。

　　端午節到了，家家門口插上了艾草。豐收的年頭，人們也包粽子。那粽子是用蘆葦葉包上粟米和紅棗，味道自然不地道，還不如餃子好吃呢。小麥要收割了。這是農家最重要的農事活動，也是農家的盛大節日。「麥從西來，穀從東來。」小麥是從西邊先成熟的，所以，爺爺他們就穿戴一新，拿上鐮刀到西邊（縣城附近）去「典功夫」（打短工），幫人家割麥子。一來掙幾頓好飯吃，二來掙幾塊錢買幾斤肉、幾斤魚回家「犒勞鐮」，改善一下生活，接著割自家的麥子。割麥子可是技術活，鐮刀要磨得風快。一般人是用短柄鐮，蹲著割，爺爺是用長柄鐮，彎著腰割。割麥子講究速度快，麥茬低，捆得結實。如果領頭的本領高強，後邊的人趕不上，那這領頭的就會遠近聞名。如果領頭的沒本事，被後邊的人趕上了，那他就臉上無光，再不敢領頭割了。所以我們家割麥子，總是爺爺領頭，父親、三叔、四叔們在後邊跟。我們小孩子就跟在大人後邊拾麥穗。爺爺

割過的地方，落下的麥穗最少。午飯是送到地裏吃的。大家把幾個麥個子
叢起來，遮一下火辣辣的太陽，吃著大餑餑，就著鹹魚，特別香。麥子割
倒，當天就得運回家，一般都是爺爺和父親用小車往家推，我在前邊牽牲
口。有一年，在王家屋子前割小麥，用驢子往家馱，這趕驢的活就交給了
我。我感到很自豪，覺得自己長大了，能單獨執行勞動任務了。麥子運回
家，先要用鍘刀鍘下麥穗，然後晾曬在場上，曬好了，套上牲口，拉著石
滾，轉著圈子脫粒。旁邊的人一看到牲口翹尾巴，就趕緊端著一個大瓢跑
過去接牲口的糞便。不然，牲口的糞就和麥子碾在一起了。這端糞瓢的活
有時就是我來幹。六月天，孩兒臉，說變就變。一會兒烈日當空，天氣晴
好，忽然一陣風，雲飄過來了，傾盆大雨下起來。有時候，街西有雨，街
東無雨。所以，一看天要變，趕緊搶場，把麥子垛起來蓋好，否則被雨打
濕，被水沖走可不得了。那時沒有天氣預報，是否攤場曬麥，往往憑經
驗。經常會有人來問爺爺：「二爺，今天這天不要緊吧？」得到爺爺的答
覆後，他們再決定今天的行動。麥子打了，曬乾了，入倉了，男人們鋤豆
子，女人們選草（從鍘下的麥根子裏挑選麥穗）。這些活都幹完了，就該
掛鋤歇伏了。婦女們可帶上針線活，帶上小孩子回娘家住個十天半月。小
時候，我每年都跟母親去外婆家住幾天。外婆家的地種得好，莊稼一行行
都是筆直的，大概播種時事先劃上線了吧。場上也收拾得特別乾淨。菜園
裏有桃樹、李子、木瓜，籬笆邊上還種著百合。最有意思的是外婆家的那
頭黑叫驢，餵得油光水滑，力氣大似牛馬，幹活賣力，竟然欺女怕男。女
人一碰它，它又踢又咬，只有男人可以使喚它。所以，每逢外婆、妗子要
推磨，就把一上午要磨的糧食準備好，然後由外公或舅舅把它的雙眼蒙
上，把它套在磨上，一聲斷喝，它就小跑起來，一個上午也不會停下。但
如果有女人說話的聲音或是去吆喝它，壞了，它就停下來了，任女人怎麼
打罵，它都不走，非得一個男人來大喝一聲，打它一棍，它才走。所以，
外婆家磨麵時，只能悄悄地向磨裏加糧食，誰都不敢大聲說話。我雖小，
但是男人，不受這個拘束。我心裏想：這驢真傻，你可以停下來歇歇的，
欺負女人要多幹多少活啊！

　　整個夏天，孩子們的樂園就是膠河，但家裏大人不放心，不讓下河。有一年夏天，河裏發大水，水剛退，還挺深，我急不可耐地下了河。走到河中心，一下子沒了頂。那時候還沒學會游泳，喝了幾口水。想叫人，一張嘴又是幾口水喝下去了，只聽到向上冒的氣泡在耳邊響。幸虧孫寶義、方延新兩個叔叔看見了，他們抓住我的頭髮，把我救上岸來。事有湊巧，正好父親扛著鋤頭回家，看到我蹲在地上吐苦水。他脫下鞋子，對著我的屁股一頓好打，嚇得我趕緊跑到場上一個草垛後躲起來，飯也不敢回家吃了。待了很久，才聽到奶奶叫我。我跑出來。奶奶說：「該打，沒淹死還不饒倖？回家吃飯吧，你大睡了。」我這才回家吃飯。之後好多天不敢下河。

　　夏天的夜晚，爺爺拿著稿薦（麥草編的草席）到河堤上或場上乘涼。一家人坐在一起，我躺在爺爺身邊，仰望著遙遠而深邃的星空，聽爺爺講那鬼怪神狐及歷史故事。我的思緒也隨著爺爺的故事在鬼神的世界或歷史的時空裏遊蕩徜徉，有時畏懼驚悚，有時仰慕企盼，有時扼腕歎息，有時憎恨憤慨，也有時因白天太累，不知不覺地進入了夢鄉。

　　秋天到了。高粱紅了，穀子黃了，棉花白了，蘆花放了，大豆搖鈴了，地瓜裂嶺了，一年中最忙的時候到了。秋收完了，還要種小麥，立秋那天還得種白菜。大人們顧不上管孩子，孩子們能幹活的跟著幹活，不能幹活的在家看門，誰也不閒著。這時候，最好玩的事，莫過於在地裏燒豆子吃。把乾豆葉集中起來，挑一些好黃豆放在上邊，下邊用火點著，大火過後，脫下一件上衣把灰扇走，剩下的就是熟黃豆粒。大家搶著吃，吃得嘴巴上、臉上都是黑灰。再就是抓螞蚱。秋天，螞蚱肚子裏都是卵，燒著吃特別香。有一種叫「稍母甲」的螞蚱，長長的肚子裏滿是黃色的卵塊，特別好吃。秋天一到，水涼了，魚香了。人們就想法抓魚。爺爺有一個旋網，來到河邊，看準了，撒下去，網網有魚。「秋風響，蟹腳癢。」蟹子們要去海口產卵，順流而下。爺爺就用高粱秸編成「梁子」，攔在河上，一邊留一個口子，口子用幾塊磚頭砌好。晚上，點上馬燈，守在旁邊，那螃蟹就會一個個順著口子爬過來，一抓一個準。有時一晚上要抓幾百隻，

裝滿一大缸，自己吃不了，就拴成一串串的到集上賣。那螃蟹脂黃膏滿，又鮮又香。最壯觀的場面莫過於「翻灣」了。我們村和大欄村中間有一大灣，大灣裏有魚。人們集合起來，脫光衣服，下到灣裏。前邊的人排成一排用手摸，後邊的人架起一張從東到西的大網，跟在摸魚人的後邊緩緩前進。摸到的就往岸上扔，岸上有人專門拾魚。架網的人到了灣頭上，發一聲喊，把網抬起，魚在網中跳，人在岸上叫。人們分了魚，各自回家，只剩小孩子們還在岸邊用扒網子撈那些被嗆上來的小魚小蝦。

立冬了，下雪了。窮人家最難過的是冬天。大人孩子只穿件空棉襖，穿條空棉褲，裏邊連襯衣襯褲都沒有。為了暖和些，褲腳處都用帶子綁紮起來。腳上沒有棉鞋，就穿草鞋。草鞋是在草鞋窨子裏編的。草鞋窨子是幾家合夥挖的，足有三四間屋大，兩米多深，上邊用木頭架樑，鋪上厚厚的高粱秸，外層是厚厚的泥土。窨子頂上留有天窗，裝著玻璃，以便採光。人從巷道裏進去，裏邊暖和極了。編草鞋的每人佔有一塊地方，脫了棉衣幹活。編草鞋用的蒲草是秋天從自家灣裏割的，也有買來的。編的草鞋有單有棉，單的夏天穿，棉的冬天穿，有大人的，有小孩的，還有小腳女人的，式樣很多。有的為了耐穿，鞋底上加了布條和麻；有的為了好看，鞋幫上編了花紋。編多了，就挑到集上去賣，一個冬天也能掙幾元錢。錢不多，但比閒著好。草鞋窨子是孩子們的樂園。這裏暖洋洋的，人們說笑話，講故事。還有那賣包子的、賣花生的來掙編草鞋的人的錢。有那仗義疏財的人就買了請客，自然也有小孩子們的份兒。一直到夜深了，人們才回家，也有不願回家的，就在草鞋窨子裏睡了。小孩子想在窨子裏睡，大人不允許，說窨子裏潮濕，容易落下病呢。

初冬時分，野鴨大雁都來了。爺爺有時扛起土槍去打獵，經常打回來的是幾隻野鴨，有一次打回了一隻大雁，比鵝還大。爺爺用大雁的毛做了一柄像諸葛亮用的那種鵝毛扇，用了好多年都沒有壞。小雪收白菜。那時候，冬天沒有什麼菜吃，有蘿蔔白菜吃就不錯了。收的白菜，要挖一個很大的窨子存放。蘿蔔收了，在地下挖一個大坑用土埋上。白菜要經常取出來晾曬，下窨子取放白菜往往是我們小孩子的事。而挖蘿蔔的活，就

難多了，冰凍三尺，要用鐵鎬刨半天，震得虎口疼。還有地瓜也是放在窖子裏，窖口狹小，要下去取地瓜，也是小孩子幹的活。還有一個活是小時候最不願意幹的，那就是打掃牛欄。家裏在東廂房養著一牛一驢。一宿下來，又拉又尿，糞便一大堆，要一筐一筐摭到圈裏，然後再用乾淨土墊好，又髒又累，不如摟草拾柴火痛快。幾個小夥伴背上簍子，扛上耙子，到田野裏摟草，瘋跑打鬧也沒人管，可以挖老鼠洞，掏狐狸窩，都有無窮的樂趣。

下大雪了。我們堆雪人，打雪仗，天雖冷，但也鬧得滿身大汗。「瑞雪兆豐年。」「雪是麥子的被，明年枕著饅頭睡。」人們期待著，盼望著：冬天到了，春天還會遠嗎？古往今來，祖祖輩輩，就這麼期待著，盼望著，承受著，傳承著，發展著……

莫言文學館創建回想

　　莫言文學館落成開館，為高密文化建設一大盛事。自2006年籌畫落成，歷時三年，余皆參與其事。回想其中艱辛波折，不勝感慨。適逢《莫言研究》專刊徵稿，草此拙文。

一、父親的告誡

　　早在籌畫之初，80多歲的老父親就知道了。他對我說：「我的意見最好別建什麼文學館。你看人家日本的大江健三郎，世界上的什麼大獎都拿

莫言文學館外景

了，還那麼謙虛，七十多歲了還到咱這麼窮的地方來過年，也沒聽說人家建什麼文學館啊！告訴謨業，千萬要謙虛謹慎。」我點頭唯唯，告訴他建文學館不是我們的意見，是政府行為，就像要修復舊居一樣。其實，我對建文學館和修舊居也有想法。我知道陝西的賈平凹，浙江的余秋雨，家鄉人為他們建文學館，修舊居，網上都有人反對。我們何必因此招惹是非？我總覺得這兩件事莫言都擔當不起，我們家擔當不起，不禁惶恐萬分。談到修舊居，父親也說過不要修。他說：「修了讓人笑話。聽說周恩來總理在世時，家鄉人要給他修舊居，他都反對。我們這些小人物修什麼舊居？」一開始，我就是帶著父親的告誡和一份惶恐之心參與了文學館的創建。

二、會長的批評

因為有老父親的告誡和自己心中的一份惶恐和半分疑慮，在工作上總是放不開，無論是開會發言還是改稿，總是人云亦云，很少提個人意見；在起草有關文稿時，凡是牽扯到本人及家人的，我是盡量避開或簡略言

莫言與莫言研究會會長孫惠斌、副會長柴修森

莫言文學館開館儀式上，時任文化部副部長王文章致賀詞

之；凡涉及對莫言的評價的，則盡量就低不就高。為此，會長孫惠斌同志對我提出了批評。他不只一次說：「謨賢啊，建文學館不是為你們老管家修家廟，這是高密文化建設的大事。莫言是高密的，莫言是世界的！你不要把它看作是你自己的私事。莫言走上文學創作道路，怎麼也少不了你這個大哥的影響和幫助，這一點你要加上，不能客氣！我們幹的這個事是要留給後人的，要對莫言負責，更要對歷史負責。」聽了會長的一番話，我才意識到自己肩上的責任，全身心地投入了文學館的文字寫作和圖片實物的收集工作。其中序言部分我自己三易其稿，魏修良同志三易其稿，後取兩者之長，字斟句酌，經孫惠斌同志修改才定了稿。在「成長道路」這一部分中也增加了我對莫言的「影響」和「幫助」的內容，比較客觀地反映了當年的事實。

三、四上北京

為了籌建莫言文學館，研究會秘書長毛維傑同志曾六上北京，每次都是收穫豐厚，滿載而歸。其中我陪維傑同志就去了四次。第一次去是2006年5月中旬，坐火車去的。這次主要是徵求莫言對我市成立莫言研究會的意見，莫言自然不贊成，一再表示自己只是一個普通的作家，寫了幾本小說，不值得研究。在我們一再堅持之下，莫言為研究會題了詞，表達了自己的惶恐之意（見《莫言研究》第一期毛維傑同志文章《大音希聲》）。我們在北京只待了一天，就匆匆趕回來了。在我們離開時，莫言將包括自己作品在內的近百冊書籍送給研究會，並親自將兩個大包推車送到旅館。這兩大包書可把維傑同志累苦了，上下火車只好扛在肩上，提在手裏，書又重，一會兒就大汗淋漓了。

第二次赴北京是2007年秋天，其時莫言文學館已經動工。館內設計已出初稿，研究會派我和維傑同志進京徵求莫言和李希貴同志的意見，同時

莫言文學館開館儀式合影

莫言在文學館開館儀式上發言

向莫言徵集展品和商量找人題寫館名的問題。我們又一次來到莫言家裏，莫言已經將幾百冊書籍、手稿及獲獎證書若干件準備好。恰好中國現代文學館的人也來徵集此類物品，莫言只好說：「對不起，我大哥和家鄉人來了，這次不能給你們了。」這次我們的收穫極大，裝了滿滿一車。至於館

名的題寫，莫言感到為難，我們不約而同地想到李希貴同志。李希貴同志早在1996年任高密一中校長時就提出要成立莫言研究室，是莫言研究會最早的發起人之一。我和他共事三年，深知他活動能力強，堪稱社會活動家，現在擔任北京十一學校校長，國家督學，他肯定有辦法。我和維傑同志到了十一學校，受到希貴同志熱情接待。當希貴同志聽說莫言把許多珍貴的物品獻了出來時，一再叮囑毛維傑同志，回去要買保險櫃，把這些珍貴物品保管好。維傑同志回來彙報領導後照辦了，這是後話。談到為莫言文學館題字的事，希貴同志滿口答應。我們一起商量了一會，覺得王蒙較為合適。一來他是國內外著名的大作家，是莫言的前輩；二來他曾經擔任過文化部長，名位都適當。希貴同志說：「包在我身上了。」果然，幾個月後，王蒙的題字就拿到了。

第三次去北京是2008年11月。這次去主要是到莫言家拉書。莫言在家整理了好幾天，上千冊書刊堆在家裏。車到後，莫言夫婦幫我們裝車，裝得滿滿的。這次去，我們還參觀了中國現代文學館和魯迅博物館故居。參觀之後，更堅定了我們辦好文學館的信心，因為我們擁有的東西比他們多得多。但回來卻不順利。因為走濟南方向，一上京滬高速就堵車，早上很早離開北京，12點才到天津靜海。到達濟南時，天已經黑透了，人也極疲勞，只好住下。所幸我的腰椎病沒有犯，總算圓滿完成了任務。

第四次去北京是2009年8月28日。其時，文學館已開館，為報答家鄉父老的厚意，莫言要捐獻大批書刊和資料。這次也是帶車去的。莫言果然送了幾百冊書刊和一些實物，最寶貴的是香港公開大學發給莫言的博士服和大量光碟、音像資料及榮譽證書等，裝了滿滿的一車。回來時，我和維傑只好坐火車。

四、一張獎狀和一張照片

隨著建館工作的深入，我心中的疑慮也逐漸消除了。我原來想，文學館至多辦成「文革」中那種階級鬥爭圖片展覽就不錯了。但事實是，孫惠

斌同志凡事都是高標準嚴要求。
這種精神感動了我，所以我把自
己珍藏的莫言的書籍、手稿、書
法作品、物品等逐步獻了出來。
為了說明我對莫言的「影響」，
我把自己在高密二中讀高中時獲
得的一張獎狀和剛上大學的照片
拿出來。獎狀是1962年5月1日
獲得的。高密二中一向有重視文
體活動的傳統。每逢五一，國慶
總要舉行文藝匯演，每個班級都
要出節目，有時老師也出節目，
師生同樂，其樂融融。我因為從
小愛好文學，所以每次會演都參

1964年作者在大學

加。在二中的舞臺上，我曾經扮演過呂劇《牆頭記》裏的二乖，話劇《三
世仇》裏當了解放軍的「虎子」，歌劇《三月三》裏的匪兵甲等角色，還
登臺說過相聲。雖然演技拙劣，但大家高興，自己也高興。這一年的五一
節前，班裏準備節目時，大家一致認為下學期即是高三，搞大節目就不可
能了，這次一定要搞台大節目，給母校留下點印象。我自告奮勇，用了幾
天時間把語文課本上峻青的短篇小說《黎明的河邊》改編成話劇，然後班
上的文藝活動積極份子們爭先報名擔當角色，就自導自排起來。我自己在
其中擔任了武工隊副隊長一角，借了總務主任的駁殼槍（真傢伙，那時有
的校領導有槍）背著，很是過癮。演出後，班上得了一等獎，同時發了一
張獎狀給我，上寫：「管謨賢同學榮獲我校第三屆文藝匯演劇本改編獎。
高密縣第二中學，一九六二年五月一日。」這張獎狀，我已珍藏了五十多
年，這次拿出來作了我愛好文學的佐證。

我捐的這張照片是我剛考上大學時在上海照的。在我保留的青年時期
的照片中，這一張是美化了自己形象的。為了說明自己考上大學對莫言的

「影響」，讓這張照片也出了醜。談到「影響」，一家子兄弟幾個，老大應該是弟兄們的榜樣，我考上大學，對弟弟們的「影響」，當時應該是很大的，起碼，可以讓他們知道，除了當兵之外，通過自己的努力，讀好書，考上大學，也可以跳出「農門」！

五、三份手稿和三封信

展出的手稿中有幾份是我獻出來的。其中要說明的是一篇小說《青草湖邊的故事‧金翅鯉魚》的初稿。這篇小說是莫言初學寫作不久的作品，大概是1983年吧。那時我還在湖南工作，莫言寫好後寄給我讓我修改的。我看過後，認為很好，大有孫犁《荷花澱》的味道，我稍作修改，重抄一份寄給了上海的一家小文學刊物，未被採用。原稿就被留下來，保留至今。這個短篇，後來莫言又重新寫了一遍，改動不大，刊登在河北的《無名文學》上，後收入上海文藝出版社出版的莫言精短系列《初戀‧神嫖》一書中，標題改為《金鯉》。這份手稿字跡規整漂亮，由此可見莫言寫作的態度之認真。另兩份手稿是莫言為大欄至誠小學起草的有關碑文、校訓等，中間有我用毛筆改動的地方，特此說明。至誠小學是我村臺胞單亦誠先生投資建成的，現在已廢棄不用。大門上方「至誠小學」四字是莫言請著名作家吳祖光先生題寫的。莫言當兵之後，給我寫過大量書信，其中絕大多數我還保存著，雖然從南到北地折騰，多次搬家，很多信件書刊都處理或丟失了，唯有莫言的信保存完好。這次展出的三封信件是從莫言在保定當兵時給我的諸多信件中挑出的，主要是反映莫言寫作之艱難、學習之刻苦以及我對他的所謂「支持」這個主題的。進入90年代，電話、手機家家有、人人有，信寫得少了，但莫言只要寄東西給我，哪怕是隻言片語，我都珍藏著，恕我不能捐獻。

六、得意之作

　　文學館籌建期間，自己參與寫作和修改的文字不計其數，可以說每一個字都有我的心血，但不敢說其中沒有缺點和錯誤，更不敢說沒有可以修改的地方。自己最滿意的是楹聯的創作。尤其大門口的一幅最感滿意：「身居平安里心憂天下，神遊東北鄉筆寫華章。」現經賈平凹先生書寫之後，從內容到形式相得益彰。上聯云「身居平安裏」，好在「巧」上：因莫言出生在大欄平安莊，北京的家在平安里，縣城的新家在翰林苑。查民國《高密縣誌》，有「城南十里有平安嶺」的記載，此正翰林苑所在地也，可謂巧極！居住地不離「平安」二字，願莫言一生平安！下聯云「神遊東北鄉」，妙在「神遊」二字：莫言生在東北鄉，想念東北鄉，關心東北鄉，描寫東北鄉，創「高密東北鄉」文學王國，一回到東北鄉就文思泉湧，東北鄉將伴其一生。

　　當時和維傑同志去北京徵求意見，李希貴同志一眼就選中了這一幅，說：「就用這個吧！」得到同志們的認可，我心中很是得意。

附當時所擬楹聯：

身居平安里心憂天下；

神遊東北鄉筆寫華章。

注：對聯已由賈平凹書寫，掛文學館大門。莫言生在高密河崖平安莊，高密縣城新居在城
　　南平安嶺，在京居住在平安里。

唯有根植故鄉，莫言問鼎諾貝爾；

只管潛心寫作，且說學習高爾基。

如椽筆筆寫天下事；

且尋根根植東北鄉。

誰敢問鼎諾貝爾；

君已比肩加西亞。

注：加西亞‧馬爾克斯，哥倫比亞作家，拉美魔幻現實主義的代表，其作品《百年孤獨》獲1982年諾貝爾文學獎。

奇思妙想震文壇；

立異標新領風騷。

問民疾苦莫之與京；

寫新小說言妙天下。

注：莫之與京，成語。莫，沒有什麼；京，大。意為大得沒有能跟它相比的，形容極大。《左傳‧莊公二十二年》：「八世之後，莫之與京。」

蘿蔔透明驚文壇；

高粱火紅譽全球。

注：莫言成名作《透明的紅蘿蔔》；代表作《紅高粱》。

高密大欄東北鄉乃莫言之文學王國；

棉花蘿蔔紅高粱須記取非種樹之書。

注：《白棉花》、《透明的紅蘿蔔》、《紅高粱》為莫言著名小說。種樹書，農業種植方面的書。《史記‧始皇本紀》：「所不去者，醫藥、卜筮、種樹之書。」辛棄疾《鷓鴣天》詞云：「卻將萬字平戎策，換得東家種樹書。」

且攬密邑勝景，看鳳凰名園，南湖風月；

若論古今人物，有三賢事蹟，莫言文章。

注：三賢，晏嬰、鄭玄、劉墉。

2009年9月10日

莫言考察晏子塚

爺爺講的故事

我爺爺不識字，但很會講故事。我和弟弟們是聽著爺爺的故事長大的。夏天的河堤上、場院裏，乘風涼的人多，只要爺爺來了興致開了講，總會吸引一大群孩子和鄰居大人們來聽。有時候聽了害怕，嚇得不敢一個人回家。冬天，在熱炕頭上，爺爺也常講故事。這些故事有的已被莫言寫入小說，有些還留在我的記憶裏。現將爺爺講過的故事回憶整理，寫下來，一來是對爺爺的紀念，二來可以供研究莫言的同志參考。

一、陶指揮莊的沉沒

大概在元末明初的時候，高密柏城以北、王黨以南的膠河東岸有一個陶指揮莊。莊主姓陶，曾是一名武官，擔任過指揮一職。這人官做大了，就忘了老百姓的疾苦，也不知道勤儉持家了。他天天花天酒地，家裏雞鴨魚肉吃不了，放臭了也捨不得給窮人吃，綾羅綢緞穿不了，放爛了，也不肯送給別人。連家裏的僕人也不知道珍惜東西，做飯的廚子到膠河裏淘米，那米漏到河裏一半也不心疼，就這麼糟蹋東西。後來，只要他家的廚子到河裏淘米，上游就會游來一群鴨子，把漏掉漂走的米都吃了。天長日久，暴殄天物，惹惱了上天。有一年夏天，膠河發大水。一天晚上，整個陶指揮莊全部沉到膠河裏，被水沖走了，只有少數吃齋行善的人倖免於難。後來，這些人家就遷到了現在的姚哥莊去了。姚哥莊就是陶家莊，陶姚不分。據說，陶指揮家的金銀珠寶有九缸十八罈，全被河水沖走了。

有一年，我的六老爺爺下河打魚。一網下去，只覺得沉甸甸的，拉上

來一看，是一個養魚的缸。缸底畫著兩條大鯉魚，看看沒有什麼奇特的地方。拿回家後，把缸裏裝滿水。到了晚上，在月光底下，奇事發生了，缸底裏的兩條大鯉魚竟然活了，在水裏游來游去。此事傳出去後，有的人出大價錢要買，我六老爺爺堅決不賣。幾年後，一個道士來看了一次，不久缸就破了。接著來了一個外地人把缸的碎片都買走了。據人說，這個缸就是陶指揮家的，是個寶貝，來買碎片的人，是和道士串通一氣的。道士先來把缸的精氣帶走了，他們再把碎片買回去，還可復原。

二、「火燒」的來歷

都說「高密的爐包，夏莊的（抻）麵，南曲的火燒不用看」。南曲的「火燒」為什麼叫「火燒」不叫燒餅？為什麼好吃？這裏面有故事。據說早先南曲一帶有一座玉皇閣，玉皇閣裏有一個牛鼻子老道，帶著一幫徒弟。他們不好好修行，專門勾結官府，幹些欺男霸女為非作歹的事。老百姓對他們恨之入骨，敢怒而不敢言。這事被天帝知道了，就派八仙中的鐵拐李前來收拾這幫壞蛋。鐵拐李變成了一個老頭，赤著腳，身穿破衣，身上爬滿了蝨子，散發出一股汗臭氣。他手提一個大筐，筐裏盛滿了圓圓的燒餅，一邊走一邊吆喝：「吃火燒來吃火燒。吃了火燒不火燒，不吃火燒大火燒。」人們聽到吆喝聲，紛紛跑出家門來看，誰也聽不懂他說的話：明明是燒餅，怎麼叫火燒？再看他那髒樣子，誰也不願意買他的火燒吃。有的人心好，看到這老頭可憐，就花錢買他的火燒吃。還別說，這火燒真香，他們從來沒吃過這麼好吃的燒餅。村裏人聽說後，紛紛前來買火燒，拿回家都趁熱吃了。聽到聲音，玉皇閣裏的道士也出來看，他們一見這老頭骯髒無比，就又打又罵將他趕走了。老頭走後不久，天就黑了。當天夜裏，天黑得伸手不見五指。玉皇閣忽然起了一把大火，並蔓延到村裏。這大火將玉皇閣燒得精光，牛鼻子老道和他的徒弟們都被燒死了。那些吃了鐵拐李火燒的村人，當天夜裏都鬧肚子，睡不著。見起火了，大家互相幫著救火，並沒受到多大損失，全部得以活命。事後，人們想起了老頭的火

燒，那麼香，那麼好吃，還救了大家的命，就都學著做。那火燒的麵經過千錘百揉，做成一面大一面小的坯子，放在爐子裏烘得兩面發黃，中間還有一個「小舌頭」（麵餅），香氣撲鼻，又好看又好吃，存放好多天都不會壞。這「火燒」就一直傳承下來了。

三、雷電劈人（二則）

為人在世，千萬不能做壞事，尤其不能做傷天害理之事。人在幹，天在看，做了壞事，要遭天譴。特別是夏天打雷時，做了壞事的人，往往會被劈死，死時一般都是趴在地上，背上會寫著他的罪行。這些字，只能被第一個發現的人看見，然後就沒有了，看不見了。

（一）

有一年，一個大姑娘未婚先孕，生了一個私孩子。這是一個男孩，長得又白又胖，但也不敢留在家裏，留在家裏太丟人，這姑娘就再也嫁不出去了。這姑娘的父母很有錢，他們就把孩子用一條新被子包好，裏邊放上一丈多紅布、二十塊大洋——這在當時已是一筆不小的錢財。還寫了一張字條，字條上寫著：「爹十八，娘十七，月亮正晌參正西，生了個孩子叫路喜。爹娶了西村大腳張二姐，娘要嫁東莊疤眼子。忍痛拋卻親骨肉，爹哭兒娘哭兒，只怕路上行人知。路喜路喜路上喜，誰家撿著誰家的。包上紅一丈一，送上大洋整二十，求告好心行路人，救條性命積陰騭。」就趁天黑叫家裏的僕人把孩子放在村外大路邊的草棵裏。一般人碰到這種事，都是把孩子抱回家養著，自己不願養的就送給熟人或親戚。但路喜卻碰到了壞人。這人還是本莊的，是個混混，心狠手毒，一輩子不幹好事。他一看小被裏包著這麼多好東西，就把紅布和大洋都拿走了。這還不算，他還把孩子從路邊抱到路中間的車轍裏，一會兒，正好一輛大車經過，趕車的因為天黑沒看到，就把孩子壓死了！時值夏天，莊上這人第二天下地幹活，本來晴朗的天，一下子烏雲翻滾，電閃雷鳴，這人就被雷劈死了。第一個看到屍體的人說，這人背上寫著「圖財害命，死有餘辜」八個大字。

（二）

　　有八個泥巴瓦匠外出打工，路上碰到大雨，大家一起到土地廟中避雨。只見天空黑雲滾滾，雷電大作，雲中似有龍吟。一個連一個的大火球圍著土地廟亂竄，眾人嚇得心驚膽戰。這時有一個人說：「我們之中肯定有人做了傷天害理的事，老天要懲罰他。誰做了壞事，趕快出去，不要連累了大家。」誰都說自己沒做壞事，不肯出去。有人出了個主意，說：「我看這樣吧。大家都把頭上的葦笠撇出去，誰的葦笠撇出去再被風吹進來，誰肯定做了壞事，誰就出去受死！」大家一致同意這個辦法，先後將自己頭上的葦笠摘下來往廟門外撇去。八個人中有七個葦笠撇出去後落在地上不動了，只有一個青年人的葦笠剛撇出廟門，一陣旋風又被颳了進來！其他七人齊聲大叫：「原來是你！趕快出去！」這青年趕忙跪地求饒，不肯出去。另七個人當然不依不饒，七手八腳地把這個青年人抬起來扔出了廟門。就在此時，只見電光一閃，「喀喇」一聲響雷，土地廟被劈倒，廟裏的七個人都被劈死了，只有廟門外的青年人活了下來。

四、科考故事（六則）

（一）

　　過去的科舉考試神靈大著呢！祖墳風水不好，祖上不積德，本人幹了壞事，學問再好也考不中。你大老老爺爺（我高祖父的兄長）是晚清秀才，到北府（萊州）去參加府試，進了考場，封了門，戒備森嚴，任何人都不能出入了。半夜時分，監考的軍卒會出來敲鑼淨場。一邊敲還一邊吆喝：「有冤的報冤，有仇的報仇」！叫聲十分瘆人。這時候在號子裏的考生往往會見神見鬼，膽小的真會被嚇死，連考也不敢考啊！

　　有那麼一個秀才去濟南府考舉人。他騎著騾子出門，才走出了二里地，就看見一個漂漂亮亮的小媳婦擋住了他的去路。他怎麼繞也繞不開，這秀才想：這小媳婦一定是家裏的仇人。他只好回到家裏，對爺爺說了此事，他爺爺仔細地問了這小媳婦的長相，想了一會就說：「不要緊，這

是我的一個未婚妻，是望門妨（高密方言，指已訂婚未能成婚就死去的女人），按理說也是你奶奶，我明天就把她葬入祖墳，你儘管放心大膽地去考。」於是爺爺立即派人找到那女人的埋骨之地，把她遷葬進自家的祖墳。秀才就放心地上了路，一路上平安無事，三場考試完畢，中了副榜。

（二）

有一個舉子進京趕考，走到一條河邊準備過河時，忽然看到一群螞蟻漂在水面上，甚是可憐，便動了惻隱之心，他用雙手把螞蟻捧上岸來，救了它們。一路順利到了京城，進了考場，考得很順利，自以為必中。但他不知他的一份卷子上有一個字漏了一個點。這可了不得，按規定，你的文章做得再好，寫了錯字，就算違規，絕不能錄取。閱卷的考官在批他卷子時發現了這個錯誤，就要把他的卷子以違試論，「貼出」作廢。這樣他就不能被錄取了。但奇怪的是，這時有一個螞蟻爬上了卷子，趴在缺點的地方不動了。考官把螞蟻趕走，螞蟻馬上又爬過來了，還是趴在老地方不動。這樣反反覆覆好多次。考官就想：這個舉子肯定是忠厚行善之輩，做了好事，這螞蟻是來報恩的。於是就把這份卷子作為好卷子，這個舉子就考中了進士。

（三）

清朝乾隆年間，夏莊有一個叫胡萬年的，中了進士（作者按：史上確有其人，為乾隆甲戌進士，字大千，見《高密縣誌》）。胡萬年早年喪父，靠寡母和叔父養大成人，自幼聰穎無比。讀書後，家裏專門為他從平度請了名師，十年寒窗，終於得中。據說，在葬他父親的時候，家裏請了有名的風水先生來尋找風水寶地。墓地選定後，風水先生說：「這穴好地，保你家萬年千秋出進士！」誰知道，胡萬年表字千秋，自他中了進士後，子孫後代再也沒有人中過進士，可不是「萬年千秋中進士」嗎!

（四）

世人傳說，中狀元的人都是文曲星下凡。清朝時，濰縣出了兩個狀元，一個是曹鴻勳，一個是王壽彭。曹鴻勳是光緒二年中的狀元。王壽彭更晚，等他中了狀元後，不幾年清朝就滅亡了。

曹鴻勛小時候家裏很窮，他爹是個賣烤地瓜的，做小買賣，全家人省吃儉用，供他念書。曹鴻勛天資出眾，剛發蒙時，什麼《三字經》、《百家姓》、《論語》、《孟子》，別的孩子一個月背不了一本，他幾天就背熟了。先生見他天分好，與眾不同，就對他特別寵愛，讓他睡到自己的家裏來，管吃管住。到了夏天，先生睡在炕上，撐著蚊帳，還被蚊子咬得渾身是包，癢得睡不著覺。曹鴻勛睡在板凳上，沒有蚊帳，每晚都睡得十分香甜。先生感到奇怪，就問：「鴻勛，蚊子咬你不？」曹鴻勛回答：「沒有蚊子啊！」先生覺得不可能，就說：「咱們兩人換換地方睡吧！」曹鴻勛就和先生換了。先生在凳子上躺下，沒有蚊子！而且涼風習習，十分舒服。剛濛濛要入睡時，只聽到有人呵斥道：「還扇什麼扇？文曲星早上了炕了！」話音剛落，就聽得蚊子嗡嗡地來了，聲音大如雷，無數蚊子朝他身上叮來。這下先生心中有數了，知道曹鴻勛是天上星宿下凡，暗中有神靈護駕呢。從此老師對曹鴻勛更好了，把自己的一肚子學問都教給了他。曹鴻勛也很給老師爭光，刻苦學習，終於中了狀元。

王壽彭中狀元也有天意，那一年正好是慈禧太后七十大壽。考試後，主考官將選中的卷子呈給慈禧定奪。主考官呈上來的試卷當然都是最好的，要等太后欽點狀元。太后一看王壽彭的名字，覺得十分吉利——壽彭就是壽限大，萬壽無疆的意思，於是就點了王壽彭的狀元。

（五）六個「兔子」中了七個

清朝時候，高密夏莊的杜家官莊村有個叫杜延文的，是個舉人。他學問很大，又是有名的大孝子，一輩子收了很多學生。據說他死後前來送葬的人排著隊足有半里路長。有一年，他到一個村子裏去教書。村裏一共有六個學生。這六個學生的家長也都是有文化的，對先生的要求頗高。他們感到先生不行就辭退。杜延文來時，這村已先後換過好幾位先生了。有的先生來後第一堂課就被學生問倒了，只好捲舖蓋走人。對此，杜延文早有耳聞。他初來乍到，第一堂課就教學生開筆寫文章，題目是「人之初」三個字。學生文章寫好交上來，杜延文看都不看，一概用紅筆損了。接著還是用「人之初」為題讓學生重寫。文章收上來，還是用紅筆損了。第三次照樣。一連三天都

是這樣。家長們沉不住氣了，要與先生理論理論，於是選了一個學問大的來質問先生。杜延文就如此這般，將學生的作文批評了一番。他講得合情合理。這位家長心服口服，知道這個先生非比尋常，是個有大學問的人。於是回家教育孩子好好尊重先生，認認真真向先生學。有一天，杜延文在村子裏閒逛，看到一頭小牛犢，胖胖的，很可愛，就隨口說了一句：「好小牛啊！」正好被一個當天給先生管飯的學生家長聽到了。他立刻買下這頭小牛，殺了煮給先生吃。吃飯時，杜延文說：「這是哪裏的牛肉？又鮮又嫩，好香啊！」學生家長說：「就是先生誇的那頭牛啊！」杜延文聽了，深深地被學生家長的尊師舉動感動了，從此更加賣力地教書。幾年後，他教的六個學生都中了秀才。很快到了去省裏會試的那一年。他和學生一起去濟南，半路上住店，碰到一個去趕考的平度秀才，那秀才久聞杜延文的大名，見到他就跪下磕頭拜師。杜延文就收了他，一路上為他進行輔導。考完揭榜，六個學生和這個平度人都考中了舉人。杜延文十分高興地說：「六個徒弟中了七個！」因為他說話舌頭有點長，是「吐舌子」，把「徒弟」說成「兔子」，所以，人們聽成了「六個兔子中了七個」！這話很快就傳開了，人們都說杜延文授徒，六個兔子中了七個！

（作者按：杜延文確有其人，事載《高密縣誌》。其字壽農，事繼母以孝聞。值捻寇，侍母逃，遇賊相失，冒鋒鏑遍尋，卒得遇，負以歸。壬戌舉於順天，乃專力古文，從遊者甚眾。歿後，門人私諡曰「文介先生」。其子杜金錫，廩貢生，事親以孝聞。）

（六）翰林只知道吃餅捲蔥

古代參加科舉考試經過殿試中了進士的，還要參加一次朝考，成績好的被錄取了叫點「翰林」。當了翰林，進了翰林院，在京裏做官，可以經常看到皇帝，一旦被皇帝看中了，就有希望做大官。但翰林院當官的生活清苦，除了一點俸祿外，沒有什麼「外找」，所以大家都盼望著早日外放去地方上當官。地方官級別不高，一個知縣才七品，俸祿也少，但「外找」多，油水大。有道是，「三年清知府，十萬雪花銀」哪！要是再貪點贓，上下打點好了，一任地方官做下來，那銀子就多了去了。聽老人說，高密城有一個

翰林，在翰林院裏蹲了好些年，為了節約家裏的開支，天天吃餅捲蔥，他覺得很好吃。有一年，他終於被外放到地方當知縣，出了京，一路走到德州，還是天天吃餅捲蔥。下人們都跟著吃夠了。一天，一個下人未經請示，去飯館點了一個菠菜燉豆腐。翰林吃了，覺得美味可口，就問下人：「這是什麼菜啊？」下人聽了，怕說菠菜燉豆腐太土氣，會挨罵，就順口胡編：「這綠的是『紅嘴綠鸚哥』，這白的是『一品羊脂凍』。」翰林聽了這麼好的名字，加上菜的味道又好，一連吃了好幾天。從這開始，他才知道，世上還有比餅捲蔥更好吃的東西，再也不想吃餅捲蔥了。

五、單小進士的故事

　　早年間，高密城有一個姓單的小孩，才十幾歲就考中了進士，因為年紀小，人們都叫他「單小進士」。

　　單小進士是個極度聰明的孩子，據說不到十歲就中了秀才。考秀才那年，在北府（萊州）裏，各縣來的童生年齡有大有小，最大的已經五六十歲，小的也有十八九歲。只有他最小，小屁孩一個，大家都欺負他。開考前一天，大家都住在店裏，一些大人就想捉弄他。有人嚇唬他說：「小傢伙，來，圍著這張桌子轉三圈，否則不准你考。」單小進士一看，周圍的人都比他高大，一個個凶神惡煞似的，知道不轉圈不行。他圍著桌子轉了一圈，然後停了下來。旁邊的人齊聲大叫：「轉啊！才轉了一圈！」單小進士說：「我來這兒一次就考中了，還用來三次嗎？」大家一聽，這小傢伙口氣不小，知道他不是等閒之輩，就再不敢招惹他了。

　　過了一些年，單小進士真的中了進士。皇上派他到山西洪洞縣當知縣。山西洪洞縣，那可是《蘇三起解》裏唱的「沒有好人」的一個縣啊！他的爺爺認為自己的孫子太年輕，堅決不同意他去赴任。單小進士非要去。爺爺沒辦法，就說：「當縣官要審案子，不管大案小案都事關百姓的性命財產，馬虎不得。你想去可以，我先弄個案子讓你審審。你若能破了此案，就去當你的縣官；破不了，就在家裏待著！」單小進士滿口答應。

爺爺讓人煮了一個雞蛋，給家裏十二名丫頭中的一個吃了，然後要單小進士判斷哪一個丫頭吃了雞蛋。單小進士想了一下，靈機一動，去水缸裏舀了一碗清水，讓十二名丫頭每人漱漱口，再把水吐在另一個碗裏，那吃過雞蛋的丫頭吐出來的水中自然帶著很多蛋屑。這案子一下就破了。爺爺雖然心裏挺佩服，但還是不放心，不肯鬆口，說：「這個案子太容易破了，不算什麼，我們換個辦法。這樣吧，我爬到屋頂上去，你若能把我叫下來，算你贏，你就去。」爺爺說完，搬了一把梯子就爬到屋頂上去了。那怎麼叫啊？爺爺打定主意不下來，肯定沒有辦法讓他下來。單小進士想了一會，就對屋頂上的爺爺說：「爺爺，屋頂上風大，別受涼感冒。這樣吧，你下來，我上去，我能把你叫上去，算我贏，怎麼樣？」爺爺一聽，心想：叫上來和叫下去是一樣的，只要我打定主意不上去，看你怎麼辦？他爺爺就順著梯子爬下來了。然後對單小進士說：「孫子，你上去吧。」單小進士笑著對爺爺說：「我已經把你叫下來了，我贏了。」爺爺聽了，心服口服，只好答應孫子去上任。

話說單小進士到洪洞縣上了任，那些師爺衙役看他是個小孩，都不把他放在眼裏，連抬轎的轎夫都敢欺負他。每逢外出，因為單小進士人小體輕，轎夫們就抬著轎子飛跑亂顛，顛得他五內翻騰，頭暈噁心，十分難受。單小進士就想找個辦法治治這幫轎夫。有一天，轎夫們抬著他下鄉，還是那麼折騰他。過了一會他坐在轎上叫：「停！」轎夫們停下轎子，問：「大老爺何事？」單小進士指著大路旁邊一墩墩的草問：「這是什麼草啊？」轎夫們回答：「啟稟大老爺，這是油草。」「油草可做什麼用啊？」「油草可以用來打油包豆餅，也可以用來做牆頭。」單小進士聽了說：「那好啊，我看咱們衙門後院的東牆快讓雨淋倒了，咱們弄一點回去做牆頭。」轎夫們不知是計，就說：「啟稟大老爺，咱沒帶鐮刀，沒法割。」單小進士說：「不用割，連根拔就行，趕快！」轎夫們不敢公開頂撞，就下手拔。一拔，連泥也帶著了，一墩一墩的，弄了不少。單小進士看看差不多了，就說：「差不多了，夠了。」轎夫們請示：「請問大老爺，怎麼弄回去？」單小進士說：「真是一群笨蛋！放轎裏呀！把轎裏

的椅子搬出來，裝上油草，再把椅子放在上面不就得了！」轎夫們不敢違抗，只好照辦。等椅子放好，單小進士還是坐上去，喝令：「走，回衙！」轎夫們好歹把轎子抬起來，剛走了不到半里路就草雞了，一齊跪下來叫道：「大老爺饒命，小的以後再也不敢了！」單小進士不睬他們，坐在轎子裏還說風涼話：「走吧，你們的勁大著呢！」轎夫們苦苦哀求，叩頭如搗蒜，有的還拼命打自己的耳光。單小進士這才說：「算了吧，油草不要了。看你們這幫狗東西以後還敢欺負老爺不！」從此，衙門裏從上到下，都知道這縣太爺人雖小，心眼可多著呢，再也沒有敢挲翅膀的了。

單小進士當了一任縣官就回到高密城養老了。據說是因為他恃才傲物，不為同僚所容。有人到上司面前告他的黑狀，上司一本奏上去，單小進士就被免職還鄉了。

六、杜解元的故事

過去會試，得了頭名舉人的叫解元。高密杜家官莊的杜解元是個武舉。武舉也是要通過考試的。他們在中舉前是武生員。武生員要堅持練功習武，然後才能去京城裏會試考武進士、中武狀元。

杜解元中舉後，到他家來拜師訪友的人多起來了。有一年麥收後，杜解元正領著夥計們鋤豆子，家人跑來相告，說家裏來了一個河南人，要來「訪友」，一會兒就到，還要幫家裏往地頭送飯呢。話剛說完，就見大路上有一匹馬飛奔而來，馬上站著一個人高大威猛，肩上擔著一副擔子，前邊是一個竹筲（水桶），後邊是一個大籃子。杜解元一看，順手就把鋤頭豎在地上，打了一個飛腳，蹦到鋤柄頂上，金雞獨立，手搭涼篷，裝做向遠方瞭望的樣子。那河南人打馬來到地頭，勒住韁繩，從馬上飄然而下，筲裏的水一滴不灑，籃子裏的飯菜出一樣沒掉出來。杜解元從鋤柄頂上跳下來，二人互相作揖見過，連稱：「佩服！佩服！」當天回家後，二人結為兄弟，互相切磋了武藝，幾天後，那河南人才告別回鄉。

七、「張大學問」的故事

（一）

　　從前有一個莊，莊上有戶姓張的，兄弟二人。老大常年跟著父親做小買賣，人稱「大掌櫃」。大掌櫃識字雖不多，但好不懂裝懂，賣弄學問，因此人們送他一個外號「張大學問」。時間長了，他的本名倒沒人叫了。

　　大家都知道三國時有個諸葛亮，他是複姓諸葛，名亮，字孔明。可「張大學問」一直認為諸葛亮是姓諸名葛亮，孔明是另有其人。而且還到處說，以炫耀他的學問。有一次，一個青年人指出了他的錯誤，他惱羞成怒，和人家吵了起來，最後鬧到要打賭比輸贏。二人公認莊上的私塾先生有學問，就請他來當裁判，誰輸了，賠給對方一元錢。「張大學問」先搶著對先生說了自己的看法，私塾先生當然要反駁他。誰知「張大學問」連私塾先生的話也不聽，直梗著脖子和私塾先生爭吵，非要說諸葛亮姓諸名葛亮，和孔明不是一個人。私塾先生氣不過，就說：「好，好，好，你說的對。」那青年聽了，當時就嫌私塾先生不堅持真理。他怎麼也不肯認輸，更不肯賠錢。先生說：「這一元錢不用你出，我給。」即拿出一元錢給了「張大學問」。「張大學問」高高興興地走了。這時私塾先生安慰青年人說：「當然是你說的對。我用了一元錢，讓他糊塗一輩子，這多麼合算啊！」

（二）

　　還是那個「張大學問」的故事。

　　這「張大學問」老是以為自己走南闖北，見多識廣，很有學問，又不肯虛心學習，難免要鬧笑話。

　　有一年，「張大學問」和他爹一起外出賣貨，夜裏住進旅店裏。旅店老闆看來了客人，趕快出來打招呼。這時，「張大學問」的爹已經上了炕，正蹲在炕上整理鋪蓋。老闆問：「客官貴姓？」「張大學問」回答說：「免貴姓張。」老闆又問：「台甫怎稱？」「台甫」就是字，「台甫怎稱」，人家是問你的字怎麼稱呼。「張大學問」不懂，聽到「台甫」還以為人家是問他的父親呢，就用手一指火炕，說：「炕上猴蹲著的那個老

頭就是！」鬧了一個大笑話。

八、好便宜的「對子」

清朝時，高密城有一個大書法家叫單書田，他毛筆字寫得好，九州八縣的人都來求墨寶。可單書田此人性格清高孤傲，他的字很難求，不到萬不得已不會賣字掙錢。平時有人拿錢來買他的字，出多少銀子他也不賣。那些倚官仗勢的來要字他更是不理不睬，所以他家的日子過得很窮。他老婆那個氣呀，經常和他吵，但一點用也沒有。後來他老婆找到了竅門，不和他吵了。原來單書田寫字認真，平時練字時，只要自己不滿意的，全都揉搓揉搓丟進紙簍裏。他老婆發現了這個祕密，就趁他不在家時，偷偷地把這些揉搓過的拿出來，抻平了拿出去賣，以此維持家裏的生活。誰知道這個祕密很快被單書田發現了，他把老婆臭罵了一頓，以後再寫字時，有不滿意的，就一把火燒了。所以，單書田的字流傳下來的很少。

有一年春節快到了，家家都在忙著辦年貨。單書田家裏窮啊，連下餃子的柴火都沒有。他老婆就讓他去買柴火。正好那天逢高密大集，快下集時，他到集上瞎轉悠，一抬頭看到一個小夥子挑著一擔柴火還沒賣掉，正要往回走。單書田叫住他，問：這柴火賣不賣？小夥子說：「當然賣！賣了好辦年貨，買爆仗，買對子（對聯）⋯⋯」單書田一聽就說：「你的柴火我要了，但我沒有錢。給你寫兩副對子抵柴錢行不行？」那青年看看天色已不早，勉強同意了，就挑著柴火跟著來到單書田家。那單書田裁紅紙，揮筆蘸墨，一會兒就把對聯寫好了。青年急著回家，沒等字乾透，就把對聯搭在挑柴火的扁擔上往回走。剛走不遠，認識單書田字的人，就圍上來了，大家搶著要買這兩副對子。有人出價二兩銀子。賣柴的青年一聽，二兩銀子能買一百擔柴火，這買賣合算，便毫不猶豫地把對子賣了。然後想：一擔柴火換了兩副對子，兩副對子賣了二兩銀子，這買賣太合算了。我何不多買幾張紅紙，讓那先生再給我寫幾幅？於是他又買了四張紅紙，回來敲單書田家的門。單書田開門出來問道：「你還有何事？」青年

說：「想讓你再給我寫幾幅對子。」單書田說：「我剛才給你寫的呢？」青年答：「很多人要買，我給賣了。」單書田問：「賣了多少錢？」青年說：「賣了二兩銀子。」單書田聽後，半晌沒吭聲，過了一會說：「好便宜的對子啊！」接著「呼」的一聲把大門關上了。

九、李舉人畫影壁

　　清朝時，高密城裏有個李舉人，不但學問好，琴棋書畫樣樣精通。特別是他的畫，畫什麼像什麼，好像真的一樣。李舉人有個外甥住在鄉下，有一年翻蓋了房子，院子裏新砌了影壁牆。他想請舅舅來給影壁牆畫上一幅好看的畫，譬如「花開富貴」、「鯉魚跳龍門」之類的，好圖個吉利。一天，他備了禮物，到高密城求舅舅來了。李舉人一聽，滿口答應，對外甥說：「回去磨墨吧，磨好了就倒在筲裏，等攢夠了半筲，我就來了。」外甥聽了，回家後天天磨墨，用了三天功夫，總算攢了大半筲，也不見舅舅來。到了第四天中午，天忽然陰上來，眼見得大雨就要落下來。只見李舉人騎著毛驢子，用鞭子抽得毛驢子飛跑，一直進了大門。下了毛驢，連聲大叫：「拿墨來！」外甥趕緊提了筲出來。李舉人毛筆也沒帶，從地上撿了一個破掃帚頭子，蘸上墨就往雪白的影壁牆上塗，幾下子，就把掃帚頭子用散了。他舅舅看到「陽條」（曬衣物的鐵絲）上搭著幾塊小孩的尿布，一把抓在手裏，蘸上墨就往影壁牆上抹。此時，天上的烏雲翻滾，電閃雷鳴，大雨點子啪啦啪啦往下掉。忽然間，「喀喇」一聲巨響，一個落地雷炸下來，恰在此時，李舉人用手指蘸了墨，在影壁牆上畫上最後兩個圓圈。他說了一聲：「好了！」就在地上的雨水裏洗了手，然後進屋上炕向外甥要酒喝。外甥問他：「舅舅，半筲墨都用完了，你給俺畫的啥呀？」李舉人說：「你自己去看。」他外甥冒雨出去一看，只見影壁牆上和天上一樣，黑雲滾滾，電光閃閃，有兩條巨龍嘎嘎地叫著，正隨著烏雲翻騰。兩隻龍眼就是他舅舅最後畫的兩個圓圈，這龍眼如同電光，耀人眼睛，嚇得這外甥跌跌撞撞跑回了屋，不敢再問。李舉人吃喝完畢，就騎毛驢回了城。

從此，他外甥家的影壁牆每逢雷雨天氣，就會出現天上的光景，龍的叫聲嚇得小孩子不敢靠前。而晴天的時候，滿影壁牆上一片烏黑，什麼也看不出來。他外甥很不滿意，又不敢用石灰將畫刷掉。一天，有一個外地人聽說了此事，就買了幾丈白布，上邊刷上膠，把影壁牆上的畫黏走了，還給了李舉人的外甥幾個錢。看來真是遇到了行家。

十、周官的故事

清朝同治年間，高密縣來了一個姓周的縣官。這人是個清官。他來到高密後，不辭辛勞，遍訪四鄉，修水利，辦學校，修路建橋，為老百姓辦了不少好事。咱東北鄉有一條「周官河」，就是他領著修的。（作者按：查民國《高密縣誌》，確有其人：「周麟章，字少紱，閩侯進士，同治七年任。」）周官是福建人，人很隨和、滑稽，喜歡微服私訪。有一天夜裏，周官為了審一個案子，到一個莊上微服私訪。正走著，突然，從一條巷子裏竄出來一個人，一頭把周官撞倒了。周官被嚇了一跳。周官的隨從馬上就把這個人抓住了，一看是個年輕人，就問他慌慌張張跑什麼？年輕人說，他爹要打他，他才跑的。隨從將此情況報告了周官。周官說：「帶回去，明天升堂審問。」第二天他們一行回到縣裏，周官升堂。衙役們一聲吶喊，就把這青年帶上堂來。周官一見這青年面目和善，已嚇得渾身哆嗦，不像為非作歹之人，就喝道：「拉下去打！」衙役們問：「啟稟老爺，打多少下？」按當時的規矩，公案上有一個籤筒，籤筒裏的籤子上都寫著數字。打犯人時，要打二十下，縣官就抽一支寫著二十的籤子丟下去，打四十下就抽寫著四十的籤子丟下去。周官這時也不答話，他把整個籤筒子從公案上推了下去，人卻「刺溜」一下蹲到公案後面躲了起來，弄得衙役們無所適從，想笑又不敢笑，正糊塗著呢。這時那青年人早嚇得趴在地上起不來了，像灘爛泥一樣。只見周官從公案後站了起來，走下堂，把嚇壞了的青年人扶起來，笑著說：「沒事了，回去吧。昨天你嚇了我一跳，今天我也嚇你一跳，咱們兩清了。」

　　還有一次，周官外出私訪，回到城裏已是半夜時分。他走在大街上，看到一戶人家還亮著燈，屋裏傳出嬰兒的哭聲。周官就趴在窗外用指頭沾上口水弄破了窗戶紙向裏看。原來是人家才生了孩子，婆婆熬了小米粥侍候兒媳坐月子。只見那兒媳婦端過粥碗，喝了一口，歎口氣說：「俺那親娘哎，你熬的這粥，比周官的官還要清啊！」周官聽了，知道這家人家窮，連熬粥的小米都很少。第二天，他就派人送了兩升小米給這個人家。原來清官也喜歡聽好話啊！

十一、福建林家進士多

　　福建林家，就是林則徐他們家，歷史上出了不少進士和大官，還出了一個做了海神的姑媽。（作者按：可能就是媽祖，她也姓林。）凡是靠海的地方都有「姑媽廟」，出海打魚的，做買賣的，使船的，都要去廟裏燒紙上香，求姑媽保佑一路平安。這些廟中，數著福建湄州的大，香火最旺。這廟年代久了，房頂的瓦縫裏長出了很多草。他們林家人就準備重新修廟。有一天晚上，林家的族長做了一個奇怪的夢，夢見姑媽對她說：「廟不用修，瓦縫裏長草不礙事。你別看草多，那一棵草就是一個子孫的功名呢。」族長醒後，覺得奇怪。心想，廟頂上的草，數也數不清，家裏怎麼會出那麼多的功名？就藉著維修大廟的機會，把瓦縫裏的草隔一棵拔一棵，拔掉了一半。從此，林家中進士的人就少了許多。

十二、趙匡胤的故事

　　宋太祖趙匡胤沒當皇帝時就是一條好漢。他使一條蟠龍大棍，所向無敵，但他也有不走運的時候。有一次他出征打了敗仗，人都被打散了，自己孤身跑了回來。一路上又饑又渴，可身上連一文錢也沒有，怎麼辦呢？一天，他走到一片瓜地前，看到一個老太太在瓜屋子裏看瓜，就想過去要個瓜吃，又不好意思開口要，就說買。老太太說：「看你這個樣子也不

像個有錢的主。要吃就吃，不用說買的話。」趙匡胤十分感激，就跑到瓜地裏專挑大的面瓜吃，一口氣吃了仨。吃完了還死要面子，問老太太：「三個瓜多少錢？」老太太說：「跟你說過不要錢，你要給，就給一文錢吧！」一文錢就是一個小銅錢，趙匡胤摸遍了全身，連半個錢也沒有。他走也不是，不走也不是。老太太見他這樣，就說：「這真是一文錢難倒了英雄漢啊！你走吧。」趙匡胤給老太太磕了一個頭，爬起身走了。後來趙匡胤發動陳橋兵變，黃袍加身，當了皇帝。一天，他想起了看瓜的老太太，就叫人把老太太接進東京汴梁享福去了。

趙匡胤當皇帝前，有一年沒錢花了，趁天黑去偷了人家一口鍋，頂在頭上。走了一會兒，眼看著天要亮了，他怕被人看見，就自言自語地說：「老天爺，你能再黑一會兒嗎？不然叫人看見我偷東西，多丟人啊！」誰知他這話音剛落，那天真的又黑下來了。一直等到趙匡胤走遠了，天才大亮。現在每天天亮前天要再黑一陣，即所謂黎明前的黑暗，據說就是趙匡胤鬧的。

有一年，趙匡胤來到平度縣城。平度縣城裏有一個賣豬肉的人，他姓郎。不管你買幾斤肉，他總是只砍一刀，這一刀下來只少不多。你要嫌少，他就揍你，就這樣欺行霸市，蠻不講理。人送他外號「郎一刀」。趙匡胤聽說了，就想要治治他。一天趙匡胤來到郎一刀的肉杆子前，說：「買十斤肉！」「郎一刀」一刀下去，割了頂多五斤肉，扔給趙匡胤。趙匡胤不說話，用兩根指頭捏著一個銅錢，說：「給你錢！」「郎一刀」說：「錢不夠！」趙匡胤說：「那你割的肉也不夠秤！」「郎一刀」說：「誰不知道我是郎一刀!」趙匡胤說：「誰不知道我是趙一捏！」兩人互不相讓，打了起來。趙匡胤的本事多好啊，那「郎一刀」根本不是他的對手。趙匡胤幾拳頭就把「郎一刀」揍趴下了。從此，郎一刀再也不敢在平度城裏賣肉了。

十三、對聯不可亂貼

　　過年家家戶戶都要貼對聯，而且一定要貼吉利的，上下聯也不能貼倒了，否則，讓人家笑話。過去，高密東北鄉沙口子村有一戶人家，也是從「上坡」（指夏莊、官莊一帶）搬遷過來的。為了賣弄自己的學問，過年寫對子時，放著現成的好詞不用，偏要自己編一幅。他寫的上聯是「遷居沙口近膠水」，下聯是「不忘故土舊墳塋」，橫批是「淚灑西風」，兩邊門旁分別是「悲哉」、「悲哉」。寫好後，年除夕下午就貼在大門上了。誰知剛過了年，他爹就得病死了。不出正月，他娘也死了。到了二月二，他老婆又死了。有明白的人就告訴他，是過年的對聯不好。嚇得他趕緊把對聯撕了下來，撕得那是乾乾淨淨。以後再過年時，他怎麼也不敢亂寫亂貼了。

十四、關公顯聖

　　過去的人扶鸞（作者按：一般稱作「扶乩」，是一種求神問卜的迷信活動），請的神是關老爺。有一次在請的時候，一個不知深淺的毛頭小夥子問：「當年關老爺過五關斬六將，感覺如何？」一會兒忽見乩筆亂動，在沙盤上寫道：「春風得意馬蹄疾，所向無敵。」小夥子又問：「那夜走麥城感覺如何？」只聽得半空中刀環亂響，「扶鸞」的人大叫一聲昏倒在地，嚇得小夥子撒腿就跑。要知道在關老爺面前，是不能「哪壺不開提哪壺」的呀！

　　過去唱紅淨戲，扮關公的演員，化妝前都要去拜關老爺，否則關老爺顯了聖，非出事不行。有一年正月裏，一個戲班子唱《取長沙》，扮關公的演員忘了去拜關老爺，扮上後，急急忙忙上了台，和黃忠開打，一刀劈下去，就把黃忠劈死了！唱戲的人拿的刀是木頭做的，竟然也能殺人，可見是關老爺顯了聖。演黃忠的人家告到官府，官府也沒法判，只能算是誤殺。從此，那個唱關公的再也不敢唱戲了。

十五、關公周倉比鬍子

　　關公是有名的美髯公，周倉是滿臉的絡腮鬍。周倉原是山大王，武藝超群，力大無窮。他降了關公後，天天給關公扛大刀。關公騎著赤兔馬，日行千里，周倉跟在馬腚後邊拼命跑，時間長了，心裏就不高興，言談舉止就露出不服氣來。關公早就看出來了。有一天，關公對周倉說：「我知道你有本事，不服氣，咱倆不妨比試一番。」周倉問：「如何比？」關公說：「你覺得你力大無窮，我看你連一根雞毛也丟不過屋脊去！」周倉說：「不可能！」就去抓了一隻雞，拔下一根雞毛，往房頂上用力一拋。只見那雞毛飄飄搖搖，就落地上了。他連拋三次都沒成功。輪到關公扔了，只見他笑了笑，抓過那隻雞，只一甩，雞就飛過了屋頂。關公說：「怎麼樣？你連一根雞毛都丟不動，我把一隻雞都丟過去了！你數數，那是多少根雞毛？」周倉氣得乾瞪眼，接著說：「我的鬍子不比你少，為什麼人家叫你美髯公？」關公說：「我這是真正的鬍子。你那不是鬍子，是『搶食毛』！吃飯時，嘴巴還沒碰到飯，鬍子先碰到了，豈不是『搶食毛』！」周倉不服，關公見狀，就叫人提了一桶水來。關公低下頭去，把鬍子往水裏一插，只見那鬍子一根根像鋼針直插水中。然後輪到周倉了。周倉也學關公的樣子把鬍子向水裏插，只見周倉的鬍子都漂在水面上，怎麼用力也插不到水裏去。關公見了，大笑說：「怎麼樣？服了吧？」周倉沒話可說，只好認輸。從此他死心踏地給關公扛大刀，跟著馬腚後面跑。

十六、天意難違

　　諸葛亮出山，他師傅是不同意的，師傅預料到他非嘔心瀝血而死不可。諸葛亮也知道，靠劉備統一天下不可能，只能是魏、蜀、吳三分天下。他之所以六出祁山，北伐中原，只是盡人事以聽天命而已。所以諸葛亮明知曹操對關羽有大恩，關羽又是一個熟讀《春秋》，深明大義，有恩必報之人，還是在火燒赤壁之後，派關羽去守華容道。結果曹操被關羽放走了。雖然關羽立過軍令狀，諸葛亮還是賣給劉備一個人情，不殺關羽。假如當初派張飛去守華容道，那曹操非死不可。諸葛亮是算就了曹操命不

該絕，天意難違，才如此安排的。再如守荊州，假如讓趙雲守在荊州，肯定會依諸葛亮「東連孫權，北拒曹操」的計策把荊州守好，可他偏讓關羽守荊州，結果大意失了荊州。這也是諸葛亮事先就算好了的。還有他自己臨死前在五丈原大帳中祭燈，只要過了最後一夜，他就可以活下去，但司馬懿夜觀天象，知道諸葛亮非死不可。結果正是如此，魏延急急忙忙走進大帳，把神燈給弄滅了，諸葛亮就死了。這都是天意。

十七、都是鱉官

歷史上的大人物，多是妖魔轉世。話說隋煬帝欺母霸嫂，荒淫無恥。有一次他酒醉之後，宮女發現一頭大野豬趴在龍床之上，可見隋煬帝是野豬精轉世。袁世凱是個大鱉，來山東當巡撫時，有人在巡撫衙門的影壁牆上畫了一個大王八。他在小站練兵時，部下也看到過他醉後變成大王八。每逢末世將臨，難免有妖魔鬼怪下凡轉世，出來糟踐老百姓。據說有一年乾隆爺下江南，一路上遊山玩水，封官許願，不覺來到長江。坐上龍船，駛到江心，只見江面上一片鱉頭，有的鱉頭上還長著紅點，可見都是多年的鱉精。果然，一個老鱉開口說話，向乾隆爺討封要官。乾隆爺龍心不悅，心想：此等物事，一旦為官，百姓豈不遭殃？但又不敢發作，怕惹惱了老鱉，弄翻了龍舟。乾隆爺靈機一動，發話道：「爾等都想為官牧民，朕心甚喜。然而當下無缺，不便封你們。等到天下燈頭都朝了下，爾等皆可出來為官。」眾老鱉一聽，十分高興，一會兒就隱入水中。乾隆爺的龍舟得以安全過江。乾隆爺心裏很得意，因為當時人們都是點豆油燈，有錢人點蠟燭，燈頭都朝上，怎麼也朝不了下，他想老鱉們永遠當不了官。誰料想，過了不到一百年，外國的電燈就傳進了中國，燈頭竟然朝了下！所以清朝很快就亡了國，因為當官的都是老鱉轉世，全是鱉官！

十八、鱉灣的故事

膠河裏有多處鼈灣。別處河水清澈見底，鼈灣裏的水黑呼呼的，深不見底。就是大旱之年，河床都乾出來了，鼈灣裏的水也不少。那裏邊的老鼈都成了精，有的在朝廷裏當了大官。有一年，莊上有一個到北京跑買賣的人，住在店裏。有一個老頭來找他，說他家老爺和他是同鄉，聽說他不久就要返鄉，想託他帶點東西回去。這買賣人一口答應。那老頭就拿出一個包袱，裏面包著一籃子黃豆芽。叮囑他，只要把這籃子黃豆芽倒進村東頭的鼈灣裏即可。買賣人接過包袱，心裏好笑：千里迢迢帶點黃豆芽回家，真沒出息。但已經答應了人家，只好照辦。回到家，就提上籃子，來到村東頭鼈灣邊，把籃子裏的黃豆芽倒進了鼈灣。剛要轉身回家，只見鼈灣裏黑水翻騰，漂上來一個木牌，上寫：「千里捎金，一芽為謝」幾個大字。買賣人回到家裏，放下籃子，發現還有一根黃豆芽掛在籃子縫裏，拿下來一看，這哪裏是一根黃豆芽？原來是像黃豆芽一樣的金子！怪不得木牌上說「一芽為謝」呢！這根金「黃豆芽」就是給的腳錢。

十九、兔子即「吐子」

兔子即是「吐子」，據說是周文王他大兒伯邑考的肉變的。當時，商紂王已經知道周文王想造反奪他的龍位，就把周文王拘在牢裏，把他的大兒子伯邑考也抓來殺了。殺了還不算，還把伯邑考剁成肉醬，包了包子給周文王吃，答應他吃了包子就放他回西岐。周文王知道這包子裏有問題，好歹吃了兩個，紂王果然把他放了。周文王在回西岐的路上，越走越覺得噁心，肚子裏翻腸攪肚，就停下來一陣嘔吐，吐出來紅色的肉塊。肉塊就地一滾，變成了兩隻兔子跑走了。從此，世上才有了兔子。為什麼叫它「兔子」呢？兔子就是「吐子」啊。

周文王到了岐山，就想造反奪天下，苦於沒有軍師，正好碰到姜太公在渭河邊上釣魚。人家釣魚用彎鉤，姜太公釣魚用直鉤，一邊釣還一邊念叨：「願者上鉤，願者上鉤。」周文王早就聽說姜太公懷才不遇，本領非凡，就從車上下來，請姜太公出山輔佐自己。姜太公說：「出山可以，請大

王為我拉車。」周文王痛快地答應了。姜太公爬上車去，讓周文王拉。周文王使出了全身力氣，拉著姜太公走了一里路，實在拉不動了，就停了下來。姜太公下車對周文王說：「你拉我八百單八步，我保你八百單八年。」果然，後來姜太公輔佐周文王坐了天下，過了八百零八年，周朝就滅亡了。

二十、狐狸煉丹

狐狸會煉丹，丹煉成了就成了仙。煉丹的狐狸不是我們常見的那種狐狸，常見的是「草狐狸」，黃毛，像狗。會煉丹的狐狸毛髮紅，比狗還大。狐狸煉丹都在晚上。每到晚上，你站到南圍子牆上往南荒裏望，有時會看到一個火球，一會兒向上，一會兒向下。那火球就是狐狸的「丹」，向上是狐狸把「丹」從嘴裏吐出來，向下是再嚥下去。就這麼吐吐嚥嚥，不被人打擾，到了一定的年頭，「丹」就煉成了。這種狐狸一般不做壞事，有的還會幫助人。

早年間在管家苓芝時，大老爺爺當醫生，每逢夜間出診，走到沙窩一帶，前邊就會出現一隻小紅燈籠為他帶路，人走快它也快，人走慢它也慢。快到苓芝了，那小紅燈籠變成一條火線「倏」地就沒有了。大老爺爺趕快朝它去的方向作揖感謝。後來人煙越來越多，這種事就沒有了。

二十一、「花皮子」

有一種動物，長得和黃鼠狼差不多，年歲久了，也會成精。它會直立行走，學人說話，人們叫它「花皮子」。「花皮子」學人說話，是為了向人討口彩。人如果順著它的話講，它就真的會變化成精，出來害人。有一年一個姓張的人起早拾糞，天還不亮，忽見一個「花皮子」站在牆頭上說：「我是張老三，我是張老三！」「張老三」就是這人的爺爺。這人一看是個「花皮子」，彎腰撿起一塊半頭磚，朝「花皮子」丟去，還一邊罵：「你是個屁！」「花皮子」變成一道火光不見了。

二十二、蜘蛛精戲女

有姑嫂二人夏天在院子裏乘涼，地上鋪了草席。二人躺在席上，剛要濛濛睡著時，就聽半空中有人說話：「下邊有兩朵好花，下去採了吧。」一個說：「等辦完事回來再採。」姑嫂二人聽了，知道遇上了妖怪，趕緊收拾東西回了屋。第二天早上出來一看，昨晚鋪席子的地方有兩大灘像濃鼻涕一樣的東西，有幾個小蜘蛛在裏邊爬。她們才知道，昨晚上遇上了蜘蛛精，幸虧躲得快，不然就糟了。

二十三、公雞精作孽

有一家人家，養了一隻大公雞，十幾年了，捨不得殺，誰知這公雞竟然成了精。這家人家有一個閨女，十七八歲，已經許配了人家，就要擇日出嫁。有一天晚上，忽然有一個壯小夥跑進了大閨女的房間。房門是從裏邊關上的，什麼動靜都沒有，小夥子是怎麼進來的呢？大閨女不得而知。只見那壯小夥身穿一件金光閃閃五顏六色的衣裳，進門就脫了，要對大閨女行非禮之事。大閨女嚇得想叫，可被小夥摀住了嘴，叫不出來，想跑又跑不掉，無奈被那小夥子給糟蹋了。一連三晚，閨女的爹娘都聽到女兒房裏有動靜，好像是男女苟且時發出的聲音。到了第四天早晨，他們就拷問女兒。閨女知道瞞不過去，就老實交代了夜晚發生的事情。爹娘一聽，知道女兒遇見了妖怪，就囑咐女兒，晚上若那人再來，你就把他的衣裳藏好，不管他怎麼要也不能給他，看他怎麼辦。到了晚上，那小夥子真的又來了。半夜時分，那閨女偷偷爬起來，把那小夥子的衣裳藏到櫃子裏並上了鎖。天亮時分，莊上的公雞一叫，那小夥子起身就要走，但找不到衣裳，只好赤身裸體地跑走了。天亮後，閨女的爹娘就到處察看，只見雞窩裏那隻大公雞渾身沒了毛，趴在那兒一動也不敢動。原來那小夥子就是這公雞變的，晚上出來作孽禍害人。閨女他爹氣得直罵，跑到廚房裏拿出刀來，一刀把公雞的頭剁了下來。成了精的雞肉誰敢吃啊！只好在院子裏架起木柴把大公雞燒成了灰。

二十四、黑魚精和白鱔精

早年間，高密張魯集南有一個大灣，多少年也沒乾過。人們都說這灣裏有妖怪，可誰也沒見過。有一年夏天，一戶人家在灣邊的地裏種了幾畝西瓜。到了瓜熟的季節，為了防備有人偷瓜，這家的男人在地裏搭了一個瓜屋子，每天吃過晚飯就帶著打鳥的土炮來看瓜。有一天夜裏，他剛剛準備睡覺，就聽到灣裏的水嘩啦嘩啦地響，嚇得他鑽到被子裏，只露著兩隻眼往外偷看。月光底下，只見水面上漂著一張八仙桌，兩張太師椅。一個書童模樣的人打著燈籠從灣南頭走到灣北頭，來回巡察，一會就不見了。轉眼間，水面發出「呼隆隆」一聲響，只見一個大黑漢子和一個小媳婦從水裏鑽了出來。那大黑漢子五大三粗，黑臉膛，黑衣裳，黑鞋子，渾身漆黑；那小媳婦俊白俊白的，穿一身白衣裳，好漂亮。二人入座後，面對面喝酒賞月聊天。看瓜人想：這兩個肯定是妖精，不能讓他們出來禍害人。他連忙起身摸過打鳥的土炮，裝上火藥鐵砂，瞄準兩個妖精扣動了扳機。「呼通」一聲炮響，他立刻什麼也看不見了。霎時間天昏地暗，飛沙走石，狂風挾著暴雨，把瓜屋子、地裏的瓜全部捲上了天，看瓜人被颳出去半里地，好歹摟住了一棵樹，才沒有被颳走。第二天他跑到灣邊上一看，只見灣裏漂著一條大黑魚和一條大白鱔。那條大黑魚有水筲那麼粗，扁擔那麼長；那條大白鱔也有碗口粗，丈把長。原來晚上他看到的那大黑漢子就是這條黑魚變的，那小媳婦就是這條白鱔變的。

二十五、鐵拐李的腿是怎麼「拐」的

八仙中的鐵拐李的腿原來不拐，是後來被他嫂子一句話給說拐的。事情的緣由是這樣的。鐵拐李進山修道多年，道行已經不淺，有一年他回家探望兄嫂。兄嫂家很窮。嫂子見弟弟回家，十分高興，就忙著燒火做飯招待他。誰知燒著燒著，飯還未做好，柴火沒有了，嫂子就起身到外邊拿柴火去。鐵拐李一看柴火沒有了，心想：師父說我已經練成了金剛不敗之

身，水火不怕，我何不就此試它一試。想到此，就一腚坐在灶前，把一條腿伸進灶裏當柴燒。燒著燒著眼看鍋裏的飯就要燒好，他很高興。這時他嫂子抱著柴火走進來，看到如此情景，嚇得大叫：「兄弟，你的腿燒壞了！」鐵拐李一愣怔，趕快把腿抽出來。這下壞了事了，那條腿真的壞了。從此，他只好架著鐵拐走路。老人們說：當初，如果他嫂子不叫喚，就不會破了他的功，他的腿就不會拐。

二十六、魯班的口水

小時候看到爺爺經常在木工房裏熬膠。這熬膠是個技術活，火小了不行，火猛了也不行，覺得挺麻煩。就說：「要是不用熬膠就好了。」爺爺聽了我的話就講了下面的故事。

木匠的祖師爺是魯班，魯班不但發明了鋂、鑿、斧、鋸，而且他的唾沫就是膠。把木板刮平，對準茬口吐一口唾沫在上面，板子就黏住了，萬年不破。可惜這本事沒能傳下來。為什麼沒傳下來呢？原因是他的徒弟不爭氣，太愛乾淨，所以沒學到這個本事。魯班教徒弟時，徒弟要他傳這唾沫膠。魯班就叫徒弟張口。徒弟張開了口，魯班一口濃痰吐到徒弟口裏，說；「嚥下去！」徒弟好歹把那口痰嚥了下去，但越想越噁心，實在是憋不住了想吐，就趕緊跑到院子裏，趴在魚池邊上一頓好嘔，嘔出了那口痰。痰剛掉進魚池，就被一條大魚吃了。從此以後直到如今，最好的膠是魚鰾熬的，比驢皮膠還黏。誰的唾沫也不能當膠使了。

二十七、吃啥有啥的飯店

過去，膠州城裏有一個財主，開了一家飯店。為了招徠客人，他在門口掛了一個招牌，上寫：「吃啥有啥，活人腦子現砸！」這口氣可真大。可你仔細想想，你敢吃嗎？就算敢吃活人腦子，他要價十萬兩金子，你也吃不起啊！他店裏的菜名起得也特別。

　　有一天，一個來吃飯的人，看到他店裏的菜單上有一道菜是「猴子爬杆」，一看價錢很便宜，就點了這個菜，想嘗嘗猴子肉的味道。一會兒，菜端上來了，原來是一盤波菜梗，每根波菜梗上趴著一兩隻小蝦，這就是「猴子爬杆」。仔細想想，這菜的做法大概是燒開了鍋，把波菜梗和小活蝦丟下去，蝦子燙得不好受，就去抓住波菜梗，然後加佐料而成，如此而已。所以下飯店吃飯，有時候就是吃個名堂。

　　這財主的兒媳婦娘家的爹是個土財主。有一年冬天想吃田雞（青蛙），就對閨女說：「都說你公爹在膠州城開著大飯店，吃啥有啥，活人腦子現砸。活人腦子我不敢吃，吃個田雞總可以吧？」兒媳婦回來向公爹一說，公爹真的叫大廚做了一道田雞菜。做好後一看，只見盤子裏有一隻青蛙像活的一樣，趴在碧綠的荷葉上。兒媳趕緊讓人把它裝進食盒裏，騎上牲口就往娘家趕。到家後，呈上這道田雞菜。開始他爹還不敢吃，後來大著膽子咬了一口。那田雞真是入口即化，想什麼滋味，嘴裏就有什麼滋味，無論什麼山珍海味都沒有這隻青蛙好吃。不一會，一隻青蛙全下了肚，他意猶未盡地對閨女說：「回去讓你公爹再做幾隻！」閨女只好領命，回來對公爹說了。公爹說：「這一隻『田雞』足足費了我十兩銀子。回去問問你爹，他的家產能值幾隻田雞！」

二十八、饞媳婦吃狗肝

　　有一個媳婦嘴好饞，總想偷著做點好東西吃。有一回，她公公和丈夫下地幹活去了。她做飯時，偷偷煮了一個雞蛋。煮好，正扒著雞蛋皮準備吃呢，不想公公和丈夫下地回來了。饞媳婦情急之下，就一口把整個雞蛋吞了，誰知雞蛋卡在喉嚨裏上不去下不來，差點噎死。好歹在地上又蹦又跳，她終於把它嚥下去了，什麼滋味也沒吃出來。又有一回，家裏打死了一條狗，媳婦在家把狗煮熟了，看看公公和丈夫還沒回來，饞得她等不及了，就把狗肝偷吃了。到了吃飯時，她公公在鍋裏翻來覆去地找，就是找不到狗肝，就問兒媳婦狗肝哪去了。饞媳婦這回變聰明了，就說：「爹啊

爹，你沒聽人說嗎？河沒有頭，海沒有邊，牛沒有上牙，狗沒有肝。狗天生沒有肝啊！」她公爹一想，也是啊，這輩子沒見過河的頭，更沒見過海的邊。跑到牛欄裏，扒開牛嘴一看，牛確實沒有上牙，就信了饞媳婦的話。誰知沒過幾天，饞媳婦的公爹看人殺狗，明明看到狗肚子裏有肝，知道自己上了當，回來把饞媳婦臭罵了一頓。

二十九、南方人會看地

古人說，南方人會看地，北方人會看天。只要天氣變化，北方上了年紀的人都能預測個差不多；南方人因為他們那地方陰天多，又潮濕多雨，適合種稻子，所以他們不大關心天氣，（那兒天氣變化也不大，所以不用看）。但南方人會看地、看風水，北京城的建造，看地形、定地方的大部分是南方人。

有一年兩個南方人，到咱們高密東北鄉一帶來看風水，說：「如果有好地，我們就會把自家死去的父母的骨灰裝在灰火（骨灰）罐子裏，拿來埋上，我們家的人就會發科得功名，做大官。」兩人走到南荒地裏，其中一個說：「這塊地是寶地，能出狀元！」另一個不同意。兩人互不服氣，那個說是寶地的就去桑古墩砍了一根桑樹枝子，對另一個說道：「我把樹枝插在這裏，明天早上它就會發芽！」時值初春，天氣還很冷，連柳樹都沒發芽呢，桑樹枝怎麼可能發芽呢？他們的話被兩個摟草的小孩聽見了。第二天一大早，其中一個摟草的小孩就跑來看。哎呀！那桑樹枝真的發了芽。小孩回家將此怪事告訴了大人，正好被他家來走親戚的舅舅聽見了。他舅舅是即墨人，剛沒有了爹（小孩的外公）。聽到外甥的話，他馬上就託人買了這穴地，把他爹葬在這裏。等到那看風水的南方蠻子帶著自己父母的骨灰來埋時，已經晚了。過了些年，小孩的舅家表哥真的中了狀元，名字叫藍田。

那兩個南方蠻子還不放棄。過了幾年，已經是民國3年了，又來到高密東北鄉看地。剛走到大欄橋頭，其中一個口渴了，就到膠河裏去喝水，

上來後對另一個說：「不得了，黃河水已經到了這裏，快走吧。」兩個人立即就走了。果不其然，到了夏天，高密發生了大水災，平地水深三尺，連梓潼廟頂上都掛滿了浮柴。一直到秋末冬初，水才退淨。要不是黃河裏的水來了，光憑膠河，哪來這麼多的水啊！

三十、起屍鬼

「詐屍」，高密人叫「起屍」。「起屍」就是死了的人因各種原因沒有及時殯葬，屍體又爬起來害人，成了「起屍鬼」。傳說「起屍鬼」只會跑直路，不會轉圈，所以一旦碰上了「起屍鬼」，你就轉圈跑，他就抓不著你。

咱莊上門星五他爹有一年去淄川販瓷器，剛走到青州一帶，因急著趕路，天黑了才投宿。旅店掌櫃的說：「沒有房間了，只有一間不太乾淨的。」門星五他爹說：「不要緊，莊戶人不講究。」掌櫃的就打開了東廂房的門。只見進門就是一鋪炕，靠窗的地方放著一口棺材，沒看出有什麼不乾淨的地方，他就住了進去。因為走了一天的路，上炕倒頭就睡著了。半夜時分，他忽然被一陣「吱格吱格」的聲音吵醒了睜眼一看，只見月光清冷透進窗戶，朦朦朧朧看見那棺材蓋好像在動。嚇得他趕緊起來，穿好衣裳。就在他穿衣裳的功夫，棺材蓋打開了，一個女人從棺材裏爬出來，穿著送老的衣裳，戴著滿頭的花，擦著滿臉的粉，伸著舌頭要來抓他。門星五他爹一看大事不好，大喊救命，可沒有一個人起來救他。他打開房門撒腿就跑，那「起屍鬼」就在後邊追，像個影子甩也甩不掉。門星五他爹聽人說過「起屍鬼」不會轉圈，就跑啊跑，跑進一個小樹林，繞著樹轉圈跑。那「起屍鬼」一進樹林，摟住一棵樹就不動了。門星五他爹也又怕又累地癱倒在地上了。直到天亮雞叫了，門星五他爹才敢爬起來回旅店，拿上自己的東西準備結帳走人。掌櫃的走出來，問：「客，昨夜沒事吧？」門星五他爹說：「沒有小事！」就把昨夜的事說了。他領著掌櫃的來到小樹林，只見那具女屍還摟在樹上，指甲都戳進樹皮裏了，拔都拔不出來，

好歹才把她弄下來抬回去。原來，這個死去的女人是旅店掌櫃的兒媳婦，因為家庭瑣事和丈夫吵架，一氣之下上了吊。兒媳婦娘家不讓埋葬，告了官。女方家裏覺得官府判得不公正，就不讓下葬，棺材只好一直擱在東廂房裏。不過從這天之後，女鬼再也不出來鬧了。門星五他爹經過這一嚇，淄川也不去了，回到家失魂落魄了好多天。

還有一件事是發生在前清同治年間。苓芝村有一個習武的人，去濟南府考武舉。走到離濟南府不遠的王舍人莊，天晚了，就去一家客店投宿。此時店裏已經住滿客人，只有一間西廂房因停放著一具死屍沒人住。這死者是店主人剛死了不幾天的小老婆，正等著撿個黃道吉日入殮埋葬呢。這習武之人自恃武藝高強，無所畏懼，就住了進去。夜裏，他正點著燈看書，溫習功課（考武舉的人也要考文章），忽然，看到蓋在死屍臉上的黃表紙在動，好像是氣吹的，一忽閃一忽閃的。剛忽閃了幾下，那女屍就坐起來了。這習武之人膽子大，照樣看他的書。一會兒，那女屍竟站起來了，一步一步往他跟前靠，嘴裏呼呼地往外吹氣。那氣冰涼陰森，直吹到人骨頭縫裏。眼看來到了他跟前，女屍張開兩隻胳膊要來抓他。那習武之人一把就把女屍抓住了，拿過隨身帶的弓，一下子把女屍別在弓弦上，丟在地上熄燈睡覺了。一夜無事。第二天早上店主人來送洗臉水，見了地上的女屍，什麼都明白了，就連聲道歉，連房錢都沒要。

三十一、六十裝窯

不知道是哪朝哪代，出了一個昏君。他嫌人老了沒有用，光吃糧幹不動活，就下了一道聖旨：「天下子民凡年到六十者，一律裝進窯裏燒死。」聖旨一下，年紀大的人寧願自己上吊跳井，也不願裝進窯裏燒死。家有老人的人家，想方設法給老人改戶口瞞年齡或者帶著老人東躲西藏。貪官污吏藉此機會徇私枉法，大撈銀錢。一時間鬧得雞飛狗跳，民怨沸騰。

有一個在京做大官的高密人，他爺爺已經九十多歲了，自然早該裝

窰。只是因為孫子是大官，爺爺又住在京裏孫子家，地方上不敢找事，所以爺爺還能活在世上。

不久，金鑾殿裏鬧起了耗子。那耗子都有千年道行，不但大如狸貓，而且能變化成人，公耗子變成俊小夥去姦污宮女皇娘，母耗子變成美女去勾引皇子皇叔。它們有時候還冒充大臣，與文武百官一起上朝站班議論朝政呢！都說貓拿耗子，但皇宮裏的貓一見這些大耗子，都嚇得渾身打戰，根本不敢拿，有的貓甚至叫耗子吃了！這一鬧，連皇上也害了怕。就頒旨招賢，說有能治了皇宮裏的耗子的，官升三級。這個當官的退朝回家對爺爺說起這事。爺爺說：「千年的耗子怕九斤的貓。咱們家養的貓足有九斤了。明天早起上朝，你把它帶上，肯定能治了皇宮裏的耗子。」第二天，孫子去上朝，就把家裏的貓藏在袖筒裏帶進了金鑾殿。當官的官服寬袍大袖，裝一隻貓綽綽有餘。一進金鑾殿，就見一隻耗子精變成了一個文官裝模作樣地站在那裏。孫子就把袖子裏的貓放出來了。那貓一出來，「喵嗚」一叫，那老鼠精就渾身發抖。再叫一聲，那老鼠精就現了原形。貓就撲了上去，一口咬住老鼠精的脖子，把老鼠精咬死了。皇上一看，龍心大悅，立刻讓太監帶上這隻貓到各宮裏去滅耗子，很快就把耗子都滅了。皇上就問這個高密人，這辦法是怎麼想出來的。孫子只好先向皇上請罪，說不該違抗旨意藏了爺爺，皇上說：「赦你無罪。」高密人就說：「這主意是我九十多歲的爺爺出的。我爺爺早就該裝窰了。」皇上一聽，心想：原來老人自有老人的用處！就下旨不再六十裝窰了，還把這高密人升了官。

三十二、蠻子官莊的接骨祕方

蠻子官莊有一家姓郭的老太太是遠近聞名的接骨大夫，治療跌打損傷那真是藥到病除，十分靈驗。她有一個祕方，只要是傷了骨頭，貼上她的膏藥，立刻就不痛了。傷筋動骨一百天，一百天包好！這個祕方傳子（媳）不傳女，他們家人丁不旺，就靠這招過日子。她的這個祕方是怎麼來的呢？傳說是有一年，高密城有人劫了獄，監獄裏的犯人逃了出來。其

中有一個江洋大盜被砍斷了胳膊，跑到蠻子官莊這個姓郭的家裏。這家人把他藏在家裏，好吃好喝地招待著。幾天後，那人自己用一種藥粉治好了傷，要走。到了夜裏，姓郭的當家的就去送他，送了好遠。那人說：「送君千里，終有一別。這幾天，讓你們受了累。我無以為報，把我治傷的祕方送給你吧，包你子孫後代吃穿不愁。」說著跑到高粱地裏，拿出一把匕首，砍斷了一棵高粱，從腰裏掏出了一個小壺，把裏面的藥粉倒在砍斷的高粱秸上，再把兩截高粱秸接在一起，用手攥了有吃袋煙的功夫。然後鬆開手，那兩截高粱秸就重新長在了一起。那藥就這麼靈。姓郭的得了這個祕方，按方炮製出了跌打損傷藥，就不再種地，專門靠治傷過日子了。

1958年，政府動員他們家老太太獻出祕方。老太太是獻出來一個方子，但聽人說，那是假的。所以，至今有受傷的，仍然還是去找老太太家的後代傳人治療。

三十三、賣菜的遇到了鬼

高密城西北角有一個地方叫「老木天」，其實應該叫「老墓田」。那裏原是高密城李家的墳地。那裏松柏森森，陰風陣陣，白天走進去都看不見太陽，很瘮人。割草放牛的小孩白天都不敢進去，更別說黑夜裏了。

有一年，康莊有一個賣韭菜的人，挑著一擔韭菜到高密城趕大集。那天起得早了一點，天很黑，不知不覺走迷了路，進了老墓田，自己還渾然不覺。但見一片燈火輝煌，很多人都在趕集。看見他挑著韭菜，不等他放下擔子就圍上來要買，也不講價。賣韭菜的放下擔子就開始賣，不一會就賣光了，收了滿滿一褡褳錢。剛要起身往回趕，遠處一聲公雞叫，燈火頓時熄滅，天色已經微明。定睛一看，自己是在一片大墳中間。每個墳前都放著一把韭菜。再看自己褡褳裏，哪裏是錢，全是燒紙灰！賣韭菜的知道自己遇到鬼了，趕快挨個墳頭去收韭菜，一把也不少。收齊後，他挑上擔子就往高密城趕。之後，他再也不敢早起走夜路了。

三十四、王黨塚子的傳說

高密城東的兩個大村子王黨和張魯，原來是兩個人名。這兩個人大概是漢朝的吧，是死對頭，各自佔據一方，都想把對方滅了，好佔他的地盤。王黨這個人本事不大，全靠他閨女。他閨女替他守邊，只要張魯來打，他就放狼煙，閨女就起兵來救。有一次，王黨忽然心血來潮，覺得好長時間太平無事了，不知一旦有事閨女還會不會來，就叫人放狼煙。他閨女見了，立即點起兵馬起程趕過來。王黨見閨女來了，就笑著說：「沒有事，我就是想試試你還聽不聽招呼。」氣得閨女說他：「軍國大事，你怎麼能拿來當兒戲？」帶上兵馬就走了。過了幾天，張魯真的起兵來打王黨了，王黨趕緊放起狼煙，他閨女以為自己的爹又在鬧著玩呢，就沒有發兵。結果王黨就被張魯殺了。王黨的女兒知道了，覺得對不起爹，就自殺了。王黨死後，就埋在王黨村前，他的墳叫「王黨塚子」。這「王黨塚子」靈驗得很。過去附近人家辦紅白喜事，碟子碗的不夠用，就辦一張「借疏」，頭天晚上來「塚子」前，連同燒紙一塊燒了，第二天早上，塚子前就會出現一擺擺你要借的家什。用完之後，趁天黑將家什送回去，再燒幾張紙表示感謝就行了。但是後來就不靈了。為什麼呢？因為有人不守信用，借了東西不還。

新中國成立後，據說考古的來發掘過「王黨塚子」，挖開一看，深不見底，誰也不敢下去。再往後，村裏的人使土，都到「塚子」上來推土用，不幾年連封土都鏟平了，「王黨塚子」就更沒有什麼神靈了。

三十五、膠濟鐵路為什麼不從曲阜走

德國人來修膠濟鐵路，修到高密時，西鄉的孫文領導抗德，逼得膠濟路改了線。修到曲阜時，本來要從孔林經過，從曲阜城邊上走。但孔聖人家不同意，衍聖公出來找德國人交涉。洋鬼子蠻不講理，根本不把衍聖公放在眼裏，提出來要和衍聖公比本事。衍聖公說：「好吧，比武的，你

有洋槍洋炮，我沒有，這不公平。我是聖人，當然要比文的。咱們就比寫字，你寫洋文，我寫中國字。就在這沙土上寫，寫一個字就行，不比寫得快慢，也不比寫得美與醜。就看誰能把自己寫的字從地上拿起來，拿得起來算贏，拿不起來算輸。我要輸了，這鐵路你愛怎麼修怎麼修；你要輸了，鐵路要離此三十里之外！」德國人一聽，就說：「你先寫！」衍聖公說：「好！」就用手指在沙土地上寫了一個「人」字，然後用手兜底一抄，就把個「人」字拿起來了。輪到德國人寫了，只見洋鬼子寫了一大串洋文，一拿就散，再寫再拿還是散。洋鬼子只好認輸，把鐵路移出三十里開外，不再從曲阜走了。

三十六、是藥三分毒

清朝康熙年間，芩芝一帶有兩個有名的老中醫，醫術都很高明，兩人互不服氣。有一次兩人在一起喝酒，三杯酒下肚，其中一人就賣弄起自己的醫術如何如何高明，治好了多少人的病。另一個人不服氣，就說：「你怎麼不說說你藥死了幾個人？」對方一聽，認為他污蔑自己。話不投機半句多，說著說著就打起來了。二人拉拉扯扯到縣裏去告狀打官司，要縣官給判個是非曲直。

當時高密縣的縣官是姜之琦。這可是個清官，于瞳附近的膠河水壩就是他領著修的。姜官不但官清，還精通醫術，看病不收錢。每天早上找他看病的人比告狀的還多。這兩個人來到縣衙，正碰上姜官在給人看病，他一邊看病一邊聽這兩個人各說各理。最後，姜官說：「是藥三分毒，醫生行醫施藥，一定要慎之又慎。能知道自己藥死了幾個人的是好醫生；把人家藥死了還不知道的才是庸醫呢！」嚇得那個不承認自己藥死過人的一溜煙跑了，再也不敢在眾人面前張狂。

三十七、清朝的氣數

清朝的氣數，到嘉慶就開始走下坡路了。皇帝的年號起得也不好。
「嘉慶，嘉慶，家家都窮。」（高密方言，慶和窮分不開）嘉慶四年高密
發大水。有一天中午，忽然黑了天，比夜裏還黑，天上還打鼓。到了嘉慶
十七年，咱高密人餓得人吃人。道光就更不行了。「道光，道光，什麼都
拾掇光了。」洋鬼子進了中國，堂堂天朝打不過小鬼子，又割地又賠款，
丟人！「咸豐」這個年號最不好，又「險」又「瘋」。洋鬼子越鬧越厲
害，朝廷和當官的都怕洋人；地方的長毛又起來造反，佔了南京。後來長
毛又來到山東，破了景芝，到了高密，燒殺搶掠，姦淫婦女，無惡不作。
死人太多，引發了瘟疫。加上連年大旱，蝗蟲成災，高密人死了一小半。
說到蝗災，那真是可怕，聽老輩人說，過蝗蟲的時候，飛起來遮天蔽日，
像一片片烏雲轟轟地響著飄過來，飄過去，把莊稼、蔬菜、青草都吃光
了，連屋頂上的草，窗戶上的紙都吃了，真嚇死人了！地上更是腳踩腳
碾，走路時腳下「咯吱」、「咯吱」地響，不知要踩死多少。這麼多的蝗
蟲也不知從哪兒來的。有人下地看到，一個個的土包子從地底下冒出來炸
開，裏面就是小蝗蟲。難道是從地裏生出來的？打又不敢打，以為是神。
有人就去拜八臘廟。八臘廟裏供著劉猛大將軍。這劉猛不知是何朝何代
人，據說專管滅蝗。但拜了也沒用，莊戶人的日子真是沒法過啊！出去逃
難，闖關東的特別多。那時的關東因為是清朝的龍興地，不准關裏的人
去，就偷偷地去，一路上不知又得死多少人。咸豐過後，就是同治、光
緒。到了宣統，皇上是個兩三歲的小孩。弄了兩三年，清朝就亡國了。

三十八、綦翰林出殯

　　膠州城裏綦翰林死後出殯，到處撒帖子招募專門管殯葬的鋪子來辦喪
事，但很多鋪子的掌櫃的都不敢應承。為什麼呢？因為綦翰林的楠木棺材
足有三寸厚，而且是一棺二槨。棺材和槨之間填滿了金銀珠寶，灌上了水
銀，少說也有幾千斤，而且剛起棺的時候，棺材上邊要放一碗水，碗裏的
水不能潑出來。路上用的是32人抬的大「罩」（用來放棺材的像轎一樣的

東西）。這就要求抬棺抬罩的人個個是膀大腰圓的棒小夥，個頭也要差不多高。葉家出價很高，只要達到他們的要求，每個人起碼能掙10兩銀子！這可是一個中等人家好幾年的收入！高密東北鄉有一家喪葬鋪去應了聘，挑選了東北鄉最棒的小夥子，立下生死合同，說好出了事自己負責，掌櫃的就帶著他們出發了。出殯那天，大烙餅，大魚大肉管夠，32個小夥子人人吃了個酒足飯飽。每個人腰紮三寸寬的牛皮帶，腳蹬千層底布鞋，肩上墊著厚厚的墊肩。起棺時，掌櫃的喊著號子，說聲「起」，眾人一起用力，那棺材平平穩穩抬了起來，離地三尺，穩步前行。放入大罩之後，就上路了。路是提前修過的，又寬又平。送葬的隊伍足有里把路長，各種執事儀仗，熱鬧非凡。一路走走停停，好不容易到了墓地。墓道又寬又長，下邊鋪上圓木，棺材出罩後，放在圓木上，慢慢滾動前進，終於進了墓室。32個小夥子才算完成了任務。每個人得了十兩銀子。有的人從此就落下了毛病，不是累得吐血，就是腰疼。但總算沒給高密東北鄉人丟臉。

三十九、笤帚疙瘩成了精

傳說人的中指不小心弄出了血，千萬不要到處亂抹，抹在哪裏，那東西就會成精。有一個人劈木頭，把左手中指弄破了，出了很多血，順手抹在一個笤帚疙瘩上，然後把笤帚疙瘩丟在一個旮旯裏。年久不用，這笤帚疙瘩就成了精。當時正是夏天，一家人在院子裏乘涼，忽然看到一個小紅孩在院子裏跳來跳去，嘴裏還吆喝著：「一掃光，一掃光！」嚇得全家人第二天都不敢到院子裏來了，大熱天也憋在屋子裏。這人膽大，不怕，到了晚上，一個人拿了根棍子躲在黑影裏，不一會，那小紅孩又從旮旯裏跑出來，剛要張口說話，這人上去就是一棍子把他打趴下了。借著月光一看，原來就是那個笤帚疙瘩，就趕緊點火把它燒了。

四十　大咬人

　　過去，高密李仙莊有一個著名的外科醫生，專治無名瘡、癤，外號叫「大咬人」。那時候鄉下沒有西醫，生了瘡、癤一直要等到它化了膿，破了頭才會好。人受罪不說，一旦毒氣入了血，攻了心，就會死！「大咬人」治病有很多傳說。據說有一個人腳上長了一個瘡，久治不癒，請了「大咬人」來，「大咬人」一看，就弄了一些青草，糊在瘡上，不幾天那人就好了。「大咬人」說：「這是一個『螞蚱瘡』。螞蚱吃青草，把螞蚱引出來就好了。」又有一個人，脖子上長了一個瘡，請大咬人看。「大咬人」叫人弄了一泡熱牛屎糊在那人脖子上，不幾天那人也好了。「大咬人」說：「這是一個『屎殼郎瘡』，屎殼郎吃牛屎，所以就好了。」揭下牛屎一看，果然，牛屎裏有不少小屎殼郎呢！

　　爺爺三十來歲的時候，兩腿上長了幾個瘡，光腫不見化膿，疼得睡不成覺，幹不成活，全家人急得要命。大爺爺雖然是醫生，也束手無策，偷偷掉淚，都覺得爺爺的腿沒救了。有人就提出來去請「大咬人」。大欄到李仙莊有幾十里路，又是大熱天，怕人家不來，就備上騾子，派人去請。早上去，過半晌了才來。這「大咬人」是個大胖子，下得騾來，呼哧呼哧地直喘氣。進屋後喝了茶抽了煙，他才給爺爺看病。只見他用手按了按爺爺腿上紅腫的地方，說：「這是『貼骨疽』。瘡長在肉裏骨外，早就化膿了。」然後他要人找來一根自行車輻條，放在火上燒紅了，一頭打成一個尖，就趁熱紮進紅腫之處，疼得爺爺大叫。拔出輻條來，紅腫處只流了一點點膿。「大咬人」說：「太深了，流不出膿來。」就叫人去找來幾根麥秸，中間弄穿了，把它們輕輕拈進去，那膿就嘩嘩地從麥秸裏往外流！幾個瘡都是如此處理，足足接了半銅盆的膿。然後，他又把帶來的藥給爺爺服了，爺爺就不疼了。晚上，家裏好酒好飯地招待他，大爺爺陪著。付給他錢的時候，他也不多要。說到他的外號，他說，人家一聽說我叫「大咬人」，都以為我是死要錢的主，其實是因為我小名叫「狗」，所以才得了這麼個外號。第二天，「大咬人」要走，走前他拿出幾貼膏藥，交代大爺爺繼續用麥秸給爺爺放膿，什麼時候沒膿了，就把膏藥貼上，很快就會結痂長好。果然，到了秋天爺爺就能下地幹活了。

第三章

莫言年譜

莫言年譜

1955年1歲

2月17日（陰曆乙未年正月廿五）上午10時左右，出生於山東省高密縣河崖區大欄鄉平安莊一戶農民家庭。

祖父管嵩峰，名遵義，以字行。務農，兼做木工，善講故事。

祖母戴氏，從事家務勞動。

父親管貽範，農民，長期擔任村、農業社、大隊會計。

母親高淑娟，農民，勤儉持家，任勞任怨，寬厚仁慈。

叔父管貽喜，1950年參加供銷社工作，長期在河崖工作，直至退休。

嬸嬸聶希蘭，農民。

大哥管謨賢，姐姐管謨芬，二哥管謨欣。

堂姐管謨華，上年陰曆九月出生。

是年農業合作化掀起高潮，莫言家首批加入農業社。父親擔任會計。

是年大哥謨賢上小學五年級，姐姐謨芬入小學。

1956年2歲

是年，膠州專區撤銷，高密縣劃歸昌濰專區。中國完成了「對生產資料所有制的社會主義改造」。大爺爺管嵩山和小姑管貽蘭帶著自家的全部醫藥物資加入大欄聯合診所，成了拿工資吃國家糧的醫生。

1957年3歲

是年，平安莊全村合併為一個高級社。整風反右運動開始。

9月，大哥管謨賢考入高密二中，二哥謨欣入大欄小學讀書。

1958年4歲

2月，平安莊劃歸剛從河崖區分出的大欄鄉。9月又併入河崖，成為火箭人民公社（後改河崖公社）平安莊大隊，父親擔任大隊會計。是年，大躍進、人民公社運動在全國展開。共產風、浮誇風、命令風、瞎指揮風、幹部特殊風，「五風」盛行。

暑假期間，莫言調皮，掉進「圈」（茅廁）裏，幸虧大哥發現，把他撈上來，扛到膠河裏洗淨，撿回了一條命。

秋天，家裏房屋被民工佔用，奶奶帶著堂姐和莫言暫時住到大欄村陳家。吃飯在食堂，吃的東西難以下嚥。

年底，開始挨餓，三叔管貽祿（三爺爺的大兒子）因病餓勞累而死，年僅三十歲左右。

1959年5歲

是年廬山會議召開，全國反「右傾」。

村裏開始餓死人，公共食堂解散。姐姐謨芬退學，專門負責挖野菜給全家人吃，以度荒年。

1960年6歲

大量農民被餓死或「闖關東」，人口出現負增長。母親為了掙一點麩皮，與鄰居大娘一起為生產隊推磨（因牲口已餓死），經常累得暈倒。莫言已能幫母親推磨。

暑期之後，大哥謨賢升入高密二中高中部讀書。糧食定量已減至每月21斤。

大年夜，供在院子裏的五個餑餑被人偷走。

1961年7歲

是年，中央為1958年「整風補課」、「拔白旗」，1959年」反右傾」、「反瞞產私分」以及1960年冬和本年春「整風整社」、「民主補課」等運動中挨整的幹部、群眾（包括部分中學生）「甄別平反」，為部分「右派分子」摘帽。國民經濟實施「調整、鞏固、充實、提高」的方針。

莫言入大欄中心小學讀書，老師為之取名管謨業。

1962年8歲

經濟形勢開始好轉。農村以生產隊為單位，人們已可以「糠菜半年糧」勉強吃飽。

大哥謨賢的戶口根據上級縮減城市人口的指示，重新遷回本生產隊。每周六回家背糧（地瓜乾為主）到學校入夥吃飯。

莫言讀小學二年級。

1963年9歲

中央發布關於在農村開展社會主義教育運動的兩個文件（「前十條」、「後十條」）在部分農村試點。

莫言在大欄小學讀三年級，善寫作文。

大哥謨賢高中畢業，考入華東師範大學中文系。

1964年10歲

中央發布「二十三條」，在全國農村開展「四清運動」即「清政治、清經濟、清思想、清組織」，極左再度盛行。文藝界開始批判電影《早春二月》、《北國江南》等。

莫言在大欄小學讀四年級，作文經常被當作範文在班上宣讀。

二哥謨欣小學畢業，考入高密二中讀初中。

1965年11歲

「左」風漸熾。是年11月，姚文元文章《評新編歷史劇〈海瑞罷官〉》」發表，「文革」即將掀起。

莫言已讀五年級，參加了學校的文藝演出，與一女同學上臺唱柳琴戲《老兩口學毛選》，受到社員歡迎。

大哥謨賢參加華東局農村工作隊赴安徽定遠縣搞「四清」。

1966年12歲

中央發布「五一六」通知，「文革」開始。

莫言與老師同學一起寫大字報，批判「三家村」。

1967年13歲

年初，上海、青島等地開始奪權。大哥謨賢回鄉探親，帶回一些造反派散發的傳單。莫言受到啟發，到學校造反，貼老師大字報，罵老師是「奴隸主」，撕爛課程表，成立戰鬥隊，到膠縣（現膠州）去串聯，在接待站住了一晚，尿了炕，嚇得第二天跑回了家。為此，學校決定開除他。後來貧下中農管理學校，上中學也要貧下中農推薦，莫言就此失學了。

二哥謨欣從高密二中初中畢業。

1968年14歲

山東兩派打內戰。年底，全國各省市成立了革命委員會，但內戰仍舊不斷，工農業生產大受影響。

莫言回到了生產隊，當了一名小社員，只能幹一些割草放牛之類的農活。

莫言參加了膠河滯洪閘的建設。在工地上，因吃不飽去偷了一個蘿蔔，被發現後，隊幹部強迫他跪在毛主席像前請罪。事後遭到父親痛打。

大哥謨賢大學畢業，被分到一機部某內遷廠，先要到瀋陽軍區旅大警備區守備三師鍛鍊。

二哥謨欣報名參軍，之後連續三年體檢合格，因出身中農，當兵不成。

1969年15歲

中共九大召開，「文革」動亂仍未平息，農村生產不正常，農民生活甚苦。城市知識青年下鄉，村裏最大的地主單家的家屬也被紅衛兵從青島趕了回來。其中有一位當中學老師的因1957年被打成右派，此時被開除公職，回到村裏接受改造。莫言和他在一起幹農活時，聽他說當作家的人一天可以吃三頓餃子，便想當作家。春天莫言跟本大隊社員去縣南部拒城河公社撿石子，修濟青公路，第一次遠離本村。

莫言大哥於年底結婚，並偕妻子王梅棣回鄉探親。莫言十分高興。

1970年16歲

5月1日，河崖公社食品站出售變質牛肉，致304人中毒，1人死亡。後莫言據此事件寫成中篇小說《牛》。

「文革」繼續，劉少奇被開除出黨。清理階級隊伍，製造了大量冤假錯案。

大哥謨賢回到位於湖南常德的工廠工作。二哥謨欣在河崖讀高中。翌年畢業。

莫言在家刻苦自學，讀了大量小說，連大哥初、高中的語文、歷史、地理課本，甚至作文都讀過了。為了學有一技之長，期間曾跟大爺爺學過中醫，背誦《藥性賦》、《瀕湖脈訣》等醫學著作。

1971年17歲

林彪事件發生。大批幹部被趕下鄉。工農兵上大學，管大學。

2月28日，祖母戴氏去世，享年78歲。

1972年18歲

全國聲討林彪反革命集團。

高密縣棉鈴蟲災爆發，莫言在生產隊參加滅蟲，噴撒劇毒農藥。

1973年19歲

中共十大召開。

1月，在湖南工作的大哥攜3歲的長子襄華回鄉探親，莫言送大哥和侄兒到青島乘船。這是莫言第一次坐火車，第一次到青島，在青島迷了路。

冬天，去昌邑縣圍子公社挖膠萊河，歷時40天，時間緊，任務重，天氣奇寒。在此環境下，莫言居然寫了一篇小說《膠萊河畔》，故事情節是男主人公為修河再次推遲婚期，老地主搞破壞砍斷馬腿……

第一次報名參軍，體檢合格，未獲批准。

產生文學創作的幻想，試圖寫一本關於挖河的小說。

8月20日，去高密縣第五棉油加工廠做合同工。

1974年20歲

中央指示開展「批林批孔」、「評法批儒」、評《水滸》，批宋江，反「復辟」，反「倒退」等運動。山東省委指示批判話劇《不平靜的海濱》，教育界批「回潮」。

莫言在高密第五棉油加工廠（在河崖公社駐地）負責過磅開單。業餘時間寫稿子、辦壁報。

第二次報名當兵，體檢合格，仍未獲批准。

1975年21歲

1月，四屆人大第一次會議召開，確定周恩來、鄧小平為國務院核心領導。

11月，毛澤東發動「批鄧、反擊右傾翻案風」運動。經人介紹，莫言與陳家屋子村杜芹蘭訂婚。莫言第三次報名參軍，體檢合格，未獲批准。

大爺爺管嵩山去世，享年85歲。

1976年 22歲

1月，周總理逝世。天安門事件爆發。鄧小平又一次被打倒。

2月16日，從棉花加工廠應徵入伍。坐汽車來到黃縣的總參下屬單位當兵，夙願終於實現，主要工作是站崗、種地。

7月，朱德逝世，唐山大地震。9月，毛澤東逝世。

10月「四人幫」被粉碎，「文革」結束，舉國歡慶。

1977年23歲

由於表現突出，莫言被提拔為班長，每日站崗放哨之餘，刻苦學習文化。

1978年24歲

部隊掀起學文化熱潮，莫言為戰士補習文化，同時開始練習寫作。

1月，領導通知他報考鄭州某軍事院校。每天站崗兩小時，其餘時間復習功課。至6月，名額取消。

7月13日，祖父去世，享年84歲。對祖父的去世，莫言十分悲痛。他在給大哥的信中說：「他老人家一生含辛茹苦，農忙則辛勤工作於田間，農閒又持斧操鋸在作坊。他以剛正不阿的性格和嫻熟的木工技藝博得了鄉里的眾望，他為我們留下了很多值得學習的精神。我至今不能忘記祖父戴著花鏡，用青筋突露的手揮動斧鑿的形象。這種吃苦耐勞的精神，正是我最缺乏的……前幾年我在家時，經常和他拉一拉，故意請他講些古今軼事，所以頗得他的歡心。」

莫言入黨成中共預備黨員。

冬天，跟隨部隊車到北京延慶送大蔥、蘋果，途經濰坊、壽光、博興、廣饒、惠民、滄州、天津。回黃縣後開始學習寫作，寫小說《媽媽的故事》、話劇《離婚》等，後自己焚毀。

1979年25歲

7月10日，與杜芹蘭結婚。

根據大哥寄來的提綱，寫了一篇關於1958年大躍進災難的小說，寄給大哥修改。寫短篇小說《異化》，遭退稿。

奉調解放軍鄭州工程技術學院第五系河北保定訓練大隊，擔任新兵班長。新兵都是解放軍工程技術學院學員，多為四川人。領導因為莫言在黃縣「教數學很棒」，故讓他為之上課。新兵訓練結束後，莫言留隊工作，擔任保密員兼政治教員。業餘時間刻苦學習寫作，寫小說《災難的餘波》、《老憨的心事》、《鬧戲班》等，後自己焚毀。因用腦過度，「大把大把地掉頭髮」。

1980年 26歲
農村實行聯產承包責任制。

莫言預備期滿，轉為正式黨員。

7月，杜芹蘭來隊探親。

9月，參加局裏辦的「中國社會主義經濟問題」讀書班。

寄習作給大哥，大哥看後提些意見寄回。

1981年27歲
處女作《春夜雨霏霏》發表於河北保定市的文學雙月刊《蓮池》第五期首篇，責任編輯是毛兆晃。此篇寫於暑假，自稱是「瞎貓碰上了死耗子」，「這篇東西費力最少，一上午寫成，竟成功了，有好多『嘔心瀝血』之作竟篇篇流產，不知何道理。」

10月，回高密探親。11月3號，女兒笑笑出生。

兩岸始通，新中國成立前被裹脅去臺灣的二叔有了信，大祖母去世，母子終未能相見。

1982年28歲
短篇小說《醜兵》、《為了孩子》在《蓮池》發表。

5月，跟隨毛兆晃老師去白洋澱體驗生活，夜裏無物可蓋，枕鞋而

眠，感冒嚴重，中途返回。

暑假，大哥與小侄襄明回鄉探親，莫言亦回鄉探親。部隊來信通知，莫言被提幹（正排職教員，行政23級）。下達命令日期：1982年7月28日。他上兩個班的政治課，講授《政治經濟學》及《哲學基本原理》，每週十二節課，還要寫作，痢疾、感冒、鼻竇炎發作。

1983年29歲

1月，回鄉探親。

寄舊稿給大哥，請修改。堅持創作，但退稿甚多，「喪氣得很」。

報名參加了北京高等教育自學考試，邏輯學88分，哲學77分。

短篇小說《售棉大路》在《蓮池》第三期發表，《民間音樂》在《蓮池》第五期發表。後者得到老作家孫犁讚賞，認為該小說有「空靈之感」。

前者被《小說月報》第七期轉載。

莫言為部隊幹部開「語文知識講座」。

6月，調延慶任局宣傳幹事。

9月，去保定參加《蓮池》筆會，討論《民間音樂》，獲讚譽。期間胃出血，住進保定鐵路醫院。

給戰士講《中國革命史》。

參加黨政幹部基礎科考試，多學科考試合格。

1984年30歲

年初，應河北文聯及《長城》編輯部之邀去石家莊參加河北省青年作者筆會、中篇小說創作。

河北《長城》第二期發短篇小說《島上的風》；第五期發短篇小說《雨中的河》。《無名文學》發小說《金翅鯉魚》、《放鴨》，《小說創作》第三、四期合刊發《白鷗前導在春船》。中篇小說《黑沙灘》在《解放軍文藝》第七期發表並獲本刊年度優秀小說獎。短篇小說《大風》在

《小說創作》第九期發表，《小說選刊》同年轉載。《五個餑餑》在《當代小說》發表。

參加總參師以上幹部「科學社會主義讀書班」。

3月，參加河北省在任丘油田舉辦的河北青年文學創作會。

考入解放軍藝術學院文學系。別人五月得到通知，莫言六月下旬才從戰友處得到消息。19號拿到准考證，20日開始復習，十天後（7月1日）考試。莫言語文、政治、史地三科考了216分，其中語文90分，交一篇作品（《民間音樂》），被錄取。同時被錄取的有李存葆等人。

這年冬天，寫出中篇小說《金色的紅蘿蔔》，徐懷中主任大為讚賞，親自為其改名為「透明的紅蘿蔔」，並推薦給《中國作家》。

莫言去北戴河參加部隊徵文評獎。

秋末，在老家務農的四叔趕牛車去縣城糖廠送甜菜，回家的路上，被一輛給某公社領導拉貨的醉酒司機撞死，連人加牛共賠了3500元。莫言得到消息，十分憤怒，但也無可奈何。

1985年31歲

莫言利用探親時間，騎車上百里採訪了劉連仁。

中篇小說《透明的紅蘿蔔》在《中國作家》第二期發表，引起迴響。《中國作家》雜誌社組織在京作家與評論家在華僑大廈舉行討論會。小說得到同學以及與會專家的好評。

莫言寫作「幾乎成癖，一天不寫東西感到對不住自己」。短篇小說《枯河》在《北京文學》第八期發表，獲本年度優秀小說獎。

7月到湖南常德探望大哥一家，同遊張家界索溪峪，並為大哥單位文學青年講課半天。回京後寫了散文《馬蹄》，在《解放軍文藝》發表並獲獎。

《金髮嬰兒》、《球狀閃電》、《石磨》、《白狗鞦韆架》、《老槍》、《流水》、《秋水》《三匹馬》等作品紛紛問世，「創作欲望極強，恨不得把文壇炸平！」「一種想寫抗日戰爭題材的欲望使我整夜失

眠，腦子裏出現幻覺。」

莫言被提為副連職宣傳幹事。

1986年32歲

《紅高粱》、《高粱酒》、《高粱殯》、《狗道》、《奇死》等紅高粱系列中篇陸續發表。其中《紅高粱》被《小說選刊》、《中篇小說選刊》、《中華文摘》轉載，獲第四屆全國優秀中篇小說獎。

短篇小說《斷手》發表於《北京文學》，《新華文摘》同年轉載；《爆炸》發表於《人民文學》；《蒼蠅‧門牙》發表於《解放軍文藝》；《草鞋窨子》發於《青年文學》。第一個小說集《透明的紅蘿蔔》出版。

莫言讀《靜靜的頓河》。

加入中國作家協會。

5月去新疆，到伊犁、霍爾果斯口岸、尼勒克哈薩克牧場等地參觀。

應《中外文學》之邀去大連。

夏天，與陳劍雨、朱偉合作，將《紅高粱》改編成電影文學劇本。

去陝西臨潼遊溫泉、看兵馬俑、乾陵、茂陵。

利用回鄉探親的機會去高密二中聽語文課。在大欄供銷社的倉庫裏寫中篇小說《歡樂》（原準備寫《中學生浪漫曲》，第一部寫「文革」前老高中生，第二部寫「文革」中的高中生，此其三）。期間，為縣裏文學愛好者講學一次。把妻女戶口遷至南關。

莫言制定了一個宏大的寫作計畫：四部長篇大約100萬字。第一部《紅高粱》。五個中篇，25萬字（已出書）。第二部獨立長篇，25至30萬字。寫「爺爺」在日本的生活，以劉連仁為原型。第三部獨立長篇，25萬至30萬字。寫「父親」從日本山中回到中國，被國民黨抓了壯丁，在戰鬥中被解放軍俘虜，加入解放軍，後開小差回鄉，參加了還鄉團，1957年被鎮壓。第四部系列中篇，25萬至30萬字，寫困難時期孤兒寡母的艱難生活。後該計畫沒有實現，部分情節在《豐乳肥臀》中可以看到。

是年，從解放軍藝術學院畢業，仍回總參政治部文化部工作。

1987年33歲

2月，大哥一家從湖南常德調回高密。

4月，中篇小說《紅高粱》獲第四屆全國中篇小說獎。

這一年陸續發表的作品有：

中篇小說《歡樂》在《人民文學》第一、二期合刊發表，受到批評。

中篇小說《紅蝗》在《收穫》第三期發表，《凌亂戰爭印象》、《罪過》、《棄嬰》、《貓事薈萃》、《飛艇》等小說發表。

《紅高粱家族》結集出版。

5月，隨中國作家代表團出訪德國。回國後去丹東開會，轉道漠河，參加「北極筆會」。

去玉門油田講課，遊敦煌、酒泉、嘉峪關。

7月，在北太平莊總參測繪局招待所完成長篇小說《天堂蒜薹之歌》。

夏天，張藝謀帶《紅高粱》劇組來高密縣拍電影，老母親用農家飯招待張藝謀、姜文、鞏俐等人。

本年內在《人民日報》連發三篇報告文學《高密之光》、《高密之星》、《高密之夢》。

1988年34歲

1月，在大欄供銷社倉庫裏寫出長篇小說《十三步》。

3月，在縣城南關村買一舊房（天壇路26號）。

電影《紅高粱》在柏林電影節獲「金熊獎」。

莫言被授予上尉軍銜，正式以筆名「莫言」行世。

在《十月》雜誌發表長篇小說《天堂蒜薹之歌》，4月由作家出版社出版單行本。

9月（9月6日~9月8日），山東大學、山東師範大學在高密聯合召開「莫言創作研討會」，莫言在會上發言。有關論文彙編成《莫言研究資料》一書，由山東大學出版社出版。莫言進入北京師範大學、魯迅文學院

合辦的「創作研究生班」學習。

小說集《爆炸》由解放軍文藝出版社出版。

長篇小說《十三步》首發於《文學四季‧冬之卷》，隨即由作家出版社出版單行本。

本年度，還發表了《玫瑰玫瑰香氣撲鼻》、《革命浪漫主義》、《養貓專業戶》、《生蹼的祖先們》、《復仇記》、《馬駒橫穿沼澤》等作品。其中，《馬駒橫穿沼澤》被《作品與爭鳴》轉載。

《白狗鞦韆架》在臺灣獲「聯合文學獎」。

妻女搬高密縣城居住。

1989年35歲

北京鬧學潮，莫言回鄉探親。

3月小說《白狗鞦韆架》獲臺灣《聯合報》小說獎。

《你的行為使我們恐懼》、《遙遠的親人》、《奇遇》、《愛情故事》、《落日》等小說發表，其中《奇遇》被《小說月報》轉載。中短篇小說集《歡樂十三章》由作家出版社出版。

9月，女兒入高密市第一實驗小學讀書。

冬，開始長篇小說《酒國》的創作。

1990年36歲

去勝利油田講課，順道回高密探親，翻蓋南關的住房。

繼續寫長篇小說《酒國》。

去香港，在香港中文大學、翻譯研究中心訪問一個月，在香港大學講課。

出席全軍文藝創作座談會。

11月中央電視臺「人民子弟兵」欄目播出莫言的節目，這是中央電視臺首次播出關於他的節目。

獲文學碩士學位，仍回總參工作。晉升少校軍銜。

1991年37歲

去南京、揚州、常州、無錫、宜興、蘇州、上海等地採訪。

5月，去新加坡參加華文文藝營活動，轉道去馬來西亞，甚受華人歡迎。

《白棉花》、《戰友重逢》、《紅耳朵》、《懷抱鮮花的女人》、《人與獸》、《辮子》、《地道》等作品發表。其中《白棉花》被《中篇小說選刊》第一期轉載。《飛鳥》、《夜漁》、《神嫖》、《翱翔》、《地震》、《鐵孩》、《靈藥》、《魚市》、《良醫》分別發表於馬來西亞《南洋商報》、《星洲日報》及臺灣的《中國時報》和《聯合文學》。短篇小說集《白棉花》出版。

1992年38歲

去雲南西雙版納，中緬邊境采風。

與山東師範大學楊守森、山東大學賀立華去陽穀縣採訪。

去重慶、大足，順江而下，遊三峽，至武漢參加青年作家創作會。

《姑媽的寶刀》、《屠戶的女兒》、《戰友重逢》、《模式與原型》、《夢境與雜種》、《幽默與趣味》、《麻風的兒子》等作品發表。

1993年39歲

2月，長篇小說《酒國》在湖南文藝出版社出版。

3月，中篇小說集《懷抱鮮花的女人》由中國社會科學出版社出版。

在北京王府井、南京簽名售書。

《隨後就到》、《模式與原型》發表。短篇小說集《金髮嬰兒》出版。

12月，長篇小說《食草家族》由華藝出版社出版。北京師範大學出版社出版短篇小說集《神聊》。

1994年40歲

1月29日（陰曆癸酉年臘月十八）夜11時，母親去世，享年僅72歲。莫言頭一天從北京趕回高密，喪事完畢在家過完春節即回北京。

醞釀寫一長篇獻給母親。短篇小說集《貓事薈萃》出版。

1995年41歲

年初回鄉探親。1月19日在南關家中開始寫長篇小說《豐乳肥臀》，每寫完一章，則送大哥審閱。4月13日完稿後，在《大家》雜誌連載發表，引起強烈迴響，同時也遭到不少人的攻擊謾罵。

8月，妻女隨軍遷往北京。女兒笑笑進北大附中讀書。

1996年42歲

《莫言文集》五卷本由作家出版社出版。

《豐乳肥臀》在臺灣出版。

《豐乳肥臀》在《大家》連載，並獲首屆「大家‧紅河文學獎」。單行本由作家出版社出版，遭受批判。

3月，日本東京大學教授、《酒國》的翻譯者藤井省三赴高密實地考察，高密一中李希貴校長熱情接待。

由莫言編劇、張瑜主演、嚴浩導演的電影《太陽有耳》獲第46屆柏林電影節銀熊獎。

12月，散文《望星空》獲浙江南潯杯散文大獎，去南潯領獎，會後去杭州。

1997年43歲

創作話劇《霸王別姬》（與他人合作）。

10月，以副師職幹部轉業至最高人民檢察院檢察日報社工作。

1998年44歲

第一本散文集《會唱歌的牆》出版。

創作反腐題材的十八集電視連續劇《紅樹林》。

年初，去義大利訪問，轉道巴黎。

7月，去泰國訪問。10月，去臺灣訪問，在臺北圖書館演講。

陪同日本佛教大學校長、《豐乳肥臀》的日文版翻譯者吉田富夫先生赴高密考察，受到高密一中李希貴校長熱情接待。

中篇小說《牛》、《三十年前的一場長跑比賽》、短篇小說《拇指銬》、《長安大道上的騎驢美人》、《白楊林裏的戰鬥》、《一匹倒掛在杏樹上的狼》、《蝗蟲奇談》發表。其中《牛》分別被《小說選刊》和《小說月報》轉載。

1999年45歲

根據同名電視劇改寫的長篇小說《紅樹林》出版。

小說集《長安大道上的騎驢美人》、《師傅越來越幽默》出版。《我們的七叔》、《祖母的門牙》、《野騾子》、《司令的女人》、《藏寶圖》、《兒子的敵人》、《沈園》等作品發表，其中《沈園》分別被《小說選刊》和《小說月報》轉載。

10月10日重遊當年當兵故地——山東黃縣唐家泊。10月22日去日本訪問，日文版《豐乳肥臀》出版。在京都大學、駒澤大學等演講。

11月4日由大阪飛經上海去杭州領獎。（《牛》得到《東海》雜誌獎）。

11月22日，跟隨解放軍文藝出版社的人員去上海、蘇州一帶參觀。

2000年46歲

3月訪美，在加州大學伯克利分校、科羅拉多大學波爾得分校、哥倫比亞大學、史丹佛大學演講。英文版《酒國》在美出版。

《師傅越來越幽默》由張藝謀改編成電影《幸福時光》。發表短篇小

說《冰雪美人》、《嗅味族》、《天花亂墜》。

女兒笑笑考入山東大學英文系。

9月27日去中國社科院參加大江健三郎座談會，30日陪大江先生參觀中國現代文學館。

10月，上海文藝出版社出版《莫言小說精短系列》三卷。

浙江文藝出版社出版《莫言散文》。

11月，空政話劇團將《霸王別姬》搬上舞臺。在首都劇場連演四十場，並被評為優秀劇碼，此劇前往埃及和慕尼克參加國際戲劇節。

2001年47歲

1月，短篇小說《倒立》在《山花》發表，被多家刊物轉載。

2月，獲第二屆馮牧文學獎。

3月，長篇小說《檀香刑》出版，迴響強烈。

去臺灣參加國際出版節，在「作家之夜」發言。

4月，《酒國》法文版獲法國「儒爾·巴泰雍」外國文學獎。去法國領獎。5月，去瑞典訪問。

6月，被山東大學聘為兼職教授，去山大講學。月中，去澳大利亞訪問，在雪黎大學演講。

7月，《籠中敘事》（即《十三步》）、《歡樂》、《冰雪美人》結集，由九天漢思公司與文化藝術出版社合作出版。

9月，《生蹼的祖先》、《冰雪美人》（新作中加話劇合集）由文化藝術出版社出版。《戰友重逢》由解放軍文藝出版社出版。

10月，去北京大學參加「世界文學研究所」成立大會並發言。月底去杭州，轉赴蘇州參加「小說家論壇」，提出「作為老百姓寫作」的文學主張。

12月初，去法國參加文化交流活動，在法國國家圖書館演講。回國後參加中國作家第六次代表大會，被選為中國作協全委會委員。

是年，《檀香刑》獲臺灣《聯合報》2001年十大好書獎。

2002年48歲

2月，春節期間，日本NHK電視臺製作電視片《二十一世紀人物》，在北京和高密拍攝。大江健三郎被邀為嘉賓，隨同拍攝。在高密老家過春節、聽茂腔，期間莫言與大江先生多次對談，談話被整理成文字在多家報刊上發表。

《莫言中短篇小說集》（上、下）由作家出版社出版。散文集《清醒的說夢者》、《什麼氣味最美好》出版。短篇小說集《拇指銬》、《罪過》、《司令的女人》等出版。臺灣麥田出版社出版《白棉花》及《冰雪美人》單行本。河北花山文藝出版社出版《紅樹林》電視劇本及電影劇本《英雄美人駿馬》。齊魯書社出版《莫言小說袖珍本》（九本）。

在「檢察題材電視劇討論會」上發言。

9月，去義大利參加「曼托瓦文學節」，義文版《豐乳肥臀》出版。此書兩個月賣出7000冊，得到很高評價。

月底，與法國翻譯家杜特萊夫婦去山東大學講學，順訪淄川蒲松齡故居，然後同回高密。

11月，赴臺灣參加臺北市國際藝術村活動。寫作短篇小說《木匠與狗》。11月22~24日，去蘇州，與蘇州大學王堯對談。出版《莫言與王堯對談錄》一書。

2003年49歲

1月，《檀香刑》獲首屆鼎鈞文學獎。

2~3月，寫作《四十一炮》，7月由春風文藝出版社出版。

4月，寫話劇《我們的荊軻》。

6月，《小說選刊》發表《火燒花籃閣》。

8月，參加杭州《每日商報》組織的活動。

9月，去日本東京、箱根、京都、廣島等地參觀。日文版《檀香刑》出版。《豐乳肥臀》修訂本由工人出版社出版。

10月，參加浙江省首屆作家節。

11月，去汕頭大學講學，被聘為兼職教授。

12月，根據《白狗鞦韆架》改編的由霍建起導演的電影《暖》獲東京電影節金麒麟獎。

2004年50歲

1月，短篇小說《大嘴》、《普通話》、《掛像》、《養兔手冊》、《麻風女的情人》陸續發表。其中《普通話》及《養兔手冊》被《小說選刊》轉載。

3月17日~4月1日，去巴黎參加中國書展。莫言獲法蘭西文化與藝術騎士勳章。書展後去法國南部普羅旺斯大學參加活動。

法文版《豐乳肥臀》、《鐵孩子》、《爆炸》、《藏寶圖》及《酒國》、《十三步》、《紅高粱》、《透明的紅蘿蔔》簡裝本在書展上同時推出。莫言接受多家報刊採訪。

4月18日，去中國現代文學館領取「華語文學傳媒大獎‧年度傑出成就獎」，發表題為《沒有個性就沒有文學》的演講。

《莫言文集》十二卷本由當代世界出版社出版。

5月20日~6月1日，隨話劇《霸王別姬》劇組赴馬來西亞、新加坡，演出受到熱烈歡迎。期間演講兩次。

荷蘭文《豐乳肥臀》出版。佳孚隨公司推出插圖本《莫言精品》六本：《牛》、《戰友重逢》、《築路》、《歡樂》、《白棉花》、《紅蝗》。

6月，在深圳市福田會堂講演。

8月，費時兩天完成短篇《月光斬》，發表於《人民文學》第十期，獲該刊「茅臺杯獎」，並被《小說選刊》轉載。

在深圳「社會大講堂」演講。

9月3日~18日，應聶華苓之邀赴美國參加國際寫作計畫。女兒笑笑大學畢業，升入清華大學讀碩士，主研比較文學。

10月，將舊稿《與大師約會》整理後投給《大家》。

11月，英文版《豐乳肥臀》出版。

12月，寫《小說九段》，投《上海文學》。12月25日，去日本北海道參加《莫言走筆北海道》活動。在北海道大學演講。

2005年51歲

1月5日，與女兒笑笑一起去義大利烏迪奈領取諾尼諾國際文學獎。期間結識了印度裔英國作家奈保爾、英國劇作家彼得‧布魯克、義大利作家馬格里斯、義大利導演奧米等人。回程在巴黎停留兩天，接受兩家報刊記者採訪。2月4日返回北京。2月6日，回高密老家過年。

法文版《師傅越來越幽默》由瑟伊出版社出版，一個月內加印兩次。

3月，華藝出版社出版《復仇記》，是「華語文學傳媒大獎」獲得者叢書之一。

3月12日得譯者杜特萊郵件告之《師傅越來越幽默》一書已印9000冊。

《小說界》3月號發表長篇綜合文章《莫言走筆北海道》。

5月22~29日，去韓國參加第二屆首爾國際文學會議，在「東亞文學大會」上演講。與大江健三郎重逢。參觀板門店。

6月2日，因胃出血住進北大醫院，15號出院。

7月5日~8月13日，住到「名流花園」，完成長篇小說《生死疲勞》初稿。期間曾去清華大學參加「後現代文學會議」。

9月，去錦州參加「小說現狀與可能性」座談會。

10月19日，去北京大學世界文學研究所參加「斯特林堡研討會」，作主題發言《漫談斯特林堡》。

11月28~30日，去武夷山參加中篇小說年會。

12月12~20日，去香港接受公開大學榮譽文學博士學位。

2006年52歲

1月，《生死疲勞》由作家出版社出版，首印12萬冊。26日回高密過年。31日去西安。

2月1日，參拜法門寺。2月2日，拜謁黃帝陵。2月3日回北京。

3月6日，在中國社科院外文所與日本學者李比英雄對談。3月22日，乘法航飛機赴柏林參加世界文化宮活動。23日晚間在開幕式上發表《文化與記憶》的演講。26日晚，朗誦《生死疲勞》第一章。31日回國。

4月，法文版《檀香刑》出版。

5月14日，去魯迅博物館發表題為《中國小說傳統·從我近期三部長篇談起》的演講。24日，去日本大阪、京都。日文版《四十一炮》出版。在關西大學即席演講《文學與故鄉》。在京都大學做題為《小說與社會生活》的演講。第二次參觀川端康成文學館，參觀川端出生地、舊居、生活過的東村及川端家的墓地。28日回北京。

6月2日，乘法航班機赴法國西北部小城聖馬路參加文學圖書節，期間座談四次，簽名售書多次。法文版《豐乳肥臀》和《師傅越來越幽默》銷售很好。瑟伊出版社決定出版《生死疲勞》。7日上午回北京。15日，赴濟南參加首屆山東文博會，吉林電視臺「回家」欄目跟蹤拍攝。16日，上午出席開幕式，下午去山東大學與研究生蘭傳斌談其畢業論文。18日，去曲阜遊三孔。19日回高密。翌日從青島坐飛機返京。24日，去上海大學講課，29日返京。

7月6日，與家人一起去武漢，結識山東籍畫家周韶華。10日返京。14日，去西班牙參加賽凡提斯學院開幕式。17日，去京郊延慶參加檢察日報社文學活動兩天。21日，日本福岡亞洲文化大獎新聞發布會在北京人民對外友好協會召開。

8月12日，高密市莫言研究會成立。10月《莫言研究》創刊。15日上午莫言去北京大學為韓國百名大學生東北亞旅行團演講。月初某日，一時靈感來潮，為2008年奧運會開幕式構想方案，後交張藝謀等人參考，多處被採納。24日，偕家人去日本北海道旅遊，28日回京。

9月9日，去中國社科院聽大江健三郎先生演講。10日晚，作協領導在崑崙飯店和平廳宴請大江先生，莫言出席作陪。11日上午去社科院參加大江文學研討會，莫言發言，題目為「大江健三郎先生對我們的啟示」。12

日，偕家人去日本福岡領獎。期間到飯倉小學為學生演講，在市民論壇上演講。14日晚頒獎儀式。18日返回北京。

11月5日，去魯迅文學館參加《當代作家評論》與蘇州大學、渤海大學、魯迅博物館合辦的「莫言文學研討會」。7日至14日，參加第七屆中國作家代表大會，全票當選為主席團委員。19日，去深圳讀書月演講，題目為「試論當代文學創作中的九大關係」。28日，去青島理工大學演講兩次，被聘為客座教授。期間作客青島電視臺，並在半島網與網友交流。

12月19日下午，去魯迅博物館。與孫郁對談《酒國》，得以到地下倉庫觀看魯迅手稿。20日，第三屆「《當代》長篇小說2006年度最佳獎」在北京華僑大廈開獎，《生死疲勞》獲「年度入圍獎」（專家獎）。23日，去中國社科院參加中日青年作家交流會。28至31日，去廣東佛山、順德參加「從鄉村到社區論壇」。

2007年53歲

1月5日下午，去中國人民大學文學院講課。8日，中央電視臺四頻道去家鄉拍攝關於《紅高粱》的紀錄片。

2月14日，與義大利坎帕尼亞大區主席見面，談關於赴義拍攝紀錄片事宜。15日與家人一起回高密過年，20日返京。

3月28日，去湖北宜昌市民文化廣場講演，31日回京。

4月18日，應邀作客常熟理工學院，參加讀書月活動並作專題報告《文學與鄉土》。21日，回高密遊膠河，高密電視臺「魅力高密」欄目記者跟隨拍攝。

5月11~20日，去義大利西西里島的科瑞大學、卡塔尼亞大學講學，與恩那省省長見面。

7月，《說吧，莫言》三冊由海天出版社出版。15日下午到深圳中心書城簽名售書。21日，在香港書展上以「我的文學經驗」為題舉辦講座。

8月，在國子監留賢館會晤以色列作家阿摩司‧奧茲。女兒笑笑研究生畢業，到中國勞動關係學院任教。

9月3日，與作協主席鐵凝，作家王蒙、余華、阿來、遲子建等前往俄羅斯出席「中國文化年」活動。15日，到濟南泉城路新華書店簽名售書。在答記者問時，提出「把壞人當好人寫，把好人當壞人寫，把自己當罪人寫」的文學理念。29日晚，CRI中國國際廣播電臺與日本NHK國際廣播電臺共同舉辦的「中日秋季網路對話」隆重開講，與歌手韓雪等人作客直播間。

10月11~17日，作為副團長與團長張炯、副團長舒婷等中國作家一行二十二人赴韓國首爾及南部城市全州進行文學訪問，演講多次。19日，與埃及作家哲邁勒‧黑托尼在北京中國科學院召開的「中東文學研討會」上會面。

本年調中國藝術研究院工作，後出任該院文學院院長。

2008年54歲

1月，由高密莫言研究會會長孫惠斌等陪同在故鄉考察了鄭公祠、晏子塚、城陰城遺址等文物古蹟。

2月2日，在高密文藝創作座談會上講話。11日，至諸城作學術報告。22日，赴日本東京參加國際筆會。會議主題為《災害與文化》。會見日本作家茅野裕誠子、淺田次郎等。

3月6日下午，應邀去北京十一學校參加「名家大師進校園」活動，為學生作報告並與學生座談。

7月，長篇小說《生死疲勞》獲香港浸會大學文學院主辦的第二屆「紅樓夢獎」。

10月，被《齊魯晚報》和齊魯文化研究中心聯合推出的「新時期山東形象大使」評選活動推選為候選人之一。

12月27日，赴美國三藩市參加美國現代語言學年會。到西雅圖市立圖書館、俄勒岡大學、史丹佛大學演講。

2009年55歲

1月，應美國華盛頓州立大學外國語言與文化系之邀赴美訪問。5日，在西雅圖市中心圖書館微軟演講禮堂演講，朗讀了《生死疲勞》片段。《生死疲勞》由葛浩文翻譯在美出版，進入了2008年度《華盛頓郵報》、《西雅圖時報》年度小說推薦名單。

3月3日，在奧克拉荷馬大學與英文系學生及美中關係研究所有關人員座談，並到中年中學訪問、演講、朗讀作品。5日，出席在奧克拉荷馬大學弗雷德·鍾斯藝術館舉行的「紐曼華語文學獎」授獎儀式並發表獲獎感言。中國駐休士頓總領事周鼎應邀出席。6日，去紐約大學演講，參觀大都會博物館、MOMA現代藝術博物館和古根漢姆博物館。9日，在美國哥倫比亞大學演講，期間參觀帝國大廈、布魯克林大橋、世貿大廈遺址。15日晚回到北京，參加清華大學「朱自清文學節」暨「文學名家論壇」發表題為「我們為什麼需要文學」的主題演講，並為文學節題字。18日被高密一中聘為名譽校長，並出席聘任儀式。

6月17日，出席義大利駐中國大使館文化處舉辦的電視片「漫步羅馬——莫言的羅馬遊記」（由義大利拉齊奧大區旅遊局支持拍攝的莫言在義大利的旅行日誌）首映式。21日，去法國埃克斯－普羅旺斯，在當地大學演講，發售莫言小說十三種，簽名售書。接受十幾家媒體採訪，為8月份出版法文版《生死疲勞》做宣傳。

7月11日，出席在湖南長沙舉行的「兩岸經貿文化論壇」。

8月6日，在北京國子監接受德國電視臺採訪，然後去麗都公園、孔廟拍攝。22日，莫言文學館在高密舉行開館儀式，文化部副部長王文章、山東省文化廳廳長亢清泉、山東省作協主席張煒以及濰坊市、高密市有關領導出席。莫言出席並致辭。

9月1日，去國子監茶館接受美國女攝影師拍照，為法國《世界報》發文配用。10日，乘飛機去法蘭克福，參加為10月書展熱身的「感知中國論壇」，演講引起迴響。

10月5日，去臺灣「中央研究院」參加大江健三郎先生的文學研討

會。10日,赴德國柏林參加「中德文化論壇」。13日,飛法蘭克福參加國際書展,在開幕式上發表演講。期間,與鐵凝一起受到習近平同志和德國總理梅克爾的接見並合影留念。會後,收到「法蘭克福國際書展中國主賓國活動組委會」發來的感謝信。18日,赴比利時布魯塞爾,去安特魯衛根特大學演講。期間,由荷蘭漢學家林格主持在布魯塞爾劇院舉行文學對話活動。23日,抵瑞士小城巴塞爾、小城左芬根參加文學活動。25日,到德國奧格斯堡市,該市常務副市長在市政大廳舉行了簡單的歡迎儀式。27日,拜訪德國巴伐利亞藝術科學院,拜會博希邁耶院長。參加由奧地利維也納大學漢學家魏格林教授主持的儀式,被授予該藝術科學院的通訊院士。此後,抵維也納參加文學活動,再去薩爾茨堡參觀莫札特故居。

11月20日,在北京大學英傑交流中心陽光大廳演講《我的文學經驗:歷史與莫言》。收到西班牙文《生死疲勞》樣書。

12月9日在復旦大學做演講。12月17日,出席「廿一世紀年度最佳外國小說」評選活動的頒獎儀式,與中國出版集團總裁聶震寧一起為82歲的德國作家馬丁·瓦爾澤頒發「微山湖獎」,並發表演說。25日,去河北石家莊接受河北省電視臺「高端訪談」欄目採訪。期間,到河北師範大學演講,去新華書店簽名售書,參觀趙州橋、柏林寺。

該月,長篇新作《蛙》在《收穫》第六期發表,隨後由上海文藝出版社出版。12月16日下午作客《正義網》談《蛙》。後赴上海書城參加新書首發式並簽名售書。《蛙》獲得第二屆「春申文學獎年度優秀作家獎」,獲2009年度「中國圖書實力榜好書獎」。

2010年56歲

1月,回高密過年。

2月28日晚應邀參加中共中央在人民大會堂舉辦的由首都知識界代表參加的元宵晚會,與各界代表一起接受黨和國家領導人的新春問候,共慶佳節。

秋，去浙江龍泉尋根問祖，受到鄉親們熱烈歡迎。

11月，出訪西班牙。期間因胃出血住進醫院，受到大使館同志和同行的同事的關心照顧。

2011年57歲

春節回高密過年。元宵節前回北京參加中共中央舉辦的「首都知識份子代表元宵晚會」。

1月被山東《齊魯週刊》評為「齊魯精英人物」。

7月初回高密居住。7月訪問日本，在京都佛教大學講學，日文版《蛙鳴》由吉田富夫翻譯出版。獲韓國文壇最高獎「萬海大獎」，赴韓參加頒獎儀式。

8月4日，外孫女在高密人民醫院出生。月中，長篇小說《蛙》獲第八屆茅盾文學獎。

9月19日晚，第八屆茅盾文學獎頒獎典禮在中國國家大劇院小劇場舉行，中國作協黨組書記為莫言頒獎。25日，「山東文化學者莫言茅盾文學獎獲獎作品《蛙》研討會」在高密天和思瑞國際大酒店舉行。

11月，中國作協第八次全國代表大會在京召開，會議選出新一屆作協領導班子，莫言當選作協副主席。

是年，高密莫言研究會編著的《莫言與高密》由中國青年出版社出版。

2012年58歲

2月24日全家回北京。春節期間參加中共中央舉行的元宵晚會，受到胡錦濤總書記親切接見並同坐一桌。

4月赴英國參加倫敦書展。

5月18日在華東師範大學作題目為《寫什麼，怎麼寫》的演講，並被華東師範大學聘為兼職教授。5月下旬至6月下旬，在陝西戶縣寫作休養。

8月31日回高密居住。

10月11日獲得2012年度諾貝爾文學獎。劇本《我們的荊軻》獲全國戲

劇文化獎編劇獎。

　　11月15日，全家返京準備赴瑞典出席諾貝爾獎頒獎典禮。

　　12月5日，離京赴瑞典領取諾貝爾文學獎。

（注：對與莫言共同整理的年譜作了補充。主要根據記憶，個別地方可能有誤。）

附：莫言家族史考略

序

　　莫言，原名管謨業，我的三弟，高密管氏（大股）二十四世孫，當代著名作家。

　　莫言的第一學歷為小學肄業，最後取得了研究生學歷，成長為國內外著名作家，至今已創作了《紅高粱》、《豐乳肥臀》、《檀香刑》、《生死疲勞》、《蛙》等十餘本長篇小說以及眾多中短篇小說、電影劇本、話劇、散文等文學作品，共數百萬字之巨。許多作品在國內外獲大獎，2012年他又獲得了諾貝爾文學獎。其成長的原因，除組織培養，領導及文學前輩關懷，朋友幫助，個人奮鬥之外，家族的傳統、家庭的教育亦不容忽視。

　　現在，研究家譜和姓氏，已成為一門專門的學問。據中國科學院有關專家的研究成果，姓氏暗藏遺傳密碼，是連接文化遺傳和生物遺傳的一個橋樑。我們國家長期以來，姓氏隨男。而從遺傳學角度來說，只有男性具有Y染色體，因此，Y染色體就同姓氏一起遺傳給男性後代。由此，具有同樣姓氏的人群也就具有了同樣類型的Y染色體以及它所攜帶的遺傳基因。

　　這部文稿是我近年來的研究成果，初稿完成於2004年5月。之後，又進行了幾次修改補充，成了今天這個樣子。通過研究可以發現，管姓歷來崇文而不尚武；自古至今，管姓名人多為文人。如講習《詩》、《書》的

管寧，精於易算的管輅，詩人管師復，詞人管鑒，女畫家管道升（趙孟夫人），散文家管同，經濟學家管大同，詩人管用和等。莫言成為作家，是否得益於管氏遺傳呢，我的結論是肯定的。

管姓來到高密，僅從元末明初算起，已經有六百多年的歷史。六百多年來，高密管氏在高密大地上繁衍生息，辛勤勞作，耕讀傳家，為高密的發展作出了貢獻，可謂人才輩出，代有英賢。現在，時當盛世，希望高密管姓族人，發揚光大祖輩的優良家風，奮發圖強，為國為民作出更大貢獻。

值此高密莫言研究會成立之際，我將此稿付梓，希望得到領導及從事莫言研究的學者和朋友們的批評，尤其希望得到管姓父老兄弟們的批評指正。

一、管姓的起源

管姓列於《百家姓》第166位，在當今姓氏排行中列第140位，人口佔全國漢族人口的0.9％，即每1萬個漢族人中就有9人姓管。在中華民族大家庭中，管雖非大姓，但從古至今，代有賢人，英才輩出，為中華文明的形成和發展作出了偉大貢獻。

關於管姓的起源，根據目前掌握的資料，主要有三個：其一是周文王第三子叔鮮；其二是周穆王姬滿；其三是少數民族錫伯族、傣族中的管姓。具體論述如下。

1. 起源於管叔鮮。此說見於《史記》卷三十五《管蔡世家》，《通志·氏族略》、《中國姓氏起源》、《廣韻》等典籍中亦有記載。《史記·管蔡世家》中說：「管叔鮮、蔡叔度者，周文王子而武王弟也。武王同母兄弟十人，母曰太姒，文王正妃也。其長子曰伯邑考，次曰武王發，次曰管叔鮮，次曰周公旦……」「武王已克殷紂，平天下，封功臣昆弟，於是封叔鮮於管。」《高密管氏家譜》康熙十六年序云：「管氏之姓，其始乃文王子叔鮮，受封於管，以國為氏，今鄭州管城是也。」（地在今

河南鄭州管城區）。但是，同一篇《管蔡世家》讀下去就會發現這一說法還有些問題，那就是叔鮮「無後」。司馬遷說，管叔蔡叔「二人相紂子武庚祿父，治殷遺民，封叔旦於魯，而相周為周公。」「武王既崩，成王少，周公旦專於王室，管叔蔡叔疑周公之為不利於成王，乃挾武庚作亂，周公旦承成王命，伐誅武庚，殺管叔而放蔡叔。」「管叔作亂誅死，無後。」司馬遷特地交代，說得很明白，管叔因造反被誅殺沒有後代。那麼後世管姓從何而來呢？近見江西《齊川管氏宗譜》，其光緒二十二年《齊川管氏重修宗譜序》中說：「管氏之先為文王第三子叔鮮，受封於管，後因以國為姓。至成王十一年乙未，命叔元子兌為綸邑大夫，歲時奉祀，因徙綸別管城。」也就是說，管叔鮮雖然「無後」，但成王讓叔元的兒子兌繼承了叔鮮的封位，把管城遷到了綸邑，其後世自然為管姓。

2. 起源於周穆王姬滿。此說亦見於《通志·氏族略》、《風俗通》等典籍。說周穆王時，將其庶子分封於管，至管仲始顯於齊，後世子孫以邑為氏。今人浙江龍泉管月福先生，在研究了龍泉管氏族譜等史籍後，著有《龍泉管姓》一書。他在書中認同了這種說法，認為管氏第二起源為「西周穆王姬滿的後代，管夷吾（仲）出自周穆王。」而龍泉管姓「係穆王之後，夷吾（管仲）支系，管公明（輅）後裔。先祖居平昌郡（今山東濰坊一帶）。」另據與高密、諸城管氏同族同宗的莒縣管氏後人管恩灼所著《雙鳳山下人家》一書之論述，《莒縣管氏宗譜》亦認同此說，認為莒、諸、高之管姓都是出自管仲、漢之管寧、管輅，至晉之管辰，皆一脈相承。

3. 少數民族中錫伯族、傣族中亦有管姓。其中錫伯族之管姓乃其瓜爾佳氏之漢姓也，此氏亦有改姓「關」者。傣族之管姓待考。

因為管仲輔佐齊桓公實施改革，通貨積財，尊王攘夷，九合諸侯，一匡天下，齊國成為春秋五霸之首，功勳卓著，名揚天下，青史留名，故管姓子孫尊管仲為得姓始祖。但《高密管氏家譜》的修纂者是很慎重的，他考證了歷史，認為「自周之後，若齊之管仲，楚之管修，漢之管寧、管輅皆出於周，以譜牒失傳，不敢妄認。」這一點齊川譜的魄力大一些，認

為管仲是繼管兌之後的第十四世，而管寧、管輅都與管叔鮮一脈相承。而管月福先生則認為龍泉管氏是「穆王之後，夷吾（管仲）支系，管公明（輅）後裔。」值得注意的是，不管齊川管氏還是高密管氏、莒縣管氏、諸城管氏，都承認自己出自龍泉管氏。如按管月福先生的說法，大家都是管仲的後代，那麼高密管氏也應是出自周穆王了。穆王乃西周繼武王之後第五代天子。所以不管是出自管叔鮮，抑或穆王，都是出自姬姓，是黃帝的後代，真正的炎黃子孫。這一點，在《史記》的《五帝本紀》、《周本紀》裏記載得很清楚：自黃帝之後，第四代為帝嚳（高辛），然後依次是后稷、不窋、鞠、公孫、慶節、皇僕、羌弗、毀隃、公非、高圉、亞圉、公孫祖類、古公亶父、公季、昌。昌即姬昌，周文王是也。也就是說，除去黃帝之父少典不計，自黃帝至周文王，整整十九代，至管叔鮮，正好是二十代，再下去四代，則是穆王姬滿，其血緣關係是一脈相承的。在西周眾多的諸侯國中，管國立國早，消亡亦早，其後世子孫風流雲散，繁衍播遷。時齊魯富庶，多數子孫播遷山東。亦有徙往安徽（管仲即潁上人，屬安徽）、江蘇北部及河南東部者。春秋時除管仲相齊外，同時代的齊有管至父，可見此時管姓主要繁衍於山東，這也是天下管姓多出自山東的原因。至西漢時，見於史冊的管姓有漢高祖劉邦妃管夫人，李陵之軍侯管敢，燕令管少卿。而齊川譜說管氏始有郡望（平昌）乃自管衍，其「以中涓佐高祖」打天下，以功封平昌侯。平昌在漢時與高密同屬北海，大體在今山東濰坊一帶。總之，管氏郡望應在秦漢之際形成。東漢時農民起義首領管亥，亦齊人，據北海。而三國時魏之名人管寧、管輅、管承亦均為齊人，而且都是今濰坊一帶人。東漢初，有曾任山東副都軍務的管思藏，自江西豫章之帶源徙居閩地寧陽招賢里羊崗壩（今福建寧化水茜張坊村）。中常侍管霸、頓丘人管伯都是河南籍，可見此時河南仍有管姓。另外三國時管寧自朱虛（今山東臨朐一帶）遷居遼東三十餘年，自然有子孫留居當地。魏晉南北朝時期，因社會動盪，管姓避亂有西去秦隴，南及瀟湘者。據《管氏宗譜》載：「齊有管仲後裔，秦隴有管純後裔，湖湘有管修後裔，遼寧有管寧後裔。」另據考證，管修為管仲後代，春秋時為楚大夫，

被封為陰邑，稱為陰修。故其後代有以陰為姓者，由此可見，陰姓乃出自管姓。至南北朝時也有管姓避居江南，隋末農民起義領袖管崇即為晉陵郡（今江蘇常州）人。唐宋之際，管姓在江南繁衍日盛。五代後唐年間，管思藏有後裔真郎返徙江西帶源居住，其子孫播衍閩、粵、贛各地。宋代管師仁、管師復為名宦名人，青史有名，居於浙江龍泉。其後人管鑑，為南宋著名詞人，隨父仕宦，由龍泉徙江西臨川。元時，翰林學士管禕開基河南光山。明初，有光山一支遷往新蔡。高密、諸城、莒縣一帶管氏亦是元末明初自海州（今江蘇連雲港）遷回故土的。同時，管姓作為明初山西洪洞大槐樹移民姓氏之一，被分遷於河南、河北、山東、陝西、天津、江蘇、安徽等地。據《明清進士題名錄》所載，明清之際管姓進士及第者有55人，有35名來自江蘇、江西、浙江。排除其特有的文化氛圍因素外，說明在此三地管姓分布甚廣。另有湖北2名，雲南1名。北方則以山東莒州5名（管廷獻探花、廷綱、廷鶚、象頤、象晉）、高密2名（七世祖嘉禎公、嘉福公）、陝西咸寧2名為眾。其中莒州小窯之五進士與高密管氏為同族同宗，均自江蘇海州（今連雲港）遷來，至清末民初兩處尚有往來。另外，此際管姓亦有渡海赴臺灣者（吾大股十七世祖管侗，即曾任臺灣南投淡水縣丞）。再者，山東之管姓闖關東去東三省謀生留居彼處者亦甚多。於是天下皆有管姓矣。但仍以江蘇、山東等省為多，二省管姓約佔全國漢族管姓的63％。

二、管氏地望、堂號

管叔鮮封於管。管本夏、商侯國名。武王勝商之元年，封叔鮮於管。後八載，武庚不軌，周公致辟，廢其國為管城邑。漢屬河南郡，管城縣隸焉。隋於管城置管州，唐改鄭州管城縣。

管叔墓在鄭州西南之梅山。

管兌邑綸。綸，夏國名，在河南登封縣西潁陽城。周成王封叔元子兌為綸邑大夫，始自管城徙綸邑。

　　管仲，字夷吾。據《史記・管晏列傳》載，管仲夷吾者，潁上人也。相齊桓公，「九合諸侯，一匡天下」。管仲墓在臨淄縣南牛山阿。

　　管衍，漢高帝封其為平昌侯，後世遂以平昌為顯望。平昌，西漢時屬琅琊郡，東漢時為侯國。《後漢書・郡國四》：「平昌侯國，屬北海國，故屬琅琊郡。」時北海國下有劇（古紀國，今壽光）、營陵、平壽、都昌、安丘、淳于、平昌侯國、朱虛侯國、東安平、菑川、高密侯國、昌安侯國、夷安侯國、膠東侯國、即墨侯國、壯武、下密、挺、觀陽。北海者，本齊青州地，管公度仕齊，居營丘（今臨朐），其後管仲相齊，至管衍自營丘遷平昌（今安丘、昌邑一帶地方）。至管延壽又自平昌遷北海愚公谷。至管寧，復自北海避難遼東，已而浮海還平昌，平昌為管氏郡望。

　　管方寓石城。石城，漢縣，屬丹陽郡（今江蘇）。管方隨晉元帝渡江居此。隋廢石城，置秋浦縣，為池州（今安徽池州）所轄，號池陽。五代即池州，置貴池縣，屬金陵府（今南京）。

　　管輻刺升州。升州，本楚金陵邑，秦改秣陵，吳改建業，陳改建康，唐為蔣州，乾元初改升州，五代改金陵府，宋復為升州，仁宗升為江寧府。唐管輻為升州刺史，居金陵古治城。

　　管伸官武勝軍。武勝軍，唐末浙江藩鎮名號也，浙江杭州，陳置錢塘郡，隋廢郡置杭州，唐景福初，升號武勝軍，置節度使（或作威勝軍，疑為當時稱號）。伸官此，凡五載，後解任，寇發不得歸，遂居浙江龍泉縣。

　　管純宋時居膠東。膠東侯國漢時與高密侯國同屬北海國，當今之高密膠州一帶。宋時密州有膠西、膠東，當在平度、即墨一帶。

　　管奉遷海州，海州今江蘇連雲港。

　　管政與二子隆、盛北歸高密南王柱社（今柴溝鎮大王柱村），又遷掌家莊社，今城西張吉村（應為仉家莊）。

　　管士謙定居縣城東門外路北，為高密管氏一世祖。高密，秦時建縣，漢時為高密侯國，屬北海郡，宋時屬密州。

　　另有平原郡（治所在今山東平原）、晉陽郡（今山西太原）。

堂號有匡世堂、平原堂、白雲堂、過一堂。

其中「匡世堂」來源於管仲，因他佐齊桓公成就了霸業，孔子讚他「一匡天下」，後世遂有「匡世堂」之號。「平原堂」來源於管輅。「白雲堂」來源於管師復，長於詩，隱居不仕，宋仁宗賜其官不受，問其詩所得如何，答曰：「滿塢白雲耕不破，一潭明月釣無痕。」有《白雲集》傳世，後世稱「白雲先生」。其弟管師常自號「白雲翁」。其他待考。

三、高密管氏的世系

據《高密管氏家譜》康熙十六年舊序中說，管氏「自周之後，若齊之管仲，楚之管修，漢之管寧、管輅，亦皆出於周，以譜牒失傳，不敢妄認。」現在的世系只能追溯到北宋初年，還是高密二世祖思敬在元朝時所序。說北宋初年，一世祖管純「居膠東，以孝經教授鄉里，人呼為教讀先生」。管純有二子，長曰奉，次曰材。二人遷至海州（今江蘇連雲港市），奉「為漣水軍伍卒，材務農漁海以充軍用」。不久，又遷到「浙江處州龍泉縣，為龍泉管氏，旁支仍居膠東」。管奉生有二子：「長曰師復，次曰師常。」二人皆飽學之士，但都隱居不仕。其中管師復為知名詩人，有《白雲集》傳世。管材亦有二子：「長曰師仁，次曰師禮。」其中管師仁在徽宗崇寧年間「舉進士，知建昌軍，有善政，召為吏部尚書，大觀間，累官樞密院直學士，以奏議忤權幸，罷」。《宋史》有傳。（見《宋史》卷三百五十一，《列傳》第一百一十）。師禮做過江陵知縣。而管師仁有三子：長子管洪，次子管浩，三子管深。其中管洪「以恩授龍江提舉」。管浩「有才識，以雜科任臨淮縣尉，未幾，以疾歸」。浩有一子，名曰大方。時金人入侵，北宋滅亡，高宗南渡，管大方遂遷回海州。其他族人留在龍泉的仍有很多。而管深有一子名鑒，「調江西常平提幹，乃家臨川」。此人乃南宋著名詞人，有《養拙堂詞》一卷傳世。那麼，是誰遷到高密來的呢？序中說，管大方遷回海州後，「金侵疆愈急，大方又渡江，居丹陽（今江蘇丹陽），教其子國信曰：『管氏牒譜，當固藏之，

異日有北還之理，祖宗之陵，在齊之東界，不可迷也。』」管國信生五子，分別為鎧、鋁、鏞、鎮、鍇。越四五年，又遷回海州。其中管鎧生二子：長子熙光，次子熙烈。熙光「易販於江淮，二十年間，蓄積有數千金，家業頗振，人號為海州大戶」。熙烈「少有大志，知州事，舉為屯田官，⋯⋯又遷海州都稅大使」。「熙烈生四子：曰植、槐、松、榛。」這時金人攻陷漣水軍，槐、松、榛都被金人俘獲，只有管植逃出。「四月，元兵至瓜州（今江蘇省長江北岸，揚州市南面），植適販海貢及閩府果，因以進偏師，得授沭陽主簿。後元兵大陷江淮軍，舉家失散，植殉節墜井死。有二子，曰夔、曰政。」二人「抱父骸瘞於沭陽之髭柳西崗」，管政把譜牒藏在衣袂之中，逃歸海州，「娶陳氏，生二子，曰盛、曰隆。元軍往來淮泗間，南北摽掠，殆無虛日，於是父子遂北歸，流落於高密縣南王柱社（今柴溝鎮大王柱村），未幾，又遷掌家莊社（今高密城西張吉村，應為仉家莊）。其他旁支仍居海州。管隆生二子，曰克勤、克禮。克禮生二子，曰士謙、士能。士謙方十餘歲，學書算，來縣，娶孫氏。遷於縣之東鄙，又居縣之東門外街北。」高密管氏奉管士謙為一世祖。而士能之子文敬遷諸城，為諸城管氏一世祖。其時，已經是元末明初了。其中諸城管姓，就我所搜集到的兩種《諸城管氏族譜》的記載，其一世祖確是文敬，與《高密管氏家譜》不同的是沒有點明文敬是士能之子，而是說文敬於「前明洪武年間」直接「自江南海州遷諸城東鄉，居管灘莊」。而莒縣管恩灼所著《雙鳳山下人家》一書，亦認同管純為始祖，是為避戰亂由海州至丹陽，再遷回海州，後代流落江淮二百餘年後才北歸至山東。所不同的是，莒縣譜認為其始遷祖與高密、諸城之一世祖是兄弟三人，莒縣者是老三，稱「濱海公」，於洪武二年至莒州北65公里之雙鳳山下安居的。據先伯祖遵仁公說，莒縣、諸城、高密是聯了宗的，自十三世開始，所定行輩為「澤、岐、鳴、廷、國、恩、家、慶」。從《雙鳳山下人家》一書中可見，高密的十五世與莒縣的十六世，皆為「廷」字輩（高密有改為「福」字者）。高密譜中載明，因為諸城一世祖是高密一世祖之侄，所以高密十六世「紹」字與諸城十五世「澤」字兄弟相稱。由此可見，莒縣譜稱

莒、高、諸三處始祖為兄弟三人之說不可信。

關於三縣管氏同族同宗的事，本人曾多次聽祖父和父親說起過這樣兩件事。其一是說，在光緒年間，膠河年年發大水，為治理膠河，沿河四十多處村莊公議，決定從倉上、王當一帶將河堤取直，並報縣上同意，刻日即將動工。這樣，就把管家苓芝圍在河堤之內了。當時，高密管氏家族中沒有一個人的功名地位超過高密縣官的。其時，我們家尚在管家苓芝，我高祖父的哥哥篤慶公（考名書賢）是莊上唯一的秀才，他想到了莒縣的探花府，決定親自出馬去莒縣請人來高密直接與縣官交涉。於是專門從南曲一家大財主家借了人家新置的亮頂子馬車去莒縣把廷鶚公接了來。廷鶚公讓車夫直接打馬進了高密縣城。此時，早有人報知了縣官。縣官心懷鬼胎不想見，坐上轎子就往城外跑。廷鶚公一聲「追」字，車夫打馬飛奔。其時正是春季，恰逢鱗刀魚（帶魚）上市。那馬車夫真是訓練有素，馬車過處，軋得鱗刀魚嘎唧亂響，帶魚橫飛。當時的高密縣城很小，加上馬車比轎子快得多，一會兒就望見縣官的轎子了。高密縣官一看，跑不脫了，只好下轎打千兒請安，賠不是，修河的事也不再提起。管家苓芝直至今天仍留在膠河西岸堤外。祖父生前曾說，要不是廷鶚公來，民國元年的那場大水，就把管家苓芝沖到東海裏去了。可見，高密管姓族人也是以莒縣小窯的探花府五進士為自豪和榮耀的。據說當年廷鶚公中了探花，專門派人來高密給高密管氏宗祠樹旗杆掛匾。兩處來往頗為頻繁。

其二是說，我奶奶娘家東王家苓芝的戴家，擅長竹製工藝。民國年間，有一年麥收前，奶奶娘家的某人用大車拉了一車杈把掃帚之類的貨物去諸城地（相州？）趕大集，因為賣貨講價得罪了當地人，貨物被哄搶一空。正在叫天天不應，叫地地不靈之時，忽然想到此地有一姓管的大戶人家，何不冒充管家苓芝的人登門求救呢？於是他自稱管氏某世孫求見老爺。老爺問明情況，說：「孫子，上炕。貨搶了好，不用你自己賣了。」一邊擺上好酒好飯招待，一邊問清了各色貨物的價錢，吩咐管事的說：「到集市上去說說，凡是拿了咱家孩子東西的，叫他們按價送錢來，送貨來的不要，給我打出去。」酒足飯飽之後，錢也交來了，一算帳，比平時

多賣了若干錢。這正是「姓了半天管，賺了若干錢」。此事一時傳為笑談，同時也說明，高密、諸城管氏乃一家。

從上邊的記敘看，高密管氏經歷了從山東到江蘇海州，再到浙江龍泉，再從龍泉回海州，又因貿易或戰亂輾轉於江淮間，最後落腳高密這麼一個過程。因此必須研究一下龍泉管氏。

四、關於龍泉管氏

關於龍泉管氏，管月福先生之《龍泉管氏》一書是這樣敘述的：「龍泉管姓，係穆王之後，夷吾支系，管公明後裔，先祖原居住平昌郡（今山東省濰坊一帶地方。作者按：這與高密譜所說之『齊之東界』相符）。後居池陽（今陝西涇陽縣。賢按：似應為今安徽池州）。管福（江西齊川宗譜為管輻）自池陽遷南京，在唐末，五季兵亂，約在西元904年，從南京遷徙龍泉，暫居白雲岩，後居黃鶴鎮（今市區內）。管輻之子管伸，為（宋）威勝軍節度使，宋朝隆興（南宋孝宗年號）時有功於國，為黃鶴將，封秦溪公。娶葉氏、沈氏、張氏，前後相繼生十五子一女。據傳葉氏生子最多，但未得其傳，無從稽考。」只知道十三、十四、十五公為張氏所生。「十五公管慶河後代子孫排行六十個字輩，分別為：慶、文、大、師、可、金、水、彥、魁、道、學、崇、普、宗、勝、和、仲、志、懷、智、信、正、應、雲、音、奏、夢、虞、韶、德、修、思、盛、世、為、忠、毓、俊、子、篤、敬、效、先、賢、知、仁、雄、才、齊、家、治、國、禮、義、道、達、詩、書、振、明。」對此，江西豐邑（今廣豐縣，原名永豐）《齊川管氏宗譜》記載尤詳。該譜最早的一篇序言為明朝萬曆二十九年十一世嗣孫管宗泰所撰。序中說：「吾族管姓，始於周初，以國為氏。至漢高帝封管衍為平昌侯，地望始顯。（作者按：關於管衍被封為平昌侯，《史記》、《漢書》均查不到，待考。而平昌在漢時與高密同屬北海郡，大約在今安丘、昌邑一帶地方。）及晉元帝渡江，管方徙居石城，屬金陵府（今江蘇南京）。泊唐管輻，偕子伸，官浙，籍滿，遂寓處

州之龍泉石馬崗。」而伸生十五子一女，皆顯貴，於是形成龍泉管姓。三者比較，《龍泉管姓》一書與《齊川管氏宗譜》記載差不多一致，可信度較高。齊川一支為管師復之後，高密管氏為管師仁之後，但對二人的身世記載，高密譜與齊川譜不同，而齊川譜與《龍泉管姓》一書卻差不多相同，因此必須列出加以對照。

五、關於管師仁、管師復的身世及子孫

1. 先看《高密管氏家譜》的記載：

```
1世  2世  3世  4世  5世  6世  7世  8世  9世  10世 11世 12世 13世
純─  奉─  師復
          師常
     材─  師仁
          師禮─ 洪
               浩─ 大方─ 國信─ 鎧─ 熙光
               深      鑒        鎠  熙烈─ 植─ 夔
                                  鏞       槐  政─ 盛
                                  鎮       松     隆─ 克勤
                                  鍇       榛        克禮─ 士謙
                                                        士能
```

(士謙為高密一世祖，士能子文敬，遷諸城，為諸城管氏一世祖）

2. 江西《齊川管氏家譜》的記載如下：

```
輻—伸—瑞
        明
        瑪
        裔
        陟
        張
        成
        制
        臨
        暎
        統
        思溫
        玉
        思旆—文珂—大鈞—師復—希政—翔—挾—稷—拱辰—國諭—葵
              文復  大成  師常—希旦—宗光
                                希亶
                                希望

              文政      師淳
              文瓚—大忠  師漸
        慶河—  文昌      師仁
              文炳      師澪

        雲英
        (女)
```

（葵為齊川始遷祖）

3.《龍泉管姓》一書記載如下：

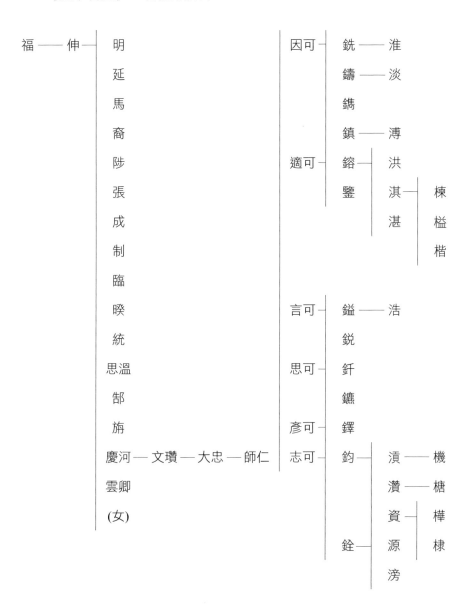

4.《龍泉管姓》—書師仁—支世系圖：

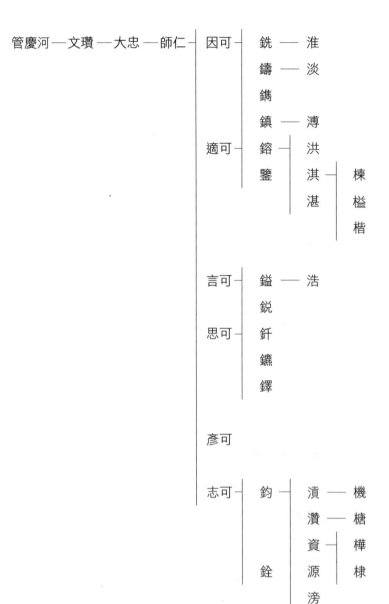

管慶河—文瓚—大忠—師仁

因可 — 銑 — 淮
鑄鐎 — 淡
鎮 — 溥
適可 — 鎔 — 洪
鑒 淇 — 棟 楹 楷
湛

言可 — 鎰 — 浩
銳
思可 — 釬 鑢 鐸

彥可

志可 — 鈞 — 濆 — 機
瀠 — 樏 樺
資 棣
銓 源
滂

注：

（1）在高密譜中可找到名字者，除管師仁之外尚有鎮、鑒、洪、浩。但高密譜中鎮乃浩之曾孫，鑒乃洪、浩之弟深之子，而洪、浩、深為師仁之子，行輩相差太多。

（2）此世系之中後三輩顯系採五行中金生水，水生木之説。高密譜中金、水、木不連貫且次序不對。

（3）關於管師仁的世系，後三種記載更可信，且齊川譜中還收載了大觀（宋徽宗年號）三年四月初五日皇帝頒布的《加贈師仁曾祖慶河太子少保誥》、《加贈師仁祖文瓚太子少傅誥》、《贈少傅夫人葉氏吳氏誥》，以及四月十五日皇帝頒布的《加贈師仁父大忠太子少師誥」》、《加贈大忠公夫人周氏季氏誥》以及《追封樞密夫人余氏誥》。最後一道誥書是追封師仁亡妻余氏為永嘉郡太夫人的。所有誥書名諱與譜系相同，比較可信。（見附錄之四）

六、明以後高密管氏世系情況

高密管氏自始祖士謙之後至五世，長曰忠，次曰恕，三曰惠，四曰憲，始分為大股、二股、三股、四股，譜牒分列。至明嘉靖年間，有七世祖嘉禎、嘉福兄弟（三股惠祖之嫡孫）分別在嘉靖壬午年、癸丑年中進士第，官至吏部主事、台州同知。之後，少有顯貴者。自十三世開始，其行輩應為「澤、岐、鳴、廷、國、恩、家、慶」。但從家譜上看，因所在股、支不同，而字輩亦有改動，並沒有完全按此排列，如十五世「廷」字，有改用「福」字者，十六世又插入一「紹」字（或「萬」字），十七世「國」字有改為「貴」或「邦」者，十九世「家」字有改為「正」字者。二十世之後，光緒二十九年所修家譜又往下排列了十六字，為「謹、遵、貽、謨、襄、延、式、祜、繼、志、恪、敘、後、昆、垂、裕」。其中「謹」字有改為「錦」或「金」字者。進入二十一世紀，目前高密管氏最小的行輩已到二十六世，即「延」字輩，離第三十六世「裕」字輩，只差十輩。從光緒二十九年（1904）至今已一百多年，其間因子孫繁衍，家庭遷徙，以致不少支股行輩混亂，不按家譜命名，大有迷失宗派，無法尋根之虞，實在到了應重新修纂家譜的時候了。

七、《高密管氏家譜》的修纂

《高密管氏家譜》現存世最多的是光緒二十九年（1904）修纂的，作序者為十七世祖諱暉吉公、十八世祖諱恩覃公（四股，邑庠生）二人。據余之先伯祖諱遵仁公生前說，高密新譜於民國年間已修纂完畢，木版業已刻成，存高密城管恩覃家（即光緒二十九年譜作序者之一）。但因倭寇入侵，全部毀於兵燹。查現存《高密管氏家譜》最早一次修纂為康熙十六年（1677年），作序者為十二世祖諱音亮公；第二次為乾隆三十一年（1767年），作序者為十二世祖諱英公；第三次為道光二年（1822年），作序者為十五世祖諱廷琮公；第四次為同治三年（1864年），作序者為十六世祖諱萬選公。

光緒二十九年譜共分四卷，第一卷共收序六篇，譜例一篇，老塋圖十七幅。宋至元舊譜及大股一部分。第二卷全為大股。第三卷為二股全部及三股全部。第四卷為四股全部及新排二十一世至三十六世行輩十六字，壬寅續譜襄事人名單，管氏本縣無考者，居鄰縣無考者並跋一篇。跋作者為十七世祖諱鄅公。

綜觀全譜，其缺陷是顯而易見的：一是舊譜中關於管師仁的出身世系明顯錯亂有誤；二是人名之後，除有功名官職或軍功善行者的簡單介紹之外，再無任何說明文字，尤缺生卒年月或享年幾許等重要資訊；三是個別支股遷至外地，甚至連始祖遷來高密這一類重大事件，均未注明具體年代，如管家苓芝、東欒家莊是高密管氏最大的聚居村落，何人何時率子孫來此建村也沒有記載；四是對女方尊重不夠，配偶幾乎都沒有說明其母家為何村人氏，而自己生的女兒根本上不了家譜，更遑論說明生女幾人及嫁往何處了。

八、明、清兩代高密管氏名人錄

高密管氏除明嘉靖年間七世祖嘉禎、嘉福兄弟中進士，官至吏部主事、台州司馬外，自道光壬午之後，後世「日漸式微，非謀食於耕，即棄學為賈，書香莫繼」，少有盛名於世者。現將明、清兩代功名在庠生（秀才）以上，職務在九品以上以及奇行特異之士，登錄如下。

二世

管思中　邑庠生。

管思義　思中之弟，邑庠生。

五世（此世開始，高密管氏忠、恕、惠、憲兄弟四人，分為大股、二股、三股、四股）

管　忠　大股。歲貢，任直隸（今河北）趙州大成學訓導，載縣誌。娶張氏，生九子。

管　惠　三股。邑庠生。

六世

管九成　大股忠公之長子。庠生。

管九達　大股忠公之次子。庠生。

管九經　大股忠公之第六子。庠生。

管九衢　大股忠公之第七子。庠生。

管九街　大股忠公之第八子。庠生。

管九雲　三股惠公之長子。貢元。任鎮江開州學正，載縣誌，娶王氏，子八。

七世

管嘉佑　三股九霄公之長子。邑庠生。

管嘉禎　三股九雲公之長子。字吉甫，號鶴渠。嘉靖壬午科舉人，癸未科聯捷進士。授順德（今廣東）廣宗縣令，調無錫（今江蘇）縣令，授吏部文選司主事。廉明謹飭，無敢幹以私者，工書法，崇祀鄉賢祠，載縣誌。娶李氏，子二。

管嘉福　三股九雲公次子，嘉禎之弟。嘉靖庚子科舉人，癸丑科進士，任台州（今浙江）同知，載縣誌。娶李氏，子四。

管嘉謨　三股九雲公之第五子，邑庠生。

管嘉儒　三股九雲公之第六子，邑庠生。

管嘉行　三股九雲公之第七子，邑庠生。

八世

管世用　大股。選貢，任槁城（今河北）縣丞，槁城知縣，載縣誌。

管懋光　三股嘉禎公長子，邑庠生。

管懋元　三股嘉禎公之次子。邑庠生。

管一元　三股嘉福公之長子，監生。

管二元　三股嘉福公之次子，監生。

九世

管　沖　大股世用公之第三子，邑庠生。

管嗣仲　字魁吾，三股嘉禎公八弟嘉樂公之孫。崇禎壬午科武舉。壬午守城，抗擊清軍，事蹟載縣誌《全城記》。

管可訓　三股，邑庠生。

管　星　三股，邑庠生。

管　勛　三股，邑庠生。

管呂藩　三股，邑庠生。

管大同　四股，邑庠生。娶李氏、張氏、喬氏、孫氏，子六。

十世

管夢庚　大股，拔貢，載縣誌。

管　簡　三股勛公之長子，邑庠生。

管　範　三股勛公之次子，邑庠生。

管　鼎　三股呂藩公之子，歲貢，載縣誌。

管圖南　三股，邑庠生。

管繪南　三股，圖南之弟，邑庠生。精外科，應手則癒，號為神醫。

管夢兆　四股，歲貢生，載縣誌。

管夢弼　四股，夢兆之弟。邑庠生。

管夢儀　四股大同公之長子。邑庠生。

管夢圖　四股大同公次子，邑庠生。

管　菜　四股大同公第四子，邑庠生。

管夢璽　四股大同公第五子。邑庠生。

管夢甲　四股，邑庠生。

十一世

管　仁　大股，庠生。

管駿聲　大股，庠生。

管　閣　三股，邑庠生。

管永捷　三股嗣仲公之孫，邑庠生。

管　慎　三股繪南公次子，邑庠生。

管贊王　四股，邑庠生。

管相王　四股夢兆公第三子，邑庠生。

管佐王　四股夢弼公第二子，邑庠生。

管少閔　考名紹閔，四股夢儀公長子，廩生。

管少武　考名紹武，四股夢儀公之第三子，邑庠生。

管少軻　考名紹軻，字誠三，四股夢璽公之長子，邑庠生。

管　鵬　四股大同公之孫，邑庠生。

十二世

管振響　大股仁公之子，庠生。

管徽音　字文山。大股駿聲公之子，康熙丙午科武舉。

管朝臣　字聖選。三股繪南公之孫，監生。

管合義　字清鳳，考名萬軍，朝臣二弟，出嗣，邑庠生。

管韶音　四股夢兆公之孫，邑庠生。

管音諧　四股佐王公長子，邑庠生。

管音亮　四股佐王公次子，邑庠生，康熙十九年譜序作者。

管音颮　四股佐王公第三子，邑庠生。

管　殿　字肯堂。四股鵬公之子，邑庠生。

十三世

管　徵　字照九。大股徽音公之次子，邑庠生。

管文德　字振修。三股，邑庠生。自逢戈莊遷律家村。

管俊德　三股，邑庠生。

管義才　四股，邑庠生。

十四世

管維瀟　字清溪。大股徵公之第三子，監生。

管維蘋　字鹿音，耆壽，大股。恩榮八品頂戴。

管瑞周　三股，監生。

管有煒　四股，邑庠生。

十五世

管廷璞　字希玉。大股徵公之孫，邑庠生。

管廷琿　字佩玉。大股維瀟公之次子，邑庠生。

管廷琮　字瑞玉。大股維瀟公之第三子，邑庠生，道光二年譜序作者。

管廷斌　字光玉。大股維瀟公之第四子，邑庠生。

管廷瑔　字采玉，考名廷瑤。大股維瀟公之第五子，邑庠生。

管廷乾　字萬資。大股維蘋公之長子，監生。

管廷翰　字西園。大股維蘋公之次子，邑庠生。以子雲龍貴，賜封登仕佐郎；以孫侗貴，封奉直大夫。

十六世

管萬里　字鵬程。大股廷璞公之次子，邑庠生。

管紹龍　大股維瀟公之孫，邑庠生。

管魁元　大股廷琿公之子，邑庠生。

管萬青　大股廷琮公之長子，邑庠生。

管萬春　字民羲。大股廷琮公之次子，例授從九品。

管萬書　大股廷瑔公之子，武庠生。

管雲龍　字景瑞。大股廷翰公之子，附監生，任陝西寶雞縣虢川司巡檢，吳堡縣典史。以子侗貴，賜封登仕佐郎，晉封奉直大夫。

管智遠　字明遙。四股，佾生。

十七世

管　郜　大股，武庠生。

管　郿　大股，萬選公之子。字初封，有孝行，載縣誌。同治十年譜跋作者。

管華南　大股。例授從九品。

管　侗　字同人。大股雲龍公之子，監生。鹽提舉銜，福建候補通判，敕授登仕佐郎，任福建邵武縣水口巡檢，臺灣羅漢門巡檢。軍功以縣丞升用，署南投淡水縣（今臺灣）縣丞。

管貴徵　大股，議敘七品。

管清奎　二股，武庠生。

管暉吉　字公孚，號雲閣。三股，邑庠生。光緒二十九年譜序作者。

管貴麟　三股，譜載「辛酉殉難」。查辛酉為1861年，捻軍（長毛）來縣東，殺人放火，騷擾百姓，百姓奮起抵抗。

十八世

管學源　大股。辛酉罵賊死。此處之賊亦應為「長毛」。

管恩沛　字子然。大股，邑庠生。

管恩久　字恒齋。大股，例授從九品。

管恩長　大股，華南公之長子，監生。

管蒙恩　字伯正，號少平。大股侗公之長子，監生。直隸（今河北）候補縣丞，加六品銜。

管益恩　字晉卿。大股侗公之次子。軍功，八品銜。

管复恩　大股。議敘從九品。

管恩銘　字敬齋。三股，邑庠生。

管恩覃　字孚齋，一字澤生。邑庠生。光緒二十九年譜序作者。據云民國間新修家譜木版即藏其家，因倭寇入侵，未及印刷而版毀於戰火。

十九世

管正音　大股。辛酉罵賊殉難。賊者，捻軍「長毛」也。

管鴻義　字漸臣。大股恩久公之次子。例授從九品。

管述祖　字友蘭，號墨村。大股蒙恩公之子。聖廟齏奏廳藍翎四品銜，遷逢戈莊。

管家臣　名學禮，字修五。四股，詩禮堂啟事。

二十世

管篤慶　字友齋，考名書賢。大股，余之高祖有慶公之兄。邑庠生。

管琦慶　字偉臣。大股，例授從九品。

其他尚有節婦烈女數人，因與時代不合未錄。

九、莫言家一支世系（列至廿四世）

莫言家屬於高密管氏大股居河崖平安莊一支，自曾祖錦城公民國元年從管家苓芝遷來至今已近百年（同時遷來者尚有錦藻公一家）子孫繁衍，居然大家矣。現將我支世系據家譜整理如下。

莫言家一支世系

1世	士謙
2世	思中、思敬、思義、思馨
3世	賢、樂氏、程氏
4世	進、李氏、張氏
5世	忠、恕、惠、憲
6世	九成、九達、儀氏、九德、九臬、九敘、九經、九衢、九街、九淵
7世	鑾、鑒、冷氏、石氏、鉄、鐔
8世	世熊、劉氏、世豹、世多
9世	潤、宗氏
10世	夢鳳、劉氏、夢凰、夢鯉、夢蛟
11世	仁、佐、宮氏、孫氏、駿、偉聲
12世	仕英、仕連、仕拱、仕宗、仕德
13世	文明、文炯、文秀、李氏
14世	維萊、劉氏、維蕃、維松、維華、維業
15世	炘、樂氏、煥、熠、炤、熙
16世	紹麟、王氏、趙氏、紹鳳、出嗣
17世	筒、任、鄧氏、興邦、安邦
18世	立殿、李氏、劉氏、正心
19世	正岳、正倫
20世	篤慶、有慶、張氏、培慶
21世	錦城、李氏
22世	遵仁、劉氏、遵×(女)、遵義、戴氏、遵禮、杜氏
23世	貽×(女)、貽範、高淑娟、貽善、聶希蘭
24世	謨賢、謨芬(女)、謨欣、讚讚(莫言)、謨華(女)、謨策、謨江、謨山

伯祖（大爺爺）家一支

22世	23世	24世
遵仁	貽福	文傑
劉氏	貽蓉（女）	文君（女）
	貽蘭（女）	文卿（女）
		謨啟
		謨亮

叔祖（三爺爺）家一支

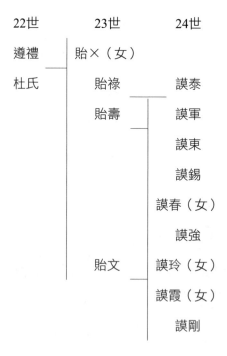

22世	23世	24世
遵禮	貽×（女）	
杜氏	貽祿	謨泰
	貽壽	謨軍
		謨東
		謨錫
		謨春（女）
		謨強
	貽文	謨玲（女）
		謨霞（女）
		謨剛

注：

（1）十九世正岳、正倫、正心，道光三年譜，三人名諱分別為家昌、家乘、家良。

（2）二十世篤慶字友齋，考名書賢，邑庠生。娶王氏，子二。

（3）二十世有慶字公善，娶張家官莊張氏，生一子，墳在管家苓芝村西北隅。

（4）二十一世錦城字千里，號蜀官，娶河西村李氏，生三子一女，遷居河崖鎮平安村，墳在管家苓芝村西北隅，李氏墳在大欄村前。

（5）二十二世遵仁字居安，又字壽亭、嵩山，以此字行於世，名醫，擅婦科、兒科。娶張魯劉氏，生一子二女。墳在平安莊東，高平莊前，膠河之南。遵義字居正，又字嵩峰，以此字行於世，娶東王家苓芝戴氏，生二子一女。墳在平安莊東，南北大路東側。遵禮字立庵，又字嵩岩，以此字行於世，娶高平莊杜氏，生三子一女。墳在平安莊東，高平莊前，膠河之南。

（6）二十三世貽*嫁譚家荒村耿世義。

（7）二十四世謨業筆名莫言，作家。

十、高密管氏名人傳記

（一）

　　管師仁，字元善，浙江處州龍泉人，熙寧六年（1073年）中進士第。初任滄州教授，深受學子愛戴，任滿，以德才兼備召為廣親，睦親宅教授。（按：「廣親」、「睦親」兩宅均為宗學。景佑二年，分宗學為南、北兩宅。北宅為「廣親」，是秦王即太祖胞弟延美後之子弟所處；南宅稱「睦親」，為太祖太宗後之子弟所處。）後通判澧州（今湖南澧縣），又出知邵武軍（今福建邵武），任內政績卓著，朝廷考核為第一，旋升至建昌軍（今江西），所至力行教化，多有善政。《江西通志‧名宦》有傳，謂「人戴其德，為立生祠」。擢右正言，左司諫，「論蘇軾、蘇轍，深毀熙寧之政，其門下吏部員外郎晁補之輩不宜在朝廷，逐去之。在京濫員並裁」。又言「河北濱、棣諸州歲被水患，民流未復，租賦故在」，致使軍士饑寒，百姓匱乏之情狀，奏「請悉蠲減以綏徠之」。帝納其言，河北一帶災民漸次歸農，「方賴其賜」。遷起居郎，又升中書舍人，給事中、工部侍郎。當時吏部下屬「選曹吏多撓法為過」，朝廷命師仁暫攝其事，主吏部。師仁授命，「發其奸，抵數人於罪」嚴懲了貪官，僚屬震懾，「士論稱之」。改任吏部侍郎，進升刑部尚書。崇寧三年（1104年）又詔師仁兼領重修神宗皇帝玉牒（皇家族譜），審閱哲宗皇帝玉牒。

　　大觀初年，授樞密院直學士，以此銜出知鄧州（今河南鄧縣），兼西南路按撫使，未行，改知揚州兼淮南東路兵馬鈐轄。辭行時，徽宗問邊防之事，師仁條陳甚詳，並獻「定邊策」。

　　當時遼、夏二國修盟，覬覦中原。遼遣使要宋歸還曾被金佔領已被宋防守的土地，邊關震動。朝廷急調師仁為定州（今河北一曰「知定州」。）安撫使，措置防邊。宋自澶淵之盟，「時承平百餘年，邊備不整，而遼橫使再至，為西人請侵疆，朝廷詔師仁設備」。師仁到任，即精選士卒，下令增陴浚湟，善葺甲冑，儲備糧草。僚吏們當時都很害怕遼國，不知所措，而「師仁預為計度，一日而舉眾十萬，轉盼迄成，外間無

知者」。為了麻痹敵人，師仁「日與賓客燕集，以示閒暇，使敵不疑」。遼使入境，見軍容甚整，大為驚愕，至京師，再不敢復言請地事。徽宗手書褒獎，曰：「有臣如斯，朕復何憂。」召為吏部尚書。大觀三年（1109年）四月十五日，升任同知樞密院事。朝廷的授職文書（制）讚揚他「智周事物，學洞古今。有猷有為，允文允武。甲兵不試，邊境以寧。入為天官，益隆時譽」。兩個月後，身體染病，力辭同知樞密院事，拜資政殿學士，佑神觀使。六月甲戌卒，享年六十五歲，贈正奉大夫，封南陽侯。世稱「名宦」。（見《宋史卷三五一‧列傳一一〇》、《宋史‧宰輔表》、《兩浙名賢錄》）

（二）

管師復、管師常兄弟皆從宋初著名學者、教育家胡安定（胡瑗）先生為師，有盛名，世稱「二管」。師復長於詩，隱居不仕。仁宗聞其名，召至京城，問：「卿詩所得如何？」師復答曰：「滿塢白雲耕不破，一潭明月釣無痕。」仁宗稱其才，賜官。辭不受。辭歸故里。所著有《五經要義》、《讀詩管窺》、《白雲詩稿》傳世。《中國人名大辭典》曰：「師復仁勇好義，陳襄門人，襄講學仙居，師復為都講（主講）。」學者稱其為「臥雲先生」。《宋史翼》、《兩浙名賢錄》均有傳。

管師常，自號「白雲翁」。《中國人名大辭典》載：「師常履行貞固，精經術，繼兄為陳襄都講，容止莊謹，自律以勸人。又從胡瑗學，益留心民事，適於時用。」熙寧元年（1068年）詔舉逸民，有司以師常薦。三年召試舍人院，賜進士第，授校書郎，為太學正。後調江寧府上元知縣，對青苗法與察訪使抗論，辭官，至安州應城，少息僧廬。忽一朝瞑眩，問其子希旦曰：「早晚？」希旦曰：「午矣。」起攝衣冠，索紙筆書曰：「吾年四十九，四大不相守，寄語同道人，日輪射半門。」徐置筆，就枕遂逝。

附：管師復詩四首

福州白雲堂

入寺層層百級梯，野堂曾與白雲齊。

平觀碧落星辰遠，俯瞰紅塵世界低。

客中思歸

雙眉閒鎖一天愁，名利緣何苦逗留。

時運不逢文運盛，異鄉空憶故鄉遊。

芭蕉雨滴瓊階夜，梧葉風搖金井秋。

寒已到今衣未到，歸心遙寄錦江頭。

無　題

夜窗風雨獨花寒，一紙家書數遍看。

堂上老親頭已白，秋來連喜報平安。

無　題

周遭池館歷平川，門枕山彎水底村。

滿塢白雲耕不盡，一潭明月釣無痕。

松筠翠合垂冬夏，猿鳥聲齊奏曉昏。

最好詩餘無個事，直將談笑對清樽。

（三）

　　管鑒，字明仲，龍泉東後甸人。生卒年月不詳。工詩，有《養拙堂詞》一卷傳世。今人唐圭璋主編的《全宋詞》曰：「其父管澤（高密譜為管深），官江西常平提幹（全名為『提舉江南西路常平茶鹽司幹辦官』）。鑒靠父之功績蔭授此官，於是舉家自龍泉遷居臨川（今江西撫州）。乾道間任建寧府通判（載《福建通志》），淳熙十三年（1186年）以佐湖南統帥平劇盜有功，提升為廣東提刑權知廣州兼經略安撫使。十四年改任廣東轉運判官（載《廣東通志》）。後任泰寧知府，又以奉直大夫

知廣西全州，廣西提點刑獄（載《廣西通志》）。任職時多著政績。在湖南時，發動民眾浚河疏池，灌田一萬六千頃，免彬州和糴，新建石鼓書院，在廣東時減免湖、惠七郡丁租，建廣安宅，買田給南遷士大夫不能北還者使用（載《江西通志》）。」

管鑑為南宋一大詞家，其詞作清麗和婉，屬婉約派詞家，為歷代詞學者所推崇，其詞作被選入《唐宋名賢百家》、《永樂大典》、清代朱彝尊的《詞綜》、萬樹的《詞律》、王鵬遠的《四印齋宋元三十一家詞》等。《全宋詞》錄其詞六十八闋。

管鑑娶趙氏，係宋宗室趙善良之長女，太府趙少卿趙汝誼之姐。生三子六女，長子管湛、次子管浩、三子管洪。（高密譜洪、浩皆為師仁之子）。五婿為忠翊郎趙彥逵、將仕郎呂浩、進士游仲鈞、國學進士張椿、將仕郎趙崇俊。鑑妻趙氏於淳熙七年九月丁丑日終於家。

附：管鑑詞一首

醉落魄

正月二十日張園賞海棠作春陰漠漠，海棠花底東風惡。人情不似春情薄，守定花枝，不放花零落。綠尊細細供春酌，酒醒無奈愁如昨。殷勤待與東風約：莫苦吹花，何以吹愁卻。

（四）

管湛，字定文，係管鑑之子。《中國人名大辭典》載：「管湛，師仁後，僑居臨川。累官廣西提刑，兼經略安撫使，區處橫山羅甸（橫山在廣西，羅甸在貴州）兩處邊防，蠻人帖服。三遷至大理少卿。有《定齋類稿甲乙集》。嘉定六年，（1213年）由廣西轉運判官授直祕閣知靜江府（載《廣東通志》），累官至金部郎中（載《江西通志》）。」

（五）

管浩，字元洸。（按：龍泉譜為管輅十四世孫，是管慶河十二世孫，

其曾祖管椅因避寇從龍泉遷浙江天臺，後到黃岩東洋長浦居住。）浩在明洪武十七年三月以管鈞所纂修之《龍泉管氏宗譜》為依據，編纂了《黃岩東洋長浦管氏宗譜》。此人與高密譜中之管浩非一人也。

（六）

其他同名者：

管鎮，宋朝人，通判。

管洪，宋朝人，嘉興府通判。

管槐，宋朝人，武校尉。

（七）

管嘉禎，字吉甫，號鶴渠，明代高密北隅（今高密鎮）人。三股惠祖之孫。父九雲，貢元，曾任鎮江府（今江蘇鎮江市）、開州（今河南濮陽市）學正。

管嘉禎在兄弟八人中居長，好學、博聞，嘉靖元年（1522年）中舉人，次年聯捷癸未科第三甲第192名進士。該科共取410名，其中一甲3名，二甲142名，三甲265名。狀元為浙江慈溪人姚淶（字維東），探花即大名鼎鼎的徐階。管嘉禎成進士後，授廣宗（今河北）知縣，改無錫（今江蘇）知縣。廣宗在河北南部偏東，屬左黃河沖積平原。無錫位於太湖之濱，京杭大運河貫通全境，素稱「魚米之鄉」，兩地均為富庶之地。管嘉禎在兩任知縣上，為政廉明，毫不涉私，在考核中均稱卓異，因而被擢為吏部文選司主事。該司掌管吏班秩、升遷改調等事宜，並贊助尚書做具體工作。任滿回鄉。《高密管氏家譜》上說他「廉明謹飭，無敢幹以私者」。意思是說管嘉禎為官廉明謹慎，勤於政事，沒有人敢求他辦私事。2004年12月無錫市蠡湖街道青祁村發現了他在無錫知縣任上（嘉靖五年二月）立的一通碑。碑文為他親筆，要鄉民「勸善懲惡」，「建社倉積粟以備凶荒」，可見其廉政愛民之心。

管嘉禎有文名，工書法，在鄉里甚有聲望，因此當他辭世之後，名字

被崇祀於鄉賢祠內。

其二弟嘉福亦為進士，五弟嘉謨、六弟嘉儒、七弟嘉行均為秀才。管嘉禎有二子，長曰懋光，次曰懋元，皆秀才。

（八）

管嘉福，號礪山，嘉禎之二弟，於明嘉靖十九年（1540年）庚子科鄉試中舉，三十二年（1553年）癸丑科中第三甲第121名進士。本科共取403名，其中一甲3名，二甲105名，三甲295名。是科主考為禮部尚書徐階。該科高密人李邦魁亦中進士。

管嘉福有文名，工書法，尤善楷書。官至台州府（今浙江）同知。台州府地處浙江省東南部，背山、面海，素有「魚米桔鄉」之稱。同知係知府的佐官，分掌督糧緝捕、海防、江防、水利等事務，分駐指定地點。

管嘉福於此服官之後，即告歸鄉里，居家恬淡，嗜學勤勞，有一椽茅屋，三徑清風之風。

管嘉福娶李氏、劉氏，有四子：長曰一元，次曰二元，三曰三元，幼曰起元。其幼弟管嘉樂謫孫管嗣仲，字魁吾，崇禎壬午科武舉，壬午守城有功，事蹟載縣誌《全城記》。

（九）

管謨業，筆名莫言，以筆名行於世，國家一級作家。

1955年2月17日（農曆乙未年正月二十五日）生於高密河崖鄉平安莊，1967年小學肄業，務農。於1976年1月應徵入伍，先至黃縣總參謀部，後至河北保定，再至北京延慶。1982年入中國共產黨，同年提幹。1981年發表處女作《春夜雨霏霏》。後入解放軍藝術學院文學系，再入魯迅文學院研究生班，獲文學碩士學位。作品有《紅高粱家族》、《豐乳肥臀》、《檀香刑》、《四十一炮》、《生死疲勞》等，有文集十二卷。作品被譯成多國文字，受到各國讀者歡迎，多次在國內外獲獎。現居北京。

十一、古今管氏名人錄

（一）周、春秋

　　管叔鮮，周文王第三子，武王弟，周公兄。名鮮，封於管，故稱管叔鮮。與弟蔡叔度，相紂子武庚、祿父。治殷遺民。武王崩，成王幼，周公攝政，鮮與度流言與國曰：「公將不利於孺子。」周公避居東都。後成王迎周公還，鮮、度懼，乃挾武庚叛。王命周公討平之，殺武庚，鮮亦被誅。

　　管至父，春秋齊大夫。齊襄公時，與連稱一起作亂，襄公遂被弒。

　　管仲，春秋齊國潁上人。名夷吾，字仲（此本《史記·管晏列傳》；據《四書逸箋》引陳心叔名疑云：「管夷吾字仲，其父名山，亦字仲。」），亦作敬仲。敬，其謚也。少與鮑叔厚，常曰：「吾與鮑叔分財多取，鮑叔不以我為貪，知我貧也；謀事困窮，不以我為愚，知時不利也；三仕三退，不以我為不肖，知我不遇時也；三戰三走，不以我為怯，知我有老母也。生我者父母，知我者鮑子也！」鮑叔事齊公子小白，管仲事公子糾。小白立為桓公，公子糾死，管仲囚，鮑叔釋而進之，遂相齊。作軌里連鄉之制，使士農工商各異其業，通貨積財，富國強兵，寄軍令於內政，攘戎、狄，尊周室，九合諸侯，一匡天下，桓公尊為仲父。著有《管子》八十六篇。

　　管修，春秋楚大夫，仲之後，以賢稱。白公勝作亂，殺修。葉公子高聞而討之。

（二）漢、三國

　　管敢，為李陵軍侯。陵以五千人入匈奴。敢為校尉所辱，亡降匈奴。具言陵軍無救。陵遂敗。

　　管輅，（209~256）三國時魏國平原人。字公明。年八九歲便喜仰視星辰。及成人，風角占相之道，無不精微。體性寬大，每欲以德報怨。清河太守華表召為文學掾。正元初為少府丞。自知不壽，當終於四十七八

間。果四十八而卒。

管寧（158~241），三國時魏國朱虛（今臨朐東南）人，字幼安。與平原（今平原西南）華歆、邴原相交，遊學異國，並敬善陳寔。嘗與歆同席讀書，有乘軒冕過門者，歆廢書觀之，寧與割席分坐。曰：子非吾友也。時黃巾之亂，至遼東，往見太守公孫度。語惟經典，不及世事。乃因山為廬，鑿壞為室。越海避難者，皆來就之，旬月而成邑。遂講詩書，陳俎豆，飾威儀，明禮讓，非學者無由見。由是度安其賢，民化其德。黃初中浮海還，文帝時、明帝時以為光祿勳，並辭不受。正始初卒。著有《氏姓論》。

管統，三國時魏國人，初仕袁紹，為東萊太守。後袁譚更以為樂安太守。譚破，諸城皆服，統守樂安不下。曹操命王修取統首。修以統亡國忠臣，因解其縛使詣操，操悅而釋之。

管承，農民起義領袖。《三國志·魏書·武帝記》：「秋八月，公東征海賊管承，至淳于（淳于縣，屬北海國，故城在今安丘縣東北），遣樂進、李典擊破之。承走入海島。」

管亥，黃巾軍起義首領，據北海，為孔融所破。

（三）隋、唐、五代、宋

管革，唐代趙人。少好道，往來趙魏間。後隨張果遊恒山，結廬山中。後不知所終。

管迥，五代漢人。漢球守郡時，辟為判官。及漢球卒於汴，迥在州未之知。一日忽謂所親曰：太保遣人召我。遂沐浴新衣冠。無疾瞑目而終。

管師仁（見前）。

管師常（見前）。

管師復（見前）。

管湛（見前）。

管及，宋代全州人。崇寧間黃庭堅謫官宜州，親知絕跡。時及為宜州理曹，不避權勢，與庭堅交遊甚密。庭堅書「折桂亭」三大字貽之。且謂

之曰：「君家積慶，後必有登進士科者。」後其言果驗。

（四）元、明

　　管如德，元代黃陂人。仕宋為江州統制，至元中以城降。先是如德嘗被俘，思其父，間道南馳，被獲。如德引械擊殺數十人，破械南走，間關萬里達父處。比入鄞，世祖嘉之。後從丞相阿尤南伐，為前鋒，累立戰功，遷江西行尚書省左丞。卒諡武襄。

　　管道升，元代吳興女子。趙孟妻。字仲姬，一字瑤姬。天姿開朗，德容俱備，翰墨詞章，不學而能；善畫墨竹蘭梅，筆致清麗。嘗手書《金剛經》數十卷以施名山。又奉旨書《千字文》，帝敕太工玉軸收藏祕書監。封為魏國夫人。享年五十八。

　　管一德，明代常熟人。字士恒。萬曆舉人。著有《世家考》、《瀝陽集》、《經傳子史參同》、《四書閱覽》、《詩經閱覽》。

　　管璋，明代安福人。字相器。成化舉人。歷樂清、穀城令，俱有政績。比歸，囊無長物。兩邑皆祠祀之。

　　管應律，明代咸寧人。字正之。於書無所不讀。舉萬曆進士，官元城、泗水等縣令，仁政茂著。著有《南遊草》、《偶然草》等集。

　　管鯨，明代陝西咸寧人。字文化。讀書養親，不求仕進。周恤貧困，有古義士風。又以工書名於時。

　　管楫，明代陝西咸寧人。字汝濟，號平田，又號作木山人。正德進士。官至右副都御史，巡撫山東，以治聞。忤嚴嵩，辭疾家居二十年。文徵明嘗書畫平田草堂、杜曲山房二圖並以貽之。有《平田集》。頗沿七子之派。

　　管志道，明代婁江人。字登之。隆慶進士。官南京刑部主事。疏陳利弊九事。忤張居正，出為分巡嶺東道，以察典罷官。著有《孟義訂測》。《問辨牘》、《從先維俗議》、《覺迷蠡測》。

　　管良相，明代烏撒衛指揮。為人慷慨負奇節。天啟初樊龍等反於四川，巡撫李樿召與籌軍事。良相策安邦彥必反，佐樿為固守計。逾月，邦

彥果反，圍其城，良相固守不下。久之，外援不至。城陷自縊死。

管宗聖，明代餘姚人。字霞標。宗良知之學。為人孝友忠亮，言動必準於禮，鄉人多化之。少保孫鑛始與宗聖為文字交，既從講聖學，歎曰：向嗜讀左國秦漢百家書，先生為我洗盡矣。崇禎間，祁彪佳薦於朝，詔徵不起，卒。

管時敏，明代松江華亭人。初名訥。以字行。洪武中以秀才徵，拜楚府長史，任事四十餘年。忠誠謹恪，始終如一，年七十致仕。王留居武昌，祿養之終身。所著《蚓竅集》。春容淡雅，多近唐音。

管朝用，明代祁陽人。父早死，事母至孝。母病經年，日侍湯藥，非手調不供，非口嘗不進，歷寒暑不倦。

管思易，明代鄞人。字原理。永樂進士。授刑部主事，持法平恕。奉命使湖廣辨疑獄，釋繫囚，全活甚眾。時有囚罪不應死，尚書吳中以私憾論死，思易爭之，不聽，竟殺之。乃歎惋，感疾而卒。生平有至行，臨財廉，事親孝，與人不為依阿，人皆憚之。

管貞，明代字清源。洪武進士，授陽穀縣丞。寇至，貞危坐堂上，罵不絕口，遂遇害。

（五）清

管同，清代上元人。字異之。道光舉人。少負經世志，不守章句學，嘗從姚鼐學古文，有所論述，簡賅清邃，皆通達政體，深切時弊。著有《因寄軒文集》、《七經紀聞》、《孟子年譜》、《文中子考》、《戰國地理考》、《皖水詞存》。

管嗣復，清代上元（南京）人，同子。字小異。性仁勇，博雅好經術，能文章；又研算學，窺代數微積之略。遭兵亂，死吳中。

管幹貞，清代武進人。字陽復。號松崖。工畫。乾隆進士。累官漕運總督。在任七載，以清節著。遇當糾劾，雖要人無所顧忌。坐事奪職。

管世銘，清代武進人。字緘若，號韞山。乾隆進士。由戶部主事累遷郎中，授御史。工制舉業，從遊之士甚眾。尤精詩古文，深於經術。有

《韞山堂詩文集》。

管希寧，清代江都人。字幼孚，號平原生。涉獵諸史百家，旁及金石，尤究心書畫。有《就懦齋詩集》。

管繩萊，清代世銘孫。字孝逸。官知縣。長於詩古文辭，有《萬綠堂詩文集》、《鳳孫樓詞》。

管晏，清代繩萊子。字敬伯。官河南知縣，署運河廳同知。歷參左宗棠、閻敬銘戎幕。所著詩文多亡佚，存者有《山東軍興紀略》。

管樂，清代晏弟。字才叔。諸生。候選訓導，與晏齊名，縱談豪飲，所至諸巨公爭相延致，以幕客終老。身後僅遺文稿古今體詩二百餘篇、日記數冊。

管棆，清代武進人。官宗州知州。有《據梧詩集》。

管庭芳，清代海寧人。字芷湘。喜鈔書，專研目錄之學。撰有《海昌經籍著錄考》。

管遹群，清代武進人。字兆錢，號椒軒。道光進士，官至浙江巡撫。嘗言理繁如治絲，惟靜可以解紛。又以南人脆弱，思復明戚繼光軍制以振起之，未及施行，以暴疾卒。

管禮耕，清代元和人。字申季。歲貢生。長於訓詁。著有《操牧齋集》。

管筠，清代錢塘女子。字湘玉。陳文述妾。文述負官帑鉅萬，筠脫簪珥償之。後以為繼室。性悅禪，工畫佛，所居曰小鷗波館。著有《小鷗波館詩集》。

管聲，浙江里安人，清代書法家。工書，以風韻勝，學歐、趙。有名於當時。

管廷祚，上海嘉定人，清代學者。同治元年舉人，工詩，豪飲，善書法，曾任泰州學正。

管廷獻，字士修，號石夫。山東莒縣小窯村人，與高密管氏同族同宗。於同治九年（1870年）庚午科鄉試中舉，出仕。光緒元年（1875年）癸未科中一甲第三名進士（探花），授翰林院編修，官至京兆尹。以直聲

震朝野，致仕家居，享年69歲。著有《梅園詩文集》。

管廷鶚，字士一，廷獻三弟。光緒二年（1876年）乙亥科進士，改翰林院庶吉士，授職編修。充湖北鄉試副考官，任山西學正，河南、陝西正考官，歷任國子監、大理寺卿，署察院副都禦史。一生從事學政，提倡「以為政頒行，務在循名核實，因請政務處，明定賞罰」。「學堂新立」，「學政有成，予以仕進，學藝有成者，果能獨創新成……」為官三十年，不尚結網，不通聲氣，絕跡津要，官到副憲，年五十四卒署任。著有《晉輶吟草》、《黌門集》、《風山詩鈔》六卷。

管廷綱，字季張，號澹園。廷獻二弟。光緒十八年（1892年）壬辰科進士。在廣西做官，「減稅恤商，商人大和，收入轉溢……」後任省警總巡，「逮捕匪首康闊珠，擒其黨羽，又捕大族通匪者數人軒諸法，全境肅然。」自云「吾不敢姑息以養奸，亦不忍多殺以邀譽」，時稱「良吏」。任滿後遷東蘭州，赴部引見，中途聞國變，遂回籍。宣統元年（1912年）卒於鄉，享年五十四歲。

管象頤，字養山，號梅癡。廷獻子。光緒十六年（1890年）庚寅科進士，翰林院庶吉士。戶部員外郎，本部參議，在任「清理各省財政」。充江南財政監理官。民國既建，被選為眾議院議員，赴山東、陝西治水、放賑。自捐款萬金，以善為樂。卒年六十一。

管象晉，字康錫。廷俊子。光緒二十四年（1898年）戊戌科進士。入翰林院，官至安徽知府。享年五十二歲。

（六）近代、當代

管平（1895~1967年），江蘇吳縣人。畫家管念慈之子，古琴學家。曾先後受教於九嶷派楊宗稷、武夷派悟澄老人、川派秦鶴鳴等著名琴家，並採擷民樂之長，有所創新，自成一格。新中國成立後，任中央音樂學院民族音樂研究所副研究員。潛心發掘古代琴曲及打譜，率先為琴曲「廣陵散」、「幽蘭」、「離騷」、「大胡笳」等大曲打譜。所奏琴曲「流水」被美國錄入太空探測器。著有《古指法考》。亦工畫人物。

管松濤（1902~1966），原名管之山，山東巨野縣田橋鄉鄒官屯村

人。早年參加東北軍，曾任連長、副團長。1931年冬，在天津經石又新介紹加入中國共產黨。1940年參加八路軍，曾任山東濱海軍區獨立旅參謀長、遼寧軍區第二分區司令員、第四野戰軍師長，率部參加了遼瀋、平津戰役。1950年參加抗美援朝，任中國人民志願軍38軍參謀長。回國後任高級炮兵學校副校長。1955年授少將軍銜。1957年6月榮獲中華人民共和國獨立自由勳章和二級解放勳章。1966年5月1日病逝，終年64歲。

管大同（1913~1981），筆名紀衡、同明、亦同等。山東濰縣人。1935年考入中國大學經濟系，翌年加入中國共產黨。曾任北平社聯中國大學小組負責人和北平學聯常委。七七事變後，投入抗日救亡運動，歷任壽張縣抗日政府縣長，平原縱隊副司令、黨總支書記，八路軍泰西第六支隊副司令，北平軍調處執行部黃河小組中共代表，解放區救濟總會中共代表、駐天津代表，華北財辦出入口管理委員會主任等職。新中國成立後，歷任濟南市人民政府秘書長、中央財政經濟委員會黨組成員、外資企業處處長、中央工商行政管理局常務副局長、黨組副書記、國務院財貿黨委委員和國家機關黨委委員，中國人民大學兼職教授等。主要著作有《過渡時期的中國資本主義》、《中國資本主義的高級形式公私合營》、《我國對資本主義工商業的改造》、《工商業者的社會主義道路》等。

管致中，電子學教育家，1921年1月生，浙江富陽人。1944年畢業於國立中央大學電機系，1945年回母校任電機系助教。1947年後歷任國立南京大學電機系講師，南京工學院和東南大學無線電系講師、副教授、教授，並先後擔任南京大學校務委員會常委，南京工學院教務副部長、無線電系副主任、副院長、院長、院務委員會主任，東南大學校管委員會副主任等職務。1994年退休後，任東南大學老教授協會會長。1980年起，曾先後被聘為國家教委工科電工課程教學指導委員會會員、組長及主任委員。他是中國電子學會會員，國際IEEE高級會員，曾為中國電子學會教育分會常務理事、江蘇省電子學會理事長，第七屆全國政協委員，第七屆江蘇省人大代表。

管紀文，1934年生，畢業於吉林大學數學系，研究生畢業，吉林大學

數學系主任、教授。他在代數數論、自動機理論和電腦軟體方面有所建樹。曾獲國家教委科技進步獎、國家教委優秀教材二等獎。

管德，1932年6月出生，北京市人，高級工程師，教授，博士生導師，中國工程院院士。1952年9月畢業於清華大學航空工程學院。曾任瀋陽飛機設計所副所長，瀋陽飛機製造公司副總經理、總工程師，航空工業部總工程師、科學技術委員會主任，中國民航總局副局長。是中國氣動彈性專業的奠基者和帶頭人。曾榮獲1978年全國科學大會獎和國家科技進步二等獎；他對殲八的研製作出了重要貢獻，榮獲國家科技進步特等獎、航空工業部新機首飛一等功。

管曉宏，清華大學教授，自動化系主任，智慧與網路化系統研究中心主任。西安交通大學教授、博士生導師，長江特聘教授。製造系統國家實驗室主任，系統工程研究所所長，網路化系統與資訊安全研究中心主任。1996年獲國家教委科技進步二等獎、美國李氏基金傑出成就獎。1997年獲國家傑出青年基金。

管文蔚，1904年生於江蘇丹陽。1924年參加革命，1926年入黨。在大革命時期投身黨的白區工作。抗日戰爭時期和解放戰爭時期率部隊轉戰大江南北，為民族解放和新中國建立作出了重要貢獻。「文革」前任江蘇省副省長，1993年病逝於北京。

管惟炎，1980年當選為中國科學院數學物理學部委員（院士）。低溫物理學家。江蘇如東人，1951~1952年在清華大學物理系學習，院系調整後轉入北京大學物理系。1953~1957年先後在蘇聯列寧格勒大學物理系、梯佛里斯大學物理系和莫斯科大學物理系學習至畢業。1957~1960年在蘇聯科學院物理問題研究所做研究生。1960年後歷任中國科學院物理研究所研究員、所長，中國科技大學校長。還任中國物理學會秘書長、中國製冷學會副理事長、《物理學報》副主編，《低溫物理》主編。

管梅谷，原山東師範大學校長，後調上海工業大學任校長。

管華詩，中國海洋大學校長，中科院院士。

管賀徵，中央電視臺新聞聯播節目製作。

管衛強，中央電視臺新聞聯播節目製作。

管　彤（女），上海人，生於北京。中央電視臺主持人。

管　波（女），遼寧人。著名京劇演員，荀派傳人。

管宗祥，山東人。著名電影演員。

管虎，宗祥子。著名電影導演。

莫言，原名管謨業，國家一級作家，作品有《紅高粱》、《豐乳肥臀》、《檀香刑》、《四十一炮》、《生死疲勞》、《蛙》等，2012年獲諾貝爾文學獎。

十二、結論

通過上述研究考證，可以得出以下幾點結論：

1. 管姓不管是起源於文王第三子叔鮮，還是出自穆王姬滿，都是出自周文王之姬姓，可上溯至黃帝，是真正的炎黃子孫。

2. 江、浙、贛一帶管姓，大部為唐、五代或宋時自山東濰坊一帶南遷者。而山東之管姓，認管仲為始祖，應該是符合事實的。

3. 高密管氏原籍高密一帶，後自江蘇一帶遷回故土，與諸城、莒縣等地管氏皆為同宗。

4. 高密管氏出於管師仁亦當可信，但《高密管氏家譜》恐有謬誤之處。因年代久遠，在所難免。

5. 管姓崇文而不尚武，重文學崇儒術，其名人多學者、文人。如講習《詩》、《書》的管寧，精於易算的管輅，詩人管師復，詞人管鑒，女畫家書法家管道升（嫁趙孟），散文家管同，作家管謨業（莫言）等。

6. 管姓乃交友典範，管仲與鮑叔牙的「管鮑之交」，管寧與華歆的割席分坐都是交友典範，名垂青史。

7. 管姓為官者多能吏廉臣。以管仲為代表，宋之管師仁、管湛，明之管時敏、管嘉禎、管嘉福，清之管廷鶚，今之管文蔚等皆政績卓著。清正廉明，重學問，有政聲，任滿回鄉，少有戀棧貪墨者。

8. 家庭教育十分重要，家族中往往是父祖學而有成，則子孫、兄弟亦皆博得功名在身，有的連綿數代，兄弟連芳，父子折桂，成為佳話。這裏面固然有遺傳因素，家庭教育、互相影響應是重要原因，不可忽視也。望管氏子孫嚴整家教，務使子孫成才，以發揚光大家族的優良傳統，為國為民作出更大貢獻。

附錄之一　高密管氏家譜舊序

管氏之姓，其始乃文王子叔鮮，受封於管，以國為氏，今鄭州管城是也。以至世遠族繁，散處郡邑，在在有之。自周之後，若齊之管仲、楚之管修、漢之管寧、管輅，亦皆出於周。以譜牒失傳，不敢妄認，姑就所傳而聞者志之。宋時純祖居膠東，以孝經教授鄉里，人呼為「教讀先生」，善楷書。生二子，曰奉、曰材。遷海州，為海州漣水軍伍卒，材務農漁海以充軍用。未幾，遷浙江處州龍泉縣，為龍泉管氏。旁支仍居膠東。奉生二子，曰師復、曰師常，隱居不仕。材生二子，曰師仁、曰師禮。師仁崇寧間舉進士，知建昌軍，有善政，召為吏部尚書，大觀間，累官樞密院直學士，以奏議忤權幸，罷。師禮知江陵縣。師仁生三子，曰洪、曰浩、曰深。洪以恩授龍江提舉；浩有才識，以雜科任臨淮縣尉，未幾，以疾歸。生一子，曰大方。高宗南渡之時，徙居海州，族人之在龍泉者尤多。深生一子曰鑒，調江西常平提幹，乃家臨川。後金侵疆愈急，大方又渡江，居丹陽。教其子國信曰：「管氏譜牒，當固藏之，異日有北還之理，祖宗之陵，在齊之東界，不可迷也。」國信聞之，相涕泣曰：「謹依教命。」國信生五子，曰鏜、鎪、鏞、鎮、鐕。越四五年，又遷海州。家屬雖多，無生活之計，以鎮習鞭錘之術，鄉里晝夜有劫掠者，輒護衛之，財貨得三分之一，故鄉里依仗焉。鏜生二子，曰熙光、熙烈。熙烈少有大志，知州事，舉為屯田官，屯田絕無怨尤者。又遷海州都稅大使。熙光易販於江淮，二十年間，蓄積有數千金，家業頗振，人號為海州大戶。熙烈生四子，曰植、槐、松、榛。金陷漣水軍，槐、松、榛皆為金所獲，獨植無

高密管氏家譜舊序

管氏之姓其始乃文王子叔鮮受封於管以國為
氏今鄭州管城是也以至世達族繁散處郡邑在
在有之自周之後若齊之管仲楚之管修漢之管
寧管輅亦皆出於周以譜牒失傳不敢妄認始就
所傳而聞者誌之朱時　純祖居膠東以孝經教
授鄉里人呼為教讀先生普槽書生二子曰本曰
材遷海州篤海州漣水軍伍卒村務農漁海以充
軍卅未幾遷浙江處州龍泉縣為龍泉管氏旁支

恙。及四月，元兵至瓜州，植適販海實及閩府果，因以進偏師，得授沭陽主簿。後元兵大陷江淮軍，舉家失散，植殉節墜井死。有二子，曰夒、曰政，抱父骸瘞於沭陽之髡柳西崗。政以譜牒藏衣袂中，謀北歸。復居海州。娶陳氏，生二子，曰盛、曰隆。元軍往來淮泗間，南北摽掠，殆無虛日。於是父子遂北歸，流落於高密縣南王柱社，未幾，又遷掌家莊社，務農業。自是而亂亡之禍少息矣。吾族旁支仍居海州。隆生二子，曰克勤、克禮。克禮生二子，曰士謙、士能。士謙方十餘歲，學書算來縣，娶孫氏，遷於縣之東鄙。又居縣之東門外街北。士謙生四子，曰思忠、思敬、

思義、思聲。思忠以病疲，思義、思聲無子。思敬娶欒氏，生一子曰賢，務農守分，鄉里稱為忠厚長者。以上皆思敬祖在元時序焉。後之有志者，當以此志之，無使或失焉。

大清康熙十六年三月朔一日丁巳謹述

附錄之二　江西齊川管氏宗譜原序（節錄）

吾族管姓，始於周初，以國為氏。至漢高帝封管衎為平昌侯，地望始顯。及晉元帝渡江，管方徙居石城，屬金陵府。洎唐管輻，偕子伸，官浙，籍滿，遂寓處州之龍泉石馬崗。凡四世，至師復，號臥雲先生，壹志幽棲。耕雲釣月之風，堪與嚴陵相埒。又六傳至國諭。世有聞人，炳蔚史籍，皆處石馬，為龍泉人也。國諭生葵，字涵珍，號向日，行文四。因慕西江名勝，自龍泉徙豐之齊川而居焉，則向日實我齊川之始祖也……

大明萬曆二十九年歲次辛丑仲冬上浣之吉

十一世嗣孫宗泰沐手謹撰

附錄之三　清光緒二十二年齊川管氏重修宗譜序（節錄）

管氏之先，為文王第三子叔鮮，受封於管，因國為姓。至成王十一年乙未，命叔元子兌為綸邑大夫，歲時奉祀，因徙綸別管城。兌傳子魚，魚傳康。康有淑德，召入為卿士。自康以後，失紀三世，數千年難以探補。康元孫旅，旅傳坊，坊傳陽，陽傳戚，戚傳亶，以上世掌周天府。亶傳咸，咸隨平王東遷，為司會。咸子公度，仕齊，居營邱。度子曼多，多生仲，字夷吾。相齊桓公，號仲父。仲子宜，避五公子之亂，退隱於青鄴。孝公立，思仲父之德，封宜為駢邑大夫，世有駢以祀仲。宜傳歠，歠傳敖，敖傳堯，堯傳得臣，臣傳莊，莊傳渠，渠傳況，況傳瑗。是時，田氏篡齊，瑗以世祿姜氏，義不仕，去之秦。瑗子斯，斯生殳。殳為秦內史。殳子衎 ，由中涓佐漢高皇平定六合，封平昌侯，管有望自衎始。衎

傳鈺，鈺傳紀，紀傳壬。凡歷三世，坐酖金失國。壬子今，又失紀。其孫容，容子伯石，石生泄，泄生延壽，復自平昌遷北海。壽子逊，逊生子國，國生度，漢河南尹。度生寧，字幼安，漢末，往依公孫度，寓遼東，凡二紀，既而浮海還平昌。寧子邈，為魏從事中郎將。邈子輅，字公明，以天文風角顯名當世。輅子翊，翊生方，晉參安東將軍事，隨元帝渡江，僑居石城縣，後世遂為池陽人。方子禹授，晉龍驤將軍。授子德，德生目，目生鉅，宋上柱國。鉅子漢臣，臣生冀，冀生岙，梁中領軍。岙生儼，儼生羰，羰生彥德，唐貞觀間，位升金紫光祿大夫，永徽中，追封新蔡伯。德子印，印生達，達生中孚，孚生。生栻，為固始令。栻子泮，泮生殼，徙升州。殼生四子，孟名輪，叔名軾，季名軫。輻為仲子，唐升州刺史。其子伸，官於浙，為武勝軍。見龍泉石馬崗山水秀麗，迎父即家焉。伸子十五。思旃，伸之十四子也，官長沙。生子翔，字垂天，景德間舉秀才，獻《天下大難賦》，授國子助教。翔生大鈞、大成。成，右班值殿；鈞，贈朝奉大夫。鈞子師復，宋仁宗召對，有「滿塢白雲耕不盡，一潭明月釣無痕」之句，賜號臥雲。復子希政，政生安持，持生稷與拱辰，辰詳《旌義傳》。其子國諭，生葵，號向日、省元，遷豐之齊川而居焉，即齊川之始祖也……

　　據此，製圖表如下：

一世	二世	三世	四世	五世	六世	七世	八世	九世
管叔鮮	兌	子魚	康	○	○	○	旅	坊

十世	十一世	十二世	十三世	十四世	十五世	十六世	十七世	十八世
陽	戚	亶	咸	公度	曼多	仲	宜	歜

十九世	廿世	廿一世	廿二世	廿三世	廿四世	廿五世	廿六世	廿七世
敖	戱	得臣	莊	渠	況	瑗	斯	殳

廿八世	廿九世	卅世	卅一世	卅二世	卅三世	卅四世	卅五世	卅六世

衍	鈺	紀	壬	今	○❶	容	伯	石	泄

卅七世 延壽	卅八世 逖	卅九世 國	四十世 度	四十一世 寧❷	四十二世 邈	四十三世 輅	四十四世 翊	四十五世 方
四十六世 禹授	四十七世 德	四十八世 目	四十九世 鉅	五十世 漢臣	五十一世 冀	五十二世 卬	五十三世 儆	五十四世 戣
五十五世 彥德	五十六世 卬	五十七世 達	五十八世 中孚	五十九世 駒	六十世 栻	六十一世 泮	六十二世 縠	六十三世 輵

六十四世
伸❸

注：

❶❷據《三國志·魏書·管寧傳》傅子曰：「齊相管仲之後也。昔田氏有齊而管氏去之，或適魯，或適楚。漢興，有管少卿為燕令，始家朱虛，世有名節，九世而生寧。」以此推斷，此33世應為少卿。傳中云：「會寧卒，時年八十四。拜子邈郎中，後為博士。」但邈子是否即管輅，該書《管輅傳》未載。

❸伸為輅之子。伸有子十五人。其中十四子思旆生一子文珂，文珂生二子曰大鈞、大成。大鈞生二子，長曰師復，次曰師常。十五子慶河，生五子，曰文復、文政、文瓚、文昌、文炳，其中文瓚生一子曰大忠。大忠生四子，曰師淳、師漸、師仁、師滂。江西齊川管氏為師復之後，高密管氏為師仁之後。從管叔鮮至管師仁，已是第六十八世。即使從周穆王姬滿算起，至管師仁也已六十三世了。

附錄之四　關於管師仁的有關史料

（一）《宋史》管師仁傳

　　管師仁，字元善。處州龍泉人。中進士第。為廣親睦親宅教授。通判澧州，知建昌軍。有善政，擢右正言左司諫。論蘇軾蘇轍，深毀熙寧之政，其門下士吏部員外郎晁補之輩不宜在朝廷，逐去之。河北濱棣諸州，歲被水患，民流未復，租賦故在。師仁請悉蠲減以綏徠之，一方賴其賜。遷起居郎，中書舍人，給事中，工部侍郎。選曹吏多撓法為過，師仁暫攝，領發其奸，抵數人於罪，士論稱之。改吏部，進刑部尚書。以樞密直學士知鄧州，未行改揚州，又徙定州。時承平百餘年，邊備不整，而遼橫使再至，為西人請侵疆。朝廷詔師仁設備，至則下令增陴浚湟，繕葺甲冑。僚吏懼，不知所裁。師仁預為計度，一日而舉眾十萬，轉盼迄成，外間無知者。於是日與賓客燕集，以示閒暇，使敵不疑。帝手書詔獎，激召為吏部尚書。俄同知樞密院。才兩月，病。拜資政殿學士，佑神觀使。卒年六十五。贈正奉大夫。

（二）加升管師仁樞密院誥

　　敕朕惟致治之原，實總兵之要，折沖萬里，制勝四夷，我圖其人，肆頒顯命。中大夫試吏部尚書，輕車都尉、南陽縣開國子，食邑六百石，賜紫金魚袋管師仁，智周百物，學洞古今，有猷有為，允文允武。頃者，朕始親於機政，爾薦歷於清華，逮分定武之符，克著元戎之績，甲兵不試，邊境以寧。入掌天官，益隆時譽，蔽自朕志，進貳樞機，朕命惟休，往其祗服，可特授宣奉大夫，同知樞密院事，南陽郡開國侯，加食邑四百戶，食實封一百戶，勳如故。

大觀三年四月十五日誥

（三）管師仁謝升樞密院秩表

　　伏以天府舊臣，際風雲之慶會，瀛州高選，依日月之光華，寵渥自天，震驚無地。臣切謂子房明哲，方堪幃幄之運籌；安石雍容，始副廟堂之重望。苟僅取乎充位，適貽譏於曠官。如臣者，章句陋儒，草莽下士，

言不足拾遺而補闕，學不足以致君而澤民，誤辱主知，屢承清問，已遂攀鱗附翼之願，又步行振鷺之班。揣已何堪，蒙恩有自，茲蓋伏遇皇帝陛下，聖由天縱，德本生成，乾開坤闢，定萬古之規模；日照月臨，膺兆民之歸仰。初向心於黃屋，待俛念於蒼生，置酒未央，陋繁文於漢祖；問安內豎，追大孝於周文。任官惟用舊人，虛已耑咨於讜論。遂令微賤，驟歷清華。臣敢不竭螻蟻之微衷，效犬馬之補報。稽周宮六典，往迓太平，聽嵩岳三呼，恭祈天命，謹具表以謝。

（四）加贈師仁曾祖慶河太子少保誥

敕朕紹勝先烈，臨制萬邦，惟時政事之基，實賴股肱之助，敷求一德，共守太平。乃眷登延，方隆屬任，宜追崇其所自，以大慰於厥心，爰錫恩章，遠喻再世。具官某，故曾祖慶河，潛德晦善，在約彌充，積厚流光，啟佑來裔，粹然德器，簡在朕心，擢贊樞庭，時望允愜，念切原始，詎可彌忘，保於春宮，是推異數，尚其幽冥，亦克知歆，可特贈太子少保。

（五）加贈師仁祖文瓚太子少傅誥

敕朕惟昔廟祧，諸侯惟五。蓋種德之厚，則澤之所流者長；致位之崇，則恩之所及者遠。禮惟其稱崇，豈惟私眷。言輔政之臣，追嘉三世之祖。揆於古制，允合大中。具官某，故祖文瓚，明允篤誠，業履惟茂，跡雖晦而聞則顯，善既充而慶有餘。惟時文孫，蔚為邦彥，特進於國論，師言允諧，及祖之恩，厥有成憲，春宮之秩，傳位甚隆，尚期有靈，亦克膺此，可特贈太子少傅。

（六）贈少傅公夫人葉氏吳氏誥

敕朕惟尊祖之儀，學士大夫之所同，而進位於朝，崇卑有間，故追命之典，遠近以殊，蓋非道德之隆美，曷克致身於近弼。則夫褒其所自，是宜異於庶工。師仁故祖母葉氏吳氏，柔順靜專，得於所性，幽間淑善，宜於厥家，慶鍾乃孫，實輔予治肆，亦封於大郡，以增賁於幽窀，尚期淑靈，膺此休寵。葉氏可特贈齊安郡太夫人，吳氏永陽郡太夫人。

大觀三年四月初五日誥

（七）加贈師仁父大忠公太子少師誥

敕教忠之訓，服於能仕之初；顯親之心，遂於揚名之後。眷予愛弼，褒厥前修。師仁故父，通議大夫，綷美中涵，惠和外暢，積仁之報，及嗣而昌，為時真賢，登贊機務，嘉爾有子，稽於國章。進貳春宮之帥，是為不次之寵。尚期幽冥，克享茲榮。可特贈太子少師。

（八）加贈大忠公夫人周氏季氏誥

敕考慎傑才，延登政路，大闡褒崇之典，以增閨閫之榮，眷念其親，永懷弗泯，宜伸湑錫，用慰孝思。師仁故母信安縣太君周氏、縉雲縣太君季氏，嬪於令人，厥有懿德。惟時息子，進翊百樞，善慶所種，王室是賴。褒崇之數，肆舉舊章，改疏嘉郡之封，遂正小君之號。淑靈不泯，共服朕恩。周氏可特贈信安郡太夫人，季氏縉雲郡太夫人。

（九）追封樞密夫人余氏誥

敕朕祗循前憲，優遇大臣，登延之初，褒逮家室，永言厥配，弗遇茲榮，人臣所悲，恤典宜厚。師仁故妻崇德縣君，改封永嘉郡太君。余氏婉娩淑質，幽閒令儀，嬪於高門，遭會不淑，日月雲邁，懿範若存，改疏嘉郡之封，遂正小君之號，尚期未泯，服此寵章。可特贈永嘉郡太夫人。

大觀三年四月十五日誥

（十）管師仁資政殿學士誥

敕朕考慎弼臣，延登右府，簡折沖之宿望，資經武之宏才。謀圖厥任，忠貞靡已，曾未親於執政，乃屢抗於囊封，爰錫命書，始絢誠懇。師仁稟資端亮，迪德忠純，學足以知先王之言，才足以周當世之務。肆予纘服，召寘近嚴，中外洊更，休有績用，頃由師閫，擢長天官，居然聲實之隆，嘉乃猷為之懋，進陪樞筦，允葉僉言，茲遽爽於節宣，方少須於瘳復。而乃貤詞薦貢，確請莫回，勉從攝眷之私，載衍優隆之盛。數昇華祕殿，須使真詞，並爾眷懷，益昭體貌，往綏壽祉，茂封寵光。可特贈依前朝請大夫，充資政殿學士，佑神觀使，勳封食實如故。

大觀三年六月十二日誥

（十一）資政殿學士管師仁謝表

伏以竊祿朝行，愧謚能之無取。置身文館，又渥命之誕，敷於盟感，以惟深思，稱報曷已。臣伏念斗筲下士，翰墨庸才，謀猷無補袞之能，思藻乏演綸之妙，遭聖神之揆亂，嘗嘉寵於幃幄，屬天造之相容，遂薦更於清選，謬庸獎拔，莫效馳驅，茲蓋伏遇

皇帝陛下，德洽舜文，功崇湯武，當馳武張文之日，為經邦論學之圖，乃建乃文，乃延碩德，於以絲綸乎？至道於以黼黻乎？皇猷遂令參佐之微，兼取高華之選。臣敢不上思聖澤，益勵愚忠，非道莫陳於前，誓勉輸於忠敬，歸美以報其上，庶不負於初心，謹奉表以謝。

按：上述資料，應該是真實的。可知管師仁曾祖為管慶河，祖父為管文瓚，祖母為葉氏、吳氏，父親是管大忠，母親是周氏、季氏，而其去世的夫人是余氏。可見高密譜的說法有誤。

附錄之五　現存世之管氏家譜

天下管姓，以江浙、山東為多，江西、安徽、湖北、湖南、東北、陝西亦有之。現存世之管氏家譜，從上海圖書館存書目錄及網上查詢，可知有如下數種：

1.《如皋管氏宗譜》始遷祖管重和，元至正十七年自常州遷如皋之掘港場。譜為叢育才等主修，民國十五年（1926年）鉛印，共二十冊，現存上海圖書館。

2.《如皋管氏宗譜》二十八卷。民國時管惟一主修。民國十五年（1926年）鉛印二十冊，存南通圖書館。疑與前同。

3.《雲陽管氏宗譜》，一世祖管御，北宋仁宗時自山東青州渡淮，先寓維揚，後徙洪州。元豐二年，其子管炬卜居丹陽永濟鄉之管山，後世遂奉其為始遷祖。管亨裕主修，現存上海圖書館。

4.《雲陽管氏宗譜》六卷。明萬曆五年（1577年）邵南公始修，此為第十二修，清管貞茂主修，道光七年（1881年）永思堂活字本六冊。現存歷史研究所。

5.《吳縣管氏家譜》，舊籍山陽（江蘇淮安），宋靖康之亂徙蘇州城東之東河。一世祖管進，始遷祖為進之五世孫管文正。明成化間遷邑之平江里龍潭上，又治宅於管家園。管禮秉纂修，有明陳鶴撰序，吳昌碩題書名頁，民國十年（1921年）鉛印二冊，現存上海圖書館。

6.《吳縣管氏家譜》，光緒十八年抄本，一冊，管廷奎纂修，現存上海圖書館。

7.《吳縣管氏家譜》，不分卷，康熙二十三年（1684年）管鴻始修，民國十年（1921年）鉛印本二冊，存蘇州市博物館、蘇州大學、吉林大學、哈爾濱師大等圖書館，蘇州圖書館、北京圖書館、歷史研究所亦有存書。

8.《西溪管氏宗譜》（江蘇溧陽）一世祖管天龍，北宋時居浙江，五世祖管思舜遷溧陽。思舜子文綽，號西溪，南宋紹定間再徙邑之奉安黃雀花墩下，是為本支始遷祖，光緒九年孝恩堂活字本七冊，存上海圖書館。

9.《武進華波里管氏族譜》，民國時管鳳和等修，民國五年（1916年）活字本，現存美國。

10.《管氏宗譜》附管氏分譜若干卷。清咸豐年間修，光緒年間補鈔本，四冊。全書原題四冊，內容有重複。現存北京圖書館。

11.《管氏重修宗譜》三十一卷，末一卷，民國管啟韶等修，民國十二年（1923年）昭格堂活字本三十二冊，現存北京圖書館。

12.《浙江蕭山管氏宗譜》四卷，清管廷元修，清光緒元年（1875年）活字本四卷，現存日本、美國。

13. 浙江常山《平昌管氏宗譜》三卷，民國三年（1914年）木刻本。浙江常山縣輝鎮高峰村。

14.《黃岩新橋管氏宗譜》，民國間活字本，浙江臨海縣博物館存十三卷。

15.《黃岩管氏宗譜》，始遷祖管新涵，元末自括蒼龍泉州前東浦遷至黃岩新橋。管慶桂纂修，清咸豐八年木活字印刷本八冊。疑與十四相同，只時間早而已。

16. 安徽《涇川浙南都管氏續修宗譜》十卷，首一卷末一卷，清管賢書、管國培修。清道光十九年（1839年）木刻本十三冊。該譜創修於明天順年間，該族散居安徽涇縣、旌德等地。譜存河北大學圖書館。

17. 湖北黃岡《管氏宗譜》九卷，清管應起經理創修。同治八年（1869年）管氏新鐫木活字本八冊，存武漢圖書館。

18. 湖北黃岡《管氏宗譜》，民國元年管承喜等纂修。民國三十六年（1947年）管氏紹仲堂刊木活字本，此譜始修於清同治八年（即前種）此為二修，有缺頁，武漢圖書館存其1~3卷。

19. 黃岡《管氏宗譜》，同前，存卷首及1~7卷。

20. 武陵（今湖南常德）管氏宗譜，清末活字本。遷益陽、桃源、龍陽世系。該譜存上海圖書館。

21. 《齊川管氏宗譜》今江西廣豐。始遷祖管葵，宋末元初自浙江龍泉石馬崗遷來，為管師復之後，譜十七卷，現存上海圖書館。

22. 《高密管氏家譜》二卷，清管延芳、管延選等修（按：「延」疑為「廷」字），清同治十年（1871年）木刻本二冊，現存日本、美國。（注：高密只存同治三年本，同治十年本未見過。）

23. 《高密管氏家譜》二卷，同治三年（1864年）管萬選等主修，現散存於各股長房家中，下同。

24. 《高密管氏家譜》四卷，光緒二十九年（1904年）管暉吉、管恩覃等主修。

附錄之六　管氏家族傳統佳聯

1. 竹苞松茂　官廉民安（上下聯第一字合而為管）
2. 割席傳美談　減租建奇勳（上聯為管寧，下聯為管師仁）
3. 仁存白雲集　瑞應折桂亭（上聯為管師復，下聯為管及）
4. 九合諸侯匡天下　三遷少卿寧國邦（上聯為管仲，下聯為管湛）
5. 幼安高節　仲父霸功（上聯管寧，下聯管仲）

6. 平原世澤　相國家聲（上聯管輅，下聯管仲）

7. 魏國管寧真名士　元代道升女畫家（上聯管寧，下聯管道升）

8. 尊王攘夷成霸業　通義精術識天文（上聯管仲，下聯管輅）

9. 玉樹芳蘭承俎豆　金章紫誥答蒸嘗（莒縣管氏宗祠聯）

10. 龍尾家聲　鳳陽世胄（上聯為管寧，下聯為莒縣之始祖）

11. 忠厚傳家久　詩書繼世長（吾家風也）

附錄之七　本縣、及鄰縣管氏之無考者及高密管氏外遷情況

凡天下管姓，皆一家焉，但因年代久遠，譜牒失傳，在清同治十年（1872）修譜時，本縣及鄰縣管姓中即有無考者，現據家譜錄之如下。

1. 管氏本縣無考者：

呼家莊前　西周陽　西沙窩　馮家莊　菜園　崖溝　朱符（自南遷來）張家墩　槐樹底（自即墨遷來與菜園同祖）　帽子屯（與槐樹底同祖）　顧二屋子（自帽子屯遷來）　閆家台落

2. 管氏鄰縣無考者：

濰縣之柳疃（自西遷濰，有世襲奉祀生一名，奉管仲，祀廟在淄博）郭澤村（與柳疃同祖）　膠州之城裏（無考）　山前（無考）

王台街　大行　東牟（管慶續自高密遷去，支股無考）　即墨之城裏（為高密管氏，因譜牒失傳，支股行輩皆無考）　蘭村（與城裏同祖）

附錄之八　新發現的高密管氏（三股）七世祖嘉禎公在無錫知縣任內所立「無錫縣里社」碑

該碑於二〇〇四年十二月於無錫市蠡湖街道青祁村建築工地出土，現存無錫市博物館。

該碑為嘉禎公在無錫知縣任內所立，〔明嘉靖五年(1526年)三月〕，

碑文內容是要求各里社毀淫祠寺觀以建社壇，每月初一集會一次，祭五土五穀之神，讀抑強扶弱之詞，勸善懲惡，申明鄉約，以敦風化，興禮恤患，以厚風俗。同時，「立社學設教讀以訓童蒙；建社倉，積粟穀以備凶荒」。根據當地老人說，此碑出土之地，原為「蔣大王廟」，即屬於碑文中所說的「淫祠寺觀」之列，當地將其拆毀以建社壇或立社學了。於此可見其清廉愛民，敦本尚實之一斑。

該碑距今雖已近五百年，但字跡清晰，為楷書。據筆者以外行眼光看來，其書法有顏歐之風，端凝樸拙而不失碑意，頗具大家風範。

「無錫縣里社」碑碑文

無錫縣里社

無錫縣為申明鄉約，以敦風化事，抄蒙欽差總理糧儲兼巡撫應天等府地方都察院右都御史陳，案驗備仰本縣遵照洪武禮制，每里建立社壇一所，就查本處淫祠寺觀毀改為之，不必勞民傷財。仍行令各該當年里長，自嘉靖五年三月起，每春秋貳社，出辦豬羊祭品，依式書寫祭文，率領一里人戶，致祭五土五穀之神，務在誠敬豐潔，用虔祈報。祭畢，就行會飲，並讀抑強扶弱之詞，成禮而退。仍於本里內推選有齒德者一人為約正，有德行者二人副之。依照鄉約事宜，置之簿籍二扇，或善或惡者，各書一籍。每月朔一會，務在勸善懲惡，興禮恤患，以厚風俗。鄉社既定，然後立社學，設教讀以訓童蒙；建社倉，積粟穀以備凶荒。而古人教養之良法美意，率於此乎寓焉。果能行之，則雨時若，五穀豐登而賦稅自

充；禮讓興行，風俗淳美而詞訟自簡。何待於催科？何勞於聽斷？而水旱盜賊亦何足慮乎？此敦本尚實之政，良有司者，自當加意舉行，不勞催督。各將領過鄉約本數，建立過里社處，所選過約正、約副姓名，備造文冊，各另逕自申報，以憑查考。其舉之有遲速，行之有勤惰，而有司之賢否，於此見焉。定行分別勸懲，決不虛示等因，奉此。除遵奉外，今將備蒙案內事理，刻石於本社，永為遵守施行。

大明嘉靖五年三月　日

無錫縣知縣管嘉禎立石

跋

余自幼受父輩教誨，深知孝親敬祖為人倫之大德。飲水思源，不敢忘己所從來，故對家譜甚為重視。吾族平安莊一支，原有譜一部，存先伯祖諱遵仁公處，兩岸始通後，被二叔梅五攜之去台。幸辛巳年（2001年）五月既望由三弟謨業斥資五百元，由內子王梅棣赴青島一書商處購回一部。余如獲至寶，時常研讀，遂有所得，加之隨時注意收集有關資料，於是做了上述研究考證。由於掌握資料太少，這些研究還是膚淺的、初步的。更深入的研究、更正確的結論，只能俟之來日，期於後來之人了。

甲申年春三月朔（2004年4月）

高密管氏二十四世孫謨賢沐手書

參考書目：

1. 《史記》

2. 《漢書》

3. 《後漢書》

4. 《三國志‧魏書》

5. 《宋史》

6. 《高密管氏家譜》

7. 《齊川管氏宗譜》

8. 管月福：《龍泉管姓》

9. 管恩灼：《雙鳳山下人家》

10. 有關工具書及網路文章

國家圖書館出版品預行編目資料

大哥說莫言／管謨賢著. -- 一版. -- 臺北市：大地,
　2013.07
　　面：　公分. --（經典書架：23）

　　ISBN 978-986-5800-01-7（平裝）

　　1. 莫言 2. 傳記 3. 文學評論

782.887　　　　　　　　　　　102012131

大哥說莫言

作　　　者	管謨賢
發 行 人	吳錫清
主　　　編	陳玟玟
出 版 者	大地出版社
社　　　址	114台北市內湖區瑞光路358巷38弄36號4樓之2
劃撥帳號	50031946（戶名　大地出版社有限公司）
電　　　話	02-26277749
傳　　　真	02-26270895
E - m a i l	vastplai@ms45.hinet.net
網　　　址	www.vasplain.com.tw
美術設計	普林特斯資訊股份有限公司
印 刷 者	普林特斯資訊股份有限公司
一版一刷	2013年7月

經典書架 023

定　　價：300元

中文繁體字版由山東人民出版社有限公司授權
台灣大地出版社有限公司獨家出版發行。